짓밟힌 아르메니아

대학살에서 살아남은
오로라의 이야기

짓밟힌
Ravished Armenia
아르메니아

오로라 마르디가니아·헨리 게이츠
옮긴이: 이명아

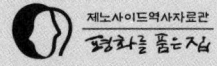

<u>용어 설명</u>

- **무슬림** muslim : 이슬람교를 믿는 사람.

- **무테사리프** mutessarif, **발리** vali : 총독, 주지사 정도에 해당하는 튀르키예의 관료명.

- **베이** bey : 고위 인사를 공경의 뜻으로 부르는 말.

- **술탄** sultan : 이슬람교 국가의 군주, 오스만 제국의 황제.

- **아가** agha : 튀르크인 사이에서 군대를 명예롭게 부르는 말.

- **에펜디** effendi : 선생님, 귀하 등 공경의 뜻으로 부르는 튀르키예어.

- **튀르키예** Türkiye : 터키의 새 국가명. 2021년 12월 터키 정부는 나라 이름을 바꿨으며, 튀르키예는 '튀르크인의 땅'을 뜻한다. 튀르키예는 이슬람 제국인 오스만 제국을 계승했다.

- **파샤** pasha : 튀르키예에서 장군, 총독, 사령관 등 신분이 높은 사람을 영예롭게 부르는 말.

- **하미디예** Hamidiye : 19세기 말에 오스만 제국이 창설한 유목 부족 기병대. 오스만 제국과 러시아 사이의 국경을 순찰하고, 아르메니아인에 대응하는 것이 주업무였다.

차례

머리말 ㅡ 노라 월른 _6

이야기의 서막
　아르샬루스, 아침의 빛 ㅡ 헨리 게이츠 _13

오로라 마르디가니아의 이야기
 1. 파샤가 집으로 오다 _23
 2. 테러가 시작된 날 _39
 3. 바히바이 베이가 선택을 하다 _55
 4. 케말 에펜디의 잔인한 웃음 _68
　• 지도와 사진 _85
 5. 튀르키예 경찰의 방식 _93
 6. 콘스탄티노플 하렘으로 데려갈 여자 뽑기 _108
 7. 죽음의 도시 말라티아 _121
 8. 하지 자포시의 하렘에서 _133
 9. 습격당한 수도원 _145
10. 칼의 게임, 그리고 디야르바키르 _159
11. "나랑 무슨 상관이야. 난 무척 재밌어!" _174
12. 재회와 그 이후, 그리고 쉐익 질란 _188
13. 바르타베드 노인과 양치기의 휘파람 _201
14. 안드라닉 장군의 전갈 _215
　• 사진과 일러스트 _229
　• 아르메니아 대학살 연표 _237

머리말

　한 소녀가 내 옆에 서 있다. 반짝이는 검은 머리카락의 키가 조금 작은 소녀다. 말을 걸자 그녀는 눈을 들어 올렸다. 그녀의 눈 속에는 믿기 힘든 고통의 이야기가 쓰여 있었다. 그 순간까지 난 이 소녀가 내가 기다리던 오로라 마르디가니아Aurora Mardiganian라는 사실을 믿을 수가 없었다. 영어를 못하는 그녀는 아르메니아어로 짧게 인사말을 건넸다.

　이것이 작년(1917년) 봄 첫 만남이었다. 첫 만남이 있기 몇 주 전에 이 어린 소녀에 대해 말하는 편지 한 통이 도착했다. 이 소녀가 미국으로 갈 예정인데, 잘 도착하도록 도와달라고 부탁하는 편지였다. 그 전해에는 코카서스Caucasus에 있는 구조대에서 아르메니아 소년을 한 명 보내왔고, 친절한 친구들은 이 소년이 기숙 학교로 갈 수 있도록 도와주었다. 난 오로라가 도착하면 같은 학교로 보낼 비슷한 계획을 세워 두고 있었다.

　우리는 그날 오후 오로라의 통역과 함께 교육 문제에 관해 이야기를 나눴다. 그렇지만 오로라는 슬프게 고개를 저었다. 그녀도 대학살 이전에 아버지가 계획해 놓은 대로 학교에 가서 음악을 공부하고 싶어 했다. 하지만 이제 그녀는 미국에 전할 말이 있었다. 그녀의 고통당하는 민족이 미국의 어머니와 아버지들에게 보내는 메시지였다. 이 소녀의 눈에 어린 결심을 보고 나는 그녀의 나이를 물었다. 그녀는 "열일곱"이라 대답했다.

오로라는 피곤한 몸과 쇠약해진 신경에도 불구하고 우리에게 자신이 남겨 두고 떠나온 현장에 대해 말하겠다고 고집했다. 대학살, 사막으로 내몰린 가족들, 튀르키예의 하렘으로 팔려가는 소녀들, 길가에서 유린당한 여인들, 굶주림으로 죽어가는 어린아이들. 그녀는 우리에게 자신과 자신의 민족을 도와달라고 애원했다. "아버지는 미국이 핍박받는 자들의 친구라고 말씀하셨어요. 안드라닉 장군General Andranik은 여러분들이 도와줄 거라고 믿었기 때문에 저를 이곳으로 보내셨어요."라고 호소했다.

그래서 이렇게 이 소녀의 이야기가 옮겨졌다. 때때로 며칠씩 간격을 두고 이야기를 쉬어야 했다. 그녀가 겪은 고통이 그녀를 너무나 불안하게 만들었기 때문이다. 그녀는 무더운 여름 내내 계속해서 이야기하고 싶어 했지만, 우리는 영어를 배워야 한다는 논리를 앞세워 오로라를 삼 주 동안 코네티컷Conneticut 해안에서 열리는 캠프에 가도록 설득했다.

오로라 마르디가니안이 지난 삼 년 동안 겪은 이야기를 읽는 당신은 오늘날 우리 세대에 이러한 일이 벌어질 수 있다는 것이 믿기지 않을 것이다. 그녀의 동족이 겪은 고통에 대해 처음 이야기를 듣고 내게 떠오른 감정과 당신에게 떠오를 감정은 의심할 여지없이 매우 비슷할 것이다. 1917년 10월 초에 나를 사로잡은 감정들을 나는 아주 선명하게 기억한다. 난 '아르메니아와 시리아 구조를 위한 미국 위원회' 산하 집행 위원회 발대식에 참석했다. 이 모임에는 이 년 동안 자행된 대량 학살과 강제 이주를 목격한 후 튀르키예에서 방금 돌아온 미국 대사와 선교사 열일곱 명이 있었다. 나는 결코 의심할 수 없는 진실한 사람들의 진술을 귀담아들었다. 이 분들은 어떻게 아르메니아의 기독교인들이, 특히 여자와 아이로 꽉 들어찬 교회가 기름에 흠뻑 젖어 불에 탔는지, 당신이나 내 아이들처럼 가정에서 잘 양육되고 교육받은 소녀들이 얼마나 많이 서아시아의 노예 시장으로 팔려갔는지, 얼마나 많은 어린아이들이 굶어 죽고 있는지, 또 현재 구조대로 모여든 가여운 생존자들이 얼마나 절실하게 도움을 호소하고 있는지 말해 주었다.

난 정말이지 믿기지 않는 이야기들을 들었지만, 발대식 테이블 주변을 둘러보니 친숙한 얼굴들이 있었다. 결코 의심할 수 없는 말을 하는 신사와 숙녀의 얼굴이었다. 아르메니아와 시리아 구조를 위한 미국 위원회의 의장 제임스 엘 버튼 박사Dr. James L. Barton, 자신이 직접 겪은 것에 대해 말하는 모겐소Morgenthau 외교관과 엘커스Elkus 외교관, 콘스탄티노플에 있는 딸 엘리자베스 헌팅턴Mrs. Elisabeth Huntington과 베이루트에 있는 아들 모두 구조 일을 돕고 있는 클리블랜드 에이치 다지Cleveland H. Dodge, 독일 마을의 루실 포먼Miss Lucille Foreman, 아르메니아와 시리아 구조를 위한 미국 위원회 집행 비서인 씨 브이 비크리C. V. Vickrey, 세계 법원 연맹World Court League의 사무엘 티 더턴 박사Dr. Samuel T. Dutton, 해외 선교 장로회 이사회Presbyterian Board of Foreign Missions의 조지 티 스콧George T. Scott을 비롯해 여러 사람이었다.

통역한 대로 쓴 이 이야기를 읽는 당신은 나보다 훨씬 더 이 이야기를 믿기 어려울 것이다. 당신은 그 발대식에서 권위 있는 신사와 숙녀들이 한 이야기에 대해 내가 거친 검증을 할 수 없기 때문이다. 그 이

후로 페르시아, 러시아, 코카서스, 그리고 오스만 제국과 같은 서아시아 지역과의 거의 모든 소통이 내 손을 거쳤기에 나는 이 책에서 그곳의 상황을 과장하지 않고 있다는 것을 알고 있다. 나는 당신에게 로드 브라이스Lord Bryce의 보고와 모겐소 외교관 이야기, 영국 의회에서 최근에 있은 로드 세실Lord Cecil의 연설, 그리고 우리 주의 담당 부서에 있는 서류들을 언급하고 싶다. 그러면 당신은 이 책의 이야기와 비슷한 이야기들이 삼백 구십 오만의 난민 누구나 할 수 있는 이야기임을 알게 될 것이다. 이 난민들은 서아시아 지역에서 극심한 빈곤을 겪고 있다.

이 이야기는 한 인간의 살아 있는 기록이다. 소녀 오로라가 증언한 이름과 날짜, 장소 등은 모겐소 외교관이나 로드 브라이스, 그리고 다른 이들이 말한 장소들과 정확히 일치하지는 않는다. 그렇지만 오로라가 열일곱 살의 소녀일 뿐이며 전쟁으로 가장 많이 고통당한 바로 그 지역에서 가장 비극적인 역사의 한 시기를 거쳐 살았다는 사실을 고려해야 한다. 또한 이 소녀는 역사학자가 아니며, 그녀의 통역은 미국의 대중에게 이 이야기를 전해 줄 때 역사를 기록하려 하지는 않았다. 그는 단지 오로라의 목소리를 미국인들에게 전하는 것을 목표로 했다. 미국인들이 지난 몇 년 동안 서아시아에서 벌어진 상황의 일부를 이해하고, 그곳에서 미래를 위해 온전하고 안정된 정부를 수립하도록 도울 수 있을지도 모른다.

아르메니아의 특징에 대해, 모겐소 외교관은 뉴욕의 《이브닝 선 Evening Sun》에서 발표한 최근 글에서 이렇게 말한다. "헤로도토스 Herodotos 시대로부터 아시아의 이 일대가 아르메니아라는 이름을 낳았다. 오늘날 아르메니아인들은 삼천 년 전에 바로 이 고장에 거주하던 사람들의 직계 후손이다. 그들의 기원은 한참을 고대로 거슬러 올라가서 그 기원이 우화와 신화 속에서 잊혔다." 여전히 판독되지 않은 설형문자가 아르메니아의 가장 큰 도시 반^{Van}의 바위 언덕에 새겨져 있고, 일부 학자들은 이 문자로 미루어 아르메니아 민족을 성경에 나오는 히타이트족과 동일시하지 않을 수 없다는 결론에 이르렀다. 그렇지만 아르메니아인들에 관해 최종적으로 알려진 것은 그들이 오스만 제국의 동쪽 지역에서 수세기 동안 가장 문명화되고 가장 부지런한 민족이었다는 것이다. 산에서부터 술탄의 지배 영토 전역으로 퍼져 있었고, 모든 대도시 인구에서 상당한 비율을 차지한다. 그들은 어디서나 그들이 일군 산업과 그들이 지닌 지능, 그리고 그들이 유지하는 품위와 정돈된 삶으로 유명하다. 이들은 튀르크인들에 비해 우월하게 지적이며 도덕적이어서 사업과 산업의 대다수가 이들의 손으로 들어왔다. 그리스인들과 더불어 아르메니아인들은 제국 경제의 핵심을 구성하고 있다. 이 민족은 4세기에 기독교인이 되었고, 아르메니아 교단을 국교로 세웠다. 이 교단은 현존하는 가장 오래된 기독교 교단으로 알려져 있다.

"이 민족은 그 어디에서도 유사한 예를 찾을 수 없는 박해에 직면했음에도 초기 기독 신앙을 가장 끈기 있게 붙잡고 있다. 천오백 년 동안이나 이들이 작은 기독교인들의 섬인 아르메니아에서 적대적인 종교와 적대적인 민족에게 둘러싸여 살아왔다. 그들의 오랜 역사는 끝도 없는 순교자적 고통에 시달렸다. 그들이 살아온 영토는 유럽과 아시아를 연결하는 위치에 있어서, 사라센, 타타르족, 몽골, 쿠르드와 튀르키예 등이 감행한 아시아의 모든 침략은 그들의 평화로운 나라를 밟고 갔다."

오로라 마르디가니아는 자신의 고통 받는 민족에 관해 이야기하고 고국이 재건되는 것이 가능해지도록 제 역할을 담당하러 미국에 왔다. 그녀는 어린 소녀일 뿐이지만 이 책의 이야기를 일간지를 통해 알림으로써, 또 아르메니아와 시리아 구호를 위한 위원회가 준비 중인 영화를 통해 알려 줌으로써, 그녀는 고대 성서의 땅이자 고향에서 '지구상에 평화, 인간에게 선의'를 회복하도록 돕는 가장 위대한 역할 가운데 하나를 해내고 있다. 오로라의 어머니와 아버지, 형제와 자매는 세상을 떠났다. 그렇지만 가장 주의 깊은 추정에 따르면 대부분 여자와 아이들인 삼백 구십 오만 명이 고향에서 천 킬로미터 이상 내몰리고 몹시 가난한 상태에 빠져 우리가 살고 있는 재건의 시대에 도와달라고 미국을 향해 안쓰러운 얼굴을 돌리고 있다.

제임스 엘 버튼 박사Dr. James L. Barton는 이달에 오로라가 거쳐 온 지역들의 재건을 돕기 위해 남녀 이백 명으로 구성된 위원단과 함께 출발할 예정이다. 이는 이 궁핍한 민족의 구호 요청에 대한 응답 가운데 하나다. 또한 아르메니아와 시리아 구호 캠페인을 위해 미국 위원회가 모은 삼천만 달러는 또다른 응답이다. 이 기금 모금에 미국인이 모두 참여하길 소망한다.

이 책을 읽는 당신도 이 책을 다 읽고 다른 이에게 전해 줌으로써 메시지를 전달하는 오로라를 돕는 데 참여할 수 있다.

1918년 12월 2일
노라 월른(아르메니아와 시리아 구조를 위한 미국 위원회 총무)
뉴욕, 매디슨 일번가에서

이야기의 서막

아르샬루스, 아침의 빛

양 떼를 쳐서 삼대째 주인집 옷을 짠 늙은 양치기 바르타베드Vartabed는 타우루스Taurus 언덕의 정상에서 하늘을 등지고 윤곽만 드러낸 채 서 있었다. 그 모습은 미동도 없이 곧은 데다 매우 컸다. 그의 신중하고 강직한 얼굴 주름마다 나이의 흔적이 묻어 있었고, 손은 느슨하게 지팡이 위에 겹쳐 놓여 있었다. 지팡이에 기대는 것을 경멸했기 때문일 것이다.

마무렛-울-아지즈Mamuret-ul-Aziz의 평원은 산기슭에서 둥지 모양을 이뤄 뻗어나온 고원들을 여기저기 품고 동쪽과 북쪽으로 펼쳐져 있다. 이십오 세기에 거쳐 노인 바르타베드 뿐만 아니라 수많은 다른 양치기들이 봄마다 같은 언덕 꼭대기에 서서 마무렛-울-아지즈의 평야와 고원이 초록으로 변하는 것을 보았다. 그렇지만 올해처럼 이렇게 일찍 풀과 관목의 잎들이 싹 트는 것을 본 사람은 없었을 것이다. 노인 바르타베드는 이렇게 좋은 계절이 약속대로 찾아와서 너무나 즐거웠을 테고, 이 일에 대해 그의 양들에게 이야기를 건넸을 것이다. 그것이 그의 방식이기 때문이다.

그러나 양치기는 고민이 있었다. 밤새 그에게 이상한 예감이 들었다. 동이 텄지만 그는 이 불길한 예감을 떨쳐 버릴 수가 없었다. 그는 이제 곧 양들의 울음을 달래 줄 반가운 초록이 퍼져 나가는 것을 바라보고 있지 않았다. 그는 북쪽 너머로 유프라테스의 푸른 물줄기가 새벽녘 안개 속으로 사라지는 것을 바라보고 있었다. 그는 자신의 노쇠한 눈이 그곳에서 무엇을 찾고 있는지 알지 못했다. 그렇지만 북쪽, 그곳에서 뭔가 위협이 느껴졌다.

갑자기 세 번째 기도를 알리는 여유로운 소리가 윙윙 울렸다. 독실한 무슬림들은 이 소리를 듣고 바르타베드 노인의 발치 골짜기에서 떠오르는 하루의 빛을 맞아들였다. 이 소리에 양치기는 갑작스레 몽상에서 깨어났다.

"저기, 저게 그거야! 저게 징조야. 북쪽에서 위험이 닥쳐올지도 몰라. 그것이 무엇이든 우선 도시에서 그 모습을 드러낼 거야."

양치기는 골짜기 아래로 지붕들과 그 사이의 좁고 구불구불한 길들을 내려다보았다. 그는 기도 시간을 알리는 이가 다시 자신의 소명을 읊조릴 때 뾰족탑의 반짝임을 잡아챘다. 재빠르게 그의 시선이 도시를 가로질러 도시의 회갈색 폐허 위, 햇볕이 처음 짧게 비치는 곳을 훑었다. 고대 아르메니아의 왕 체메쉬Tchemesh의 성이었다. 처량한 슬픔이 그의 얼굴에 드리웠다. 뾰족탑은 여전히 있었지만, 왕의 성은 무너져 내렸다. 이것이 바로 도시에 두 종류의 기도자가 있는 까닭이며 문제가 북쪽에서 다가오는 까닭이다.

노인은 그의 지팡이를 땅에 똑바로 꽂았다. 지팡이가 서 있는 곳으로 자신이 되돌아올 것을 양들에게 알려 주는 신호였다. 그러고 나서 그는 도시의 집들이 들어선 낮은 비탈로 이어지는 쪽으로 길을 잡았다. 나이를 착각하게 할 만큼 다부지고 고른 걸음걸이로 그는 도시에서 눈에 띄는 부촌이 나타나는 곳에 다다를 때까지 성큼성큼 걸었다. 공공 광장으로 사용되는 공원을 끼고 짧게 돌아 그는 은행가 마르디가니아Mardiganian의 집으로 왔다. 이 집에서 바르타베드 노인은 늘 환영받았다. 그는 마르디가니아 가문의 양 떼를 삼대째 치는 양치기였다.

하녀가 길쪽으로 난 문을 열고 양치기를 안뜰로 들어오게 했다. 그녀가 문을 닫자, 바르타베드가 물었다.

"주인님은 아직 집에 계신가, 아니면 아침 일찍 일을 하러 나가셨나?"

"그런 것을 묻다니 창피한 줄 아세요!"라고 하녀가 곧바로 제멋대로 무례하게 대답했다.

"오늘이 무슨 날인지 잊었나요? 이런 날 주인어른이 일을 한다고 생각하는 거예요?"

노인의 눈에 당황하는 빛이 어렸다. 그 하녀는 바르타베드가 실제로 잊고 있다는 것을 알아채고는 친절하게 말했다.

"바르타베드, 오늘이 부활절 아침이라는 것을 모르진 않겠지요?"

노인은 일깨워주는 사람의 말을 받아들였지만, 재빠르게 위엄을 세웠다.

"자네도 나처럼 오래 살다 보면, 무수한 나날 가운데 비단 하루뿐 아니라 더 많은 날들을 잊고 싶을 걸세. 어쩌면 그 어떤 날보다 더 잊고 싶은 날이 곧 올지도 몰라."

하녀는 나이든 이들의 훈계나 나쁜 일이 다가오고 있다는 위협에 발끈하지 않으려 했지만, 그의 무심한 귀에 그녀의 날카로운 대답이 울렸다. 양치기는 더 대꾸하지 않고 정원을 가로질러 집으로 들어갔다.

마르디가니아 가족의 집은 오늘날 잘사는 아르메니아인들의 집을 대표하고 있었다. 맵시 있는 흰 대리석 계단을 밟고 정원으로 열린 넓은 복도로 들어갈 수 있었고, 널찍한 홀의 바닥에는 같은 흰 대리석이 깔려 있었다. 밖에서 보면 이 집은 다소 우울한 모습인 듯했는데, 아마 때때로 혹독한 기후에 맞서 보호가 필요했기 때문일 것이다. 실내 곳곳마다 부와 호화로움이 드러났다. 바다 공간은 엄청났는데, 방들이 계단식으로 올라가 있어서, 한 방의 지붕이 그 윗방의 현관 정원으로 사용되고 있었다.

바르타베드가 성큼성큼 들어선 커다란 응접실 중앙 벽에 멋진 석조 벽난로가 있었고, 그 난로의 양쪽으로 방의 세 벽을 따라 낮은 다이반divan, 등받이와 팔걸이가 없는 긴 의자이 주욱 늘어서 있었다. 전통 수공업자의 아름다운 태피스트리tapestry, 여러 가지 색실로 그림을 짜 넣은 직물 덮개와 수제 실크 쿠션들이 다이반을 감싸고 있었다. 테케tekke, 튀르키예 이슬람 신비주의자인 수피들의 예배 장소의 부드럽고 두툼한 깔개들은 펠트 위에 페르시아와 쿠르드 식으로 직조한 것으로 대리석 바닥 위에 펼쳐져 있었다. 벽난로 위로는 보기 드문 성모상이 걸려 있었다. 그 옆에는 유명한 미국 화가가 그린 풍경화와 피니어스Peniers가 그린 네덜란드 항구 그림이 걸려 있었다. 방의 한쪽 구석에는 등이 달려 있고 그 아래 피아노가 있었다. 누가 봐도 밝은 색채로 이국적인 기운이 넘실댔지만, 전체적으로 우아하고 은은했다.

양치기는 방 한가운데에서 주인이 들어와 부활절 아침 인사를 전할 때까지 기다리고 서 있었다. 아르메니아는 이 인사를 아주 오래전부터 계속 이어 왔다.

"예수님께서 죽었다 부활하셨네, 좋은 친구 바르타베드!"

"예수님 부활의 축복을 받으세요." 하고 이 노인은 관습대로 대답했다. 그리고 나자 그는 다른 이들도 재빠르게 눈치챌 만큼 심각한, 노인을 집으로 오게 한 그 심각한 사건에 대해 이야기했다.

그것은 그가 밤새 본 장면이었다.

"자고 있는데 우리의 성 그레고리Saint Gregory께서 나타나셔서 저한테 손을 무겁게 얹어 놓으셨어요. '깨어나라, 늙은 바르타베드야, 깨어나라! 네 양들이 위험에 빠져 있다. 양들이 하나님의 사랑을 받고 있지만, 깨어서 양들을 구해라!' 선하신 성자께서 내게 말씀하셨어요. 서둘러서 일어나 눈을 뜨자 그의 모습이 사라져 버렸어요. 급히 양 떼를 보러 달려 나갔지만, 양 떼를 방해하고 있는 건 저밖에 없었어요. 양들은 평화롭게 쉬고 있었어요.

그렇지만 저는 다시 잠들 수가 없었어요. 제가 눈을 감으려 할 때마다 우리의 성인께서 제 앞에 섰어요. 제 게으름을 꾸짖으시는 것 같았어요. 동틀 무렵 저는 양들을 언덕으로 몰고 갔고, 그러자 기억나는 게 있었어요."

이 대목에서 양치기는 주저했다. 그는 서둘러 말하면서 거의 숨도 쉬지 못했다. 주인은 신중히 이야기를 들었다. 이렇게 나이가 많고 이렇게 충직한데, 얼굴에 장난의 흔적이라고는 조금도 없었기 때문에.

"바르타베드, 힘들었겠네. 잠을 잘 수가 없었겠군. 오늘 아침에는 다른 사람들처럼 자네도 즐거워야 해. 새벽녘에 자네가 기억해 낸 것에 대해 말해주겠나? 그러면 자네 마음에서 그 생각을 떨쳐 버릴 수 있을 걸세."

"주인님, 주인님이나 저나 마음속에서 떨쳐 버릴 수 없는 종류의 생각이지요. 전에도 한번 우리의 성자가 위험을 경고하려고 나타났어요. 저는 그때 조금도 주의를 기울이지 않았어요. 제가 더 어렸고 무심했으니까요. 그때는, 그러니까 아르메니아는 평화롭게 번창하던 행복한 시기였죠. 그렇지만 바로 그날 북쪽에서 학살이 시작되었어요. 그것이 이십 년 전이네요."

이제 그는 다른 사람 같았다. 그는 발작적으로 몸을 떨었고, 얼굴은 창백해졌다. 이십 년 전은 십만 명의 동족이 압둘 하미드Abdul Hamid에게 학살되었을 때다. 한마디 말도 없이 그는 창문으로 걸어가 커튼을 젖히고 집의 정원을 내다보았다.

은행가 마르디가니아는 성공한 현대적인 아르메니아 사업가의 전형이었다. 그는 자주 웃지는 않았지만 목소리는 친절했고 눈은 온화했다. 부활절 아침의 유럽이나 미국의 어떤 산책길에서도 그는 눈에 띄지 않고 지나갈 수 있는 친숙한 모습의 사람이었다. 그가 창문에서 돌아서자, 아주 가까이 있는 관찰자라면 순간 그의 얼굴과 태도에서 설명할 수도 형언할 수도 없는 어떤 것을 감지할 수 있었다. 이것은 압제에 휩싸인 종족이 드러내는 어떤 것이었다.

"이십 년 전에 벌어진 일은 다시 일어날 수 없어. 우리 아르메니아인들은 통치자인 튀르크인들의 화를 돋울 그 어떤 행동도 하지 않았어. 반대로 우리는 국가를 섬길 의지를 입증해 보였어. 젊은이들이 세계를 황폐하게 하는 세계 대전에 불려 나갔네. 비록 젊은이들이 술탄의 적에게 호감을 느끼더라도 그들은 그런 마음을 내보이지 않았어. 젊은이들은 튀르키예를 위한 전쟁에 자발적으로 목숨을 바쳤고, 튀르키예는 우리 민족에게 분노를 표출할 그 어떤 핑곗거리도 갖고 있지 못할 걸세. 술탄의 각료로 권세 높은 에인마시가 우리에게 감사를 표현한 게 일주일도 채 안 됐다네. 우리가 월성기the Cresent, 달과 별로 구성된 튀르키예의 국기를 꽂아주고 있다고 말이지. 그들은 감히 우리를 다시 체포할 수 없어."

"그렇지만 지난 밤 제가 본 환상은 1895년의 비극적인 밤에 경고를 한 것과 똑같아요."

"이번에는 그저 전원적인 꿈일 뿐이야."

은행가는 확신에 차서 최종적으로 말했다.

양치기는 위기가 닥치고 있다는 신호를 그가 냉정하게 무시해서 상처를 입었다. 양치기는 이에 대해 심사숙고하고 있었기 때문이다. 이 노인은 매우 화가 나서 방을 나서 정원을 가로지르고 있었다. 그가 손으로 문을 열고 가버리려는 찰나 싱싱하고 어린 목소리가 그를 사로잡았다.

"바르타베드. 기다리세요. 제가 갈게요!"

노인은 갑자기 멈춰 섰다. 뒤를 돌아보니 그 어떤 생명체보다 자신의 마음 가까이에 있는 한 생명체가 그에게로 다가오고 있었다. 바로 마르디가니아 가족의 딸 아르샬루스Arshalus였다.

아르샬루스는 '아침의 빛'이라는 뜻이다. 미국식 이름으로 번역될 수 있는 한 단어로 된 말이 있다. 바로 '오로라'Aurora다. 그리고 그 누구도 이 이름에 그렇게 걸맞지는 못했다. 그녀는 열네 살의 쾌활한 소녀였다. 머리와 눈은 한밤처럼 검고, 웃음과 영혼은 찬란한 날의 해와 같았다. 늙은 바르타베드가 모는 양 떼의 양 한 마리 한 마리가 오로라의 애완동물이었다. 특히 검은 양이 그랬다.

오로라가 기다리고 있는 양치기에게 다다르자 오로라는 그가 우울하다는 것을 재빨리 알아챘고, 그 때문에 마음이 상한 척했다.

"할아버지는 분명 저한테 부활절 아침의 행복을 빌어주지도 않고 가 버리지는 않으실 거죠? 아니면 늙은 바르타베드는 자신을 너무 귀

찮게 하는 사람을 더는 돌보지 않나요?"

오로라는 입을 삐죽거리며 과장된 표정을 지어 보였지만 노인의 상처는 쉽게 아물지 않았다. 오로라의 모습이 노인의 상처를 더 깊게 했다.

"행복을 빌다니 참 한가롭구나. 행복하지 않으니 빌어줄 행복도 없구나. 난 오늘 나눠줄 기쁨이 없단다. 너한테도 마찬가지란다. 그래서 너를 찾을 생각도 하지 않았단다."

"그건 정말 잘못이에요. 바르타베드. 오늘은 예수님이 부활하셨고 어디서나 즐거움이 넘쳐요. 그리고 다른 사람들보다 저한테는 더더욱 그래요. 바로 어제 아버지가 저한테 말씀하셨어요. 다음 부활절이 오기 전에 저는 학교를 마치기 위해 떠날 계획이에요. 콘스탄티노플이나, 아니면 스위스나 파리로요. 저 때문에 할아버지가 즐거워지진 않나요, 바르타베드?"

곧바로 노인은 치켜든 소녀의 고개를 내려다보았다. 그리고 나서 다시 손을 문으로 뻗었다. 곧 무너져 내릴 것 같은 크고 곧은 육체를 지탱하기라도 하려는 것 같았다. 오로라는 본능적인 사랑으로 손을 들어 올렸다. 마치 노인을 쉬게 하려는 듯이 노인의 가슴 위로. 그러나 오로라의 손이 바르타베드에게 닿기도 전에 그는 떠나 버렸고 문이 둘 사이에서 닫혀 버렸다.

한 시간 뒤에 바르타베드 노인은 언덕의 정상에 다시 서 있었다. 마무렛-울-아지즈의 도시와 평원을 내려다보면서. 지금은 아침 햇살의 영광에 가득 휘감겨 있었다. 남쪽으로 몇 마일 떨어진 산마루와 길게 버려진 터널이 놓여 있었다. 전설에 따르면 한때 이곳은 솔로몬의 광산 작업으로 분주했던 곳이다. 대상들이 멈춰서는 하르풋Harpout, 거대 도시 반Van, 그리고 '희망의 도시' 시바스Sivas가 수평선 너머 저 멀리 보일 듯했다. 선사시대부터 이어져온 민족의 전초기지와도 같은 도시들. 노인의 생각은 차례로 이 보석 같은 도시들로 향했고, 더불어 부활절을 축하하는 희망과 믿음을 그려냈다. 그러고 나서 그는 다시 평원 아래로부터 뻗어 있는 교회의 첨탑들과 지붕들 쪽으로 시선을 돌렸다. 그는 1914년 부활절에 아름답게 황금빛으로 물든 아르메니아뿐 아니라, '아침의 빛'이라는 이름의 아이에 대해서도 생각하고 있었다.

헨리 게이츠

오로라 마르디가니안의 이야기

1장

파샤가
집으로 오다

내 이야기는 1915년 4월 부활절 아침에 시작된다. 최근 아르메니아 군대가 1차 세계대전에 참여해 충성스럽고 훌륭하게 복무해 준 것에 대해, 튀르키예 정부가 감사를 표시했다는 소식이 콘스탄티노플에서 자주 들려왔다. 그래서 우리는 아버지 집에서 기쁨에 가득한 축배로 그 날을 기념하려고 준비하고 있었다.

튀르키예가 전쟁에 참여하기 거의 6개월 전부터 엄청난 두려움이 아르메니아 전역으로 퍼져 나갔다. 프랑스와 영국의 영향력이 미치지 않아 보호받지 못하는 상태였기에, 우리는 튀르크인들이 이 기회를 이용해 기독교를 믿는 이들에 대한 오래된 압박을 다시 시작할까 봐 근심에 휩싸였다. 아르메니아의 젊은 남자들은 함께 술탄의 적과 싸우는 편이 낫다고 생각해서 서둘러 튀르키예 군대에 입대했다. 우리는 배신자가 아니라는 점을 입증하기 위해서였다. 그리고 이제 술탄이 이 젊은이들의 희생을 인정했기 때문에 이슬람 지도자들이 새로운 박해를 저지를지도 모른다는 두려움이 서서히 사라졌다.

마무렛-울-아지즈 지역의 수도 하르풋에서 북쪽으로 삼십 킬로미터 넘게 떨어진 우리 도시 체메쉬-게드짝Tschemesh-Gedzak에서 이 평화가 지속되리라는 약속에 대해 아버지와 어머니를 비롯해 루잔네Lusanne 언니와 나보다 더 감사하는 사람은 없었다. 나는 열네 살에 불과했고, 루잔네 언니는 아직 열일곱 살이 채 되지 않았지만, 아르메니아에서는 나이 어린 소녀들조차도 언제나 두려움에 떨었다.

나는 그날 아침 아버지가 준 부활절 선물에 꽤나 흥분해 있었다. 그러니까 아버지는 내가 곧 유럽 학교에 진학해서 은행가의 딸에 걸맞은 교육을 마칠 수 있다고 약속했다. 루잔네 언니는 곧 결혼하기로 되어 있었고, 소녀 시기의 마지막 부활절을 즐기는 데 정신이 없었다. 비록 우리 집 양치기인 바르타베드 노인이 이른 아침에 방문했으나 우리의 기분을 가라앉히지 못했다. 그가 동이 트자마자 불행의 예언을 가지고 왔지만 말이다.

나는 거울 앞에 서서 머리에 단 파란 리본을 수백 번이나 고쳐 묶었다. 난 내 비밀스러운 소망을 고백하지 않을 수 없었다. 교회 예배 시간에 다른 모든 소녀들의 부러움을 한 몸에 받고 싶은 소망 말이다. 루잔네 언니는 언니의 특권을 이용해서 내 자만심을 호되게 꾸짖었다. 루잔네 언니는 언제나 아주 고지식했고 또 조용했다. 나는 어머니가 방으로 들어오실 때 언니에게 이렇게 말하려던 참이었다. 이제 곧 부인이 되어 파란색 리본을 더는 달 수 없게 되어 질투가 나서 그러는 거라고. 그런데 어머니는 문 앞에서 걸음을 딱 멈춰 서서 벽에 기대셨다. 어머니는 아무 말도 하지 않고 단지 나만 바라보셨다.

"어머니, 무슨 일이에요?" 나는 소리쳤다. 어머니는 대답하지 않고 조용히 창문을 가리켰다. 언니와 나는 곧장 길을 내려다보았다. 그곳 우리 집 마당 문가에 튀르키예 경찰관 세 명이 각각 소총을 차고 완고하게 보초를 서고 있었다. 그들은 우리 지역의 군사령관 후세인 파샤의 개인 수행원이라는 표시가 된 완장을 팔에 두르고 있었다.

나는 설명을 해 달라고 어머니 쪽으로 돌아섰다. 어머니는 바닥으로 털썩 주저앉아서 흐느꼈다. 어머니는 말없이 아래쪽을 가리켰다. 나는 후세인 파샤가 우리 집에, 아래층에 와 있다는 사실을 알아챘다. 그리고 나서 행복은 사라졌다. 나 또한 바닥에 주저앉아 울었다. 어떤 식으로든 파국이 닥치고 있음을 느낄 수 있었다.

오랫동안 막강한 권력을 누려 온 후세인 파샤는 나를 첩으로 삼길 원했다. 그는 아주 부자였으며 술탄의 친구였다. 그의 저택은 아름답고 드넓은 정원에 둘러싸여 있었으며, 도시 바로 외곽에 자리하고 있었다. 그는 주변 마을에서 가장 예쁜 기독교인 소녀들을 십여 명도 넘게 그곳에 모아 놓았다. 아르메니아에서 튀르키예 관료인 무테사리프mutessarif는 막강한 권력이 있었다. 그는 술탄의 각료가 내리는 명령을 제외하고 그 어떤 명령도 받지 않았으며, 대체로 잔인하고 독재자 같았다.

어떤 아르메니아 소녀의 아버지라도 무테사리프를 화나게 하는 것은 위험천만하다. 술탄의 각료가 예쁜 아르메니아 소녀를 보면 자신의 첩으로 들이고 싶어 할 것이며 이 소녀를 첩으로 들이는 방법에는 여러 가지가 있다. 아버지가 거절하면 말할 수 없는 고초를 당할 것이라고 은근히 위협하면서, 후세인 파샤는 딸을 팔거나 달라고 단도직입적으로 요구했다. 소녀의 판매를 합법화하고 또 소녀를 첩으로 만들 권리를 무테사리프가 행사하려면, 반드시 소녀가 그리스도를 포기하고 무슬림이 되도록 설득하거나 강요해야 한다.

후세인 파샤는 아버지에게 나를 달라고 세 번이나 요구했다. 아버지는 세 번 모두 화를 참아 내며 그 요구를 거절했다. 파샤는 우리를 처벌하는 것이 두려웠다. 아버지가 부자였고 하르풋Harpout의 영국 대사 스티븐 씨Mr. Steven와 친분이 두터웠기 때문이다. 스티븐 씨는 마무렛-울-아지즈 지방의 통치자인 발리Vali의 보호를 받고 있었다. 그러나 지금 영국 대사는 없었다. 이제 이 파샤는 그 누구도 거리낄 것이 없었다. 후세인 파샤는 맘 내키는 대로 할 수 있다는 사실을 알고 있었다. 나는 본능적으로 알아차렸다. 그가 무장한 군인들의 호위를 받으면서 우리 집에 왔다는 것은 나를 데리러 다시 올 수 있다는 뜻이었다.

꼭대기 층에서 아버지와 그 인사가 이야기하는 것을 듣는 동안 난 내 치맛자락에 매달려 있는 두 여동생과 함께 어머니와 언니에게 매달렸다. 후세인은 더는 나를 내놓으라고 부탁하지 않았다. 그는 강력하게 요구하고 있었다. 난 그가 말하는 것을 들었다.

"곧 콘스탄티노플에서 명령이 도착할 것이오. 당신과 같은 기독교개들은 멀리 추방될 것이오. 남자나 여자, 아이들 할 것 없이 이슬람을 부인하는 이들은 단 한 명도 남지 않을 것이요. 그때는 당신을 구해줄 사람이 나 말고는 아무도 없소. 오로라를 내놓으시오. 그러면 모든 위기가 지나갈 때까지 당신 가족을 내 보호 아래 두겠소. 만약 내 제안을 거절한다면 무슨 일이 일어나게 될지 당신도 잘 알 거요!"

아버지는 큰소리로 말할 수 없었다. 아버지는 두려움과 공포에 질려 있었다. 어머니는 비명을 질렀다. 난 어머니에게 빨리 나를 내려보내서 파샤에게 주라고 애걸했다. 나는 어머니와 아버지, 남동생과 여동생, 그리고 언니를 구하기 위해서라면 무엇이든 하고 싶었다. 그때 아버지가 목소리를 되찾았고, 우리는 아버지가 파샤에게 말하는 소리를 들었다.

"하나님의 뜻대로 이뤄질 것이오. 하나님은 우리 아이가 우리를 구하기 위해서 희생당하는 것을 결코 용납하지 않을 것이오."

어머니는 날 더 꼭 끌어안으며 "아버지가 말씀하셨어. 너와 우리를 위해서."라고 말씀하셨다.

후세인 파샤는 화가 나서 자리를 떴고, 그의 경호원들은 뻣뻣하게 그 뒤를 따랐다. 그가 거리를 다 빠져나가기도 전에 큰 소동이 일어났다. 구석구석에서 군중이 모여들었다. 남자들이 집으로 뛰어들어 방금 하르풋에서 다급하게 말을 타고 달려온 이가 전해 준 소식을 이야기해 주었다.

"반Van에서 대학살이 벌어지고 있어요. 남자, 여자, 아이 할 것 없이 모두 난도질당하고 있대요. 쿠르드족들이 소녀들을 납치하고 있고요!"

반은 아르메니아에서 가장 위대한 도시다. 이곳은 한때 세미라미스Semiramis 여왕이 통치하는 바닉Vanic 왕국의 수도였다. 이곳은 또한 크세르크세스Xerxes의 고향이고, 대홍수 후에 발견된 최초의 땅 한가운데 아람Aram 왕이 세웠으며, 노아의 방주가 휴식한 신성한 곳이라고 배웠다. 이곳은 아르메니아인들에게 매우 소중한 곳이며, 우리 교회와 민족 생활의 중심지 가운데 한 곳이었다. 그곳은 체메시-게드짝에서 삼백 이십 킬로미터 떨어져 있고 5만 명이 넘는 우리 동족의 고향이기도 하다. 그러한 반의 발리 제브뎃Djevdet 베이는 아르메니아를 지배하는 튀르키예의 우두머리였고 가장 극악했다. 반에서 벌어진 대학살은 곧 아르메니아 전역으로 학살이 번진다는 것을 뜻했다.

군중은 하르풋에서 말을 타고 달려온 사람을 우리 집으로 데려왔다. 아버지는 그에게 질문을 던지려고 애를 썼지만, 그가 할 수 있는 말은 짧았다.

"Ermenleri hep kesdiler-hep gitdi bitdi!(아르메니아 사람들이 모두 죽었어요. 모두 떠났고 모두 죽었어요!)"

그는 계속 탄식했다. 하르풋에서 온 소식들이 전보로도 도착했다. 우리 도시로 온 그 기수는 위급한 사실을 경고하려고 즉시 말을 타고 달려온 것이다.

명령이 떨어져 우리가 뿔뿔이 헤어지기 전에 후세인 파샤가 우리 가족을 구할 수 있다면, 난 곧장 그의 저택으로 달려가서 그가 원하는 것은 무엇이든지 하겠다고 말하게 해달라고 어머니와 아버지에게 애원했다. 그러나 어머니는 아버지가 말씀하시는 동안 나를 꼭 끌어안았다. 아버지는 "하나님의 뜻이 이뤄질 것이며, 그런 일은 벌어지지 않을 거야." 하고 말했다.

루잔네 언니가 울고 있었다. 어린 내 동생 아루시아그^{Arciag}와 사라^{Sarah}도 울고 있었다. 아버지는 너무 창백했다. 아버지가 내 어깨에 손을 얹어 나를 위로하려 할 때 아버지의 손이 떨리고 있었다. 나는 눈을 감았다. 아버지, 어머니, 동생들과 언니가 모두 죽은 채 쓰러져 있는 모습이 보이는 것 같았다. 두려운 대학살이 곧 닥쳐올 것이다. 후세인 파샤는 내가 가족들을 구할 수 있다고 말했다! 그러나 난 아버지의 뜻을 거스를 수 없다. 갑자기 루펜 신부님이 생각났다.

어머니를 뿌리치고 뒷문을 통해 곧장 집에서 거리로 뛰쳐나왔다.

이 길은 루펜 신부님이 신도들을 맞으려고 기다리는 교회로 이어졌다. 그 누구도 이 성스러운 이에게 반에서 온 소식을 말할 용기가 없었다. 내가 제단 뒤에 있는 작은 방으로 뛰어들자 그는 왜 신도들이 오지 않는지 의아해하고 있었다.

나는 그의 발 앞에 엎드렸다. 눈물을 거두고 왜 이곳에 왔는지 말하기까지 오랜 시간이 걸렸다. 그는 무슨 일이 벌어졌다는 사실을 알아챘다. 그는 내 머리를 쓰다듬으며 기다렸다. 말을 할 수 있게 되자 난 후세인 파샤의 방문과 그가 우리에게 말한 것을 털어놓았다. 그러고 나서 신부님께 기수가 전해 준 소식을 전했다. 난 후세인 파샤가 내 부모와 형제자매를 구할 수 있다면 기꺼이 그의 첩이 될 거라고 전하는 것이 옳다고 내게 말해 달라고 호소했다.

루펜 신부님은 똑같은 말을 두 번 하게 만들었다. 내가 두 번째로 말하기를 마치자 그는 내 머리에 손을 얹고 말했다. "하나님께 여쭤보자, 내 아이야!"

그러고 나서 루펜 신부님은 기도를 올렸다. 그는 하나님께 내가 가야 할 길로 인도해 달라고 요청했다. 모든 기도를 기억하지 못한다. 비참하게 울고 있었고 또 너무 놀란 상태였기 때문이다. 그렇지만 신부님은 나를 위해, 그리고 우리 민족을 위해 호소했다. 또 하나님께 우리가 하나님의 첫 번째 신도였으며 수 세기 동안의 박해에도 당신께 진실했음을 일깨웠다. 신부님이 계속해서 기도하는 동안 나는 진정되었고 나도 모르는 사이 신부님의 기도를 경청하기 시작했다. 나는 내 귀로 하나님의 대답을 듣기를 희망하게 되었고, 루펜 신부님의 호소에 꼭 필요한 대답이 천상에서 땅으로 확실히 내려올 것 같았다.

신부님이 "아멘"이라고 말했고 나와 함께 무릎을 꿇고 기다렸다. 갑자기 신부님이 나를 꼭 끌어안고 말했다.

"길은 분명하다, 내 아이야. 대답이 왔어. 예수 그리스도를 믿어라. 그러면 그가 최선으로 여기는 방식으로 너를 구원할 거야. 네가 죽는 것보다 나을 거야. 필요하다면 죽음보다 더 심한 고통을 당할지도 모르지. 그래도 너 때문에 다른 사람들이 구세주에 대한 믿음을 저버리게 되는 것보다 나을 거야. 아버지와 어머니께로 돌아가서 그분들을 위로해 드려라. 그리고 그들 말씀에 순종하거라."

그날과 그다음 날에도 온종일 전령들이 하르풋을 오가며 반에서 일어난 소식들을 토막토막 전해주었다. 아르메니아 사람들이 장벽을 치고 맞서 싸웠다는 소식을 듣고 기쁨이 가슴 가득 차올랐지만, 그 결과에 다시 몸서리쳤다. 우리 도시의 그 누구도 그날 밤 잠들지 못했다. 하루 종일 루펜 신부님과 그의 보좌 사제들, 그리고 기독교 대학의 종교 교사들이 집집을 돌며 함께 기도를 올렸다.

도시의 영향력 있는 인사들은 후세인 파샤를 기다렸다. 우리가 위험에 처했는지 묻기 위해서였다. 그는 아르메니아의 인사들에게 우리의 공포는 근거가 없다고, 반에서 벌어진 갈등은 단순 폭동이라 했다. 아버지와 어머니는 안전할 거라는 그의 헛된 약속에 간절히 매달렸다.

그러나 화요일이 되자 우리가 속았다는 사실을 깨달았다. 이날 아침 후세인 파샤는 이 지역의 감옥 문을 열도록 명령했고, 갇혀 있던 살인자와 노상강도 같은 죄수들이 풀려나 그의 저택으로 이송되었다. 한 시간 뒤에 이 범법자들 각각은 경찰복을 입고 배급된 소총과 총검, 길이가 긴 검을 차고 공공 광장에 정렬하여 명령을 기다리고 있었다. 그것은 나쁜 짓을 할 때 인력을 동원하는 튀르키예식 방법이다.

정오가 되자 헌병대 장교나 혹은 튀르키예식 경찰이라고 부르는 이들이 도시 곳곳으로 말을 타고 다니며 벽과 울타리, 모든 거리 구석구석에 경고문을 붙였다. 아버지는 하르풋으로 아침 일찍 떠나셨다. 그곳의 부유한 아르메니아 은행가들과 회의를 한 후 곧장 그곳의 발리 이스마일Ismail 베이에게 선처를 부탁하기 위해서였다. 어머니는 거리의 구석에 붙은 경고문을 읽고 걱정에 휩싸여 너무나 쇠약해졌다. 그래서 루잔네 언니와 나도 바로 거리로 나갔다. 경고문에는 이렇게 쓰여 있었다.

아르메니아인들

너희는 후세인 파샤 각하의 명령에 따라 즉각 집으로 들어가 각하가 왕래를 다시 허락할 때까지 집 안에 머문다. 거리나 다른 사업 장소에서 발견되는 모든 아르메니아인과 집에 없는 모든 아르메니아인은 오늘 오후 1시 이후부터 체포되어 엄벌에 처할 것이다.

알리 아가자드ALI AGHAZADE 시장

어머니는 하르풋으로 간 아버지 때문에 크게 걱정하셨다. 아버지는 명령을 무시하고 오후 아무 때나 말을 타고 시내로 들어와 거리에서 체포될지도 모른다. 남동생 파울Paul은 이제 열다섯 살인데 이웃집에 있었다. 우리는 남동생을 좁은 뒷길을 통해 도시 밖으로 내보냈고 그곳 들판에서 아버지가 말을 타고 거쳐야 하는 길을 지켜보게 했다. 아버지가 어두워지기 전에 모습을 나타내 후세인 파샤의 경고를 알렸다. 곧 우리는 아버지가 집을 떠났던 것을 감사하게 되었다.

우리는 이 명령이 무엇을 뜻하는지 상상할 수 없었다. 고의적인 대학살이 계획되었으며, 우리가 튀르키예 경찰의 편의를 위해 모두 집에서 쫓겨나게 되는 것을 의미한다는 사실을 도저히 믿을 수 없었다.

4시가 되자 감옥에서 풀려나온 죄수들 가운데 경찰이 된 이들이 후세인 파샤의 접견에 참석하라는 명령을 갖고 부유한 이들의 집으로 들이닥쳤다.

어머니가 집으로 온 관리에게 아버지가 도시 밖에 계시다고 설명했다. 그러자 튀르키예 경찰들은 집을 뒤졌고 어머니가 그들의 길을 막자 어머니를 거칠게 옆으로 밀쳐 냈다. 그러고 나자 그들은 아버지의 사업장 열쇠를 달라고 요구했다. 루잔네 언니가 열쇠를 가지러 위층으로 뛰어가자 그 관리는 언니와 함께 가겠다고 억지를 부렸다. 언니가 아버지 방에서 열쇠를 꺼내는데 그는 언니를 껴안고 언니의 옷을 찢고 풀어 헤치며 자신도 그렇게 했다. 언니가 비명을 지르자 그는 언니 뺨을 세차게 쳐서 언니를 바닥에 주저앉혔다. 그는 언니를 그곳에 남겨 두고 그의 부하들과 함께 밖으로 나왔다.

우리 집 창밖으로 공공 광장이 내다보였다. 튀르키예 경찰관들은 도시의 인사 오십여 명을 이곳으로 불러 모았다. 그들 사이에 루펜 신부님도 계셨고, 기독교 대학의 총장님도 계셨다. 이 기독교 대학은 미국 선교사들이 세웠다. 몇몇 교수와 물리학자, 은행가, 거상과 다른 사업가들이 있었다.

보초들은 이들을 파샤의 저택 쪽으로 줄지어 가게 하는 대신, 방향을 틀어 도시의 다른 쪽으로 가게 했다. 그것을 보고 우리는 광장에 모인 인사들이 파샤와의 접견이 아니라 그날 아침 무테사리프가 비워 둔 그 감옥으로 끌려간다는 사실을 깨달았다.

남편이 어디로 끌려가는지 깨달은 많은 여자들은 집에 있으라는 명령을 무시하고 거리로 뛰쳐나와 남편의 무리로 몰려들었다. 헌병들은 총검 개머리로 이 여자들을 때려눕혔다. 어떤 교수의 아내가 보초들의 저지를 뚫고 가까스로 남편에게 이르렀다. 한 헌병이 그녀를 끌어내자 그녀는 남편에게 더 꼭 매달리며 비명을 질렀다. 그 군인은 총검을 돌려 칼로 그녀를 찔렀다. 그녀의 남편이 그 남자의 목을 들이받자 다른 헌병이 그 남편을 살해했다.

붙잡힌 인사들은 교수와 그 부인의 시신을 밟고 행군하도록 강요당했다. 집에서 뛰쳐나온 그 부부의 아이들도 시체 옆에 서 있었다. 아이들은 이 포로 무리가 지나가고 부모의 시신을 집으로 끌고 가도 좋다는 허락을 받을 때까지 죽은 부모의 손을 움켜쥐고 흐느끼고 있었다. 이 사건을 목격한 우리 가운데 그 누구도 이 어린아이들을 도우러 나가지 못했다.

그 감옥은 꼬불꼬불하게 이어지는 석조 건물로 7백 년도 더 전에 지어졌다. 원래 수도원이었지만 1580년 튀르크인들이 건물을 점령하고 나서부터 계속 감옥으로 사용되었다. 이 건물은 높은 벽에 둘러싸여 있고 큰 뜰이 있었으며 그 뜰 아래에 크고 삭막한 지하 감옥을 두고 있었다.

그날 오후 내내 어머니와 언니와 나는 근심 속에서 아버지가 하르풋에서 돌아오기를 기다렸다. 저녁이 될 무렵 헌병 한 명이 집에 왔다. 그는 "무테사리프 접견"에 아버지가 빠졌다고 말하면서 아버지가 돌아왔는지 물었다. 어머니는 무테사리프와 접견한다면서 왜 남자들을 감옥으로 끌고 갔는지 그 헌병에게 물었다. 그 군인은 통치자가 사람들이 감옥으로 가는 것이 더 편리하다고 여겼을 것이라고 말했다. 통치자의 저택으로 가는 길이 멀기 때문이다. 우리는 그 설명을 듣고 조금 안심이 되었지만, 저녁이 오고 끌려간 남자들이 집으로 돌아오지 않자 다시 걱정되기 시작했다. 혹시 아버지와 파울이 중간에 끌려간 것은 아닌지 두려워지기 시작했다.

끌려간 남자들의 부인과 딸들은 날이 어두워지자 더는 긴장감을 견딜 수가 없었다. 실내에 남아 있으라는 명령에 맞서 그들은 거리에 모이기 시작했고, 작은 무리의 여자와 아이, 심지어는 더 용기가 있는 남자들이 감옥을 향해 이동했다. 그들은 잠깐이라도 친척을 만날 수 있기를 희망하면서, 아니면 안에서 무슨 일이 벌어지는지 소리라도 듣기를 희망하면서, 거의 자정이 다 될 때까지 밖에서 기다렸다.

11시에 감옥 문이 열리고, 말을 탄 경호원들의 호위를 받으며 중무장한 후세인 파샤가 나왔다. 여자들이 그를 에워싸며 모여들었지만, 군인들은 여자들을 쫓아 버렸다. 파샤의 마차가 사라지기도 전에 감옥에서 고함과 비명이 들려왔다. 루잔네 언니와 나는 감옥의 벽까지 몰래 다가가 있었는데, 너무 놀라서 집으로 달려왔다. 아버지와 파울이 저녁 늦게 도착해서 집에 있었다.

아버지는 근심 걱정에 휩싸여 너무 초췌해 보였다. 그는 나를 껴안고 이상하게 입맞춤을 하셨다. 내가 아버지의 눈을 바라보니 굵은 눈물방울이 맺혀 있었다. 나는 묻지 않아도 하르풋으로 가서 보호를 요청하려던 그의 사명이 성공하지 못했음을 알 수 있었다. 우리는 그날 감옥에서 들려오는 비명을 들으면서 밤새도록 앉아 있었다. 다음 날 살금살금 도망쳐 나온 한 남자가 자기 집으로 숨어들자, 우리는 무슨 일이 벌어졌는지 알게 되었다.

후세인 파샤가 감옥에 도착해서 모인 남자들에게 말하길, 아르메니아인들이 튀르키예에 충성하지 않았다는 새로운 보고가 콘스탄티노플에서 도착했으며 아르메니아인들은 연합군을 돕는 음모를 꾸며왔다는 것이다. 그는 갇힌 이들에게 그 배신에 대해 아는 대로 말하라고 강요했다. 사람들은 모두 그런 음모는 전혀 없었다고 장담했다. 또 아르메니아인들이 튀르키예의 이웃들과 평화롭게 살고 있으며 술탄에게 복종하고 있고 어떤 역할이 요구되든 그에게 봉사하기를 바랄 뿐이라고 힘주어 말했다. 후세인은 결국 설득당하는 것 같아 보였고, 끌려온 사람들 모두 아침이 되면 집으로 돌아갈 수 있다고 말하면서 감옥에서 나갔다.

갇힌 사람들은 약속된 석방을 서로 축하하며, 또 그사이 가족에게 이 사실을 알릴 수 있는 길이 있을지도 모른다는 기대에 부풀었다. 그런데 헌병들이 나타나 남자들을 마당 구석으로 몰아갔다. 다른 사람들은 조준된 총과 총검으로 위협당하면서 감옥 안에 잡혀 있었다. 한 번에 한 명씩 남자들이 군인들의 원 안으로 끌려갔다. 그리고 술탄에 대항하는 음모를 꾸며 왔다고 자백하라고 강요당했다.

끌려간 사람들마다 혐의를 부인했고 자백할 것이 아무것도 없다고 단언하자, 헌병들은 부인하는 남자들의 옷을 벗기고 발가벗은 등을 가죽끈으로 때리기 시작했다. 남자들이 매질을 당하고 기절하면 곧 군인들은 그가 정신을 차릴 때까지 한쪽으로 던져두었다. 모든 군인들이 교대로 가죽끈을 들고 매질을 하다 지칠 때까지 남자들은 계속 매질을 당했다. 노인 여덟 명이 맞아서 목숨을 잃었다. 그들의 시신은 감옥 마당의 구석으로 던져졌다.

그들이 루펜 신부님을 매질하는데 한 장교가 끼어들었다. 그는 신부를 때리는 것이 시간 낭비라고 말했다. 그러고 나서 그는 루펜 신부님에게 돌아서서 말했다. 그가 기독교를 포기하고 무슬림이 되어야만 살아남을 수 있다고. 만약 거절한다면, 죽을 때까지 매질을 당할 것이라고 말했다.

가엾은 신부님은 대답할 기운조차 없었다. 그 장교의 명령에 따라 군인들이 신부님을 내동댕이치자 신부님은 바닥에 나동그라졌다. 신부님이 말을 하려고 고개를 흔들자 그 튀르키예 장교는 신부님이 무함마드를 받아들이는 표시를 한다고 판단했다.

"일으켜 세워." 장교가 명령했다.

군인 두 명이 그를 들어 올렸다. 장교는 신부님에게 이슬람의 서약을 따라하라고 명령했다. "오로지 신은 한 분뿐이며, 무함마드는 그의 선지자다."

"오로지 신은 한 분뿐이며……" 루펜 신부님은 할 수 있는 한 가장 또렷하게 말하기 시작했고, 잔인한 장교를 향해 눈을 크게 떴다. 그는 숨을 멈췄다 다시 계속했다. "예수 그리스도, 그의 아들이 나의 구세주다!"

장교가 칼을 꺼내서 루펜 신부님의 목을 베었다.

다음으로 대학 학장인 폴라디언Poladian 교수님이 무함마드를 고백한다면 생명을 구할 수 있을 거라는 제안을 받았다. 폴라디언 교수님은 아르메니아 전체에서 가장 사랑받는 사람 가운데 한 명이다. 그는 미국의 예일대학에서 공부했고, 고귀한 행동으로 영국과 프랑스에서도 매우 존경을 받았다. 그는 나이가 무척이나 많았다.

나는 아버지를 빼고 그 교수님을 누구보다 더 사랑했다. 내가 아주 어렸을 때 일이다. 한번은 병이 나서 대학의 크리스마스트리에 갈 수가 없어 울고 있었다. 그 성탄 트리에는 폴라디언 교수님이 체메쉬-게드짝에 있는 모든 어린 소녀들을 위해 사탕 봉지를 걸어 놓으셨다. 폴라디언 교수님은 루잔네 언니에게 왜 내가 다른 아이들과 함께 있지 않은지 물으셨다. 언니는 내가 아파서 집에 머물며 울고 있다고 전했다. 그는 거의 삼 킬로미터나 떨어져 있는 우리 집으로 한걸음에 달려와서 내게 사탕 봉투를 가져다주셨고 예수님의 탄생에 관한 이야기를 들려주셨다. 그 일이 있고 나서 나는 언제나 하나님께 기도를 드리고 나면 폴라디안 교수님께도 기도하고 싶어 했다. 난 어머니가 왜 그렇게 하면 안 되는지 나를 납득시킬 때까지 그렇게 했다는 것을 기억한다.

폴라디언 교수님은 매질을 당하지는 않았지만, 그 장교는 교수님께 이슬람 신앙을 맹세해야 목숨을 부지할 수 있다고 말했다. 교수님은 그의 친구들이 받는 대우를 지켜봐야만 하는 고통을 이길 수가 없었다. 교수님은 신앙을 저버리느니 차라리 목숨을 내놓겠다고 말했다. 그러자 군인들은 그의 손톱을 하나씩 차례로 뽑고 발톱도 모두 뽑아 버렸으며 머리카락과 수염까지 뽑았다. 그러고 나서 죽을 때까지 칼로 찔렀다. 밤새도록 감옥 마당에서 비명이 끊이질 않았고, 밖에서 기다리는 여자들은 거의 미쳐 버릴 지경이 되었다. 새벽녘에 군인들은 남편들이 곧 집으로 돌아갈 거라며 여자들을 쫓아냈다.

여자들이 시야에서 사라지자마자 군인들은 고문에서 살아남은 남자들을 데려와 긴 밧줄로 묶어 감옥 뒤편에서 십육 킬로미터 정도 떨어진 도시 밖의 무라드Murad강을 향해 행진하게 했다. 강둑에 도착하자 군인들은 남자들을 세워 놓고 총검으로 찔러 죽였다. 오로지 한 남자만 자기 위에 시신을 끌어당겨 쌓아 놓았다가 도망쳐 왔다. 그리고 사람들에게 이러한 사실을 전해 주었고, 그도 또한 죽었다.

다음날인 목요일은 이슬람교 안식일의 하루 전날이다. 9시가 되자 군인들은 거리를 샅샅이 돌며 열여덟 살 이상의 아르메니아 남자들을 모두 공공 광장으로 소집했다. 거리마다 장교들이 대문에 서서 한 시간 내에 광장으로 오지 않는 열여덟 살 이상의 남자는 누구든지 죽임을 당할 것이라고 말했다.

　어머니와 루잔네 언니, 그리고 나는 아버지 품으로 달려들었다. 우리 모두 아빠를 부둥켜안으려고 했다. 아버지는 큰 슬픔에 빠져 말없이 계셨다. 아버지는 "사랑하는 가족들"이라고 말씀하시며 한 사람 한 사람에게 입을 맞추고 작별 인사를 나누며 우리를 기다리게 하셨다. 일곱 살 동생 사라와 여섯 살의 호브난Hovna을 오랫동안 껴안고 계셨다. 그리고 나서 아버지는 내 입술에 입을 맞추셨다. 전에는 한 번도 그렇게 입 맞춘 적이 없었다. 아버지는 어머니에게 울어선 안 되며 아주 용감해져야 한다고 말씀하셨다. 그리고는 밖으로 나가셨다.

　동생 파울은 거리를 두고 아버지를 따라갔다. 가능한 한 아버지 곁에 오래 머물고 싶어서였다. 아버지가 광장에 도착하시자 파울이 집으로 되돌아오려 했지만, 어떤 군인이 파울의 옷깃을 붙잡으며 "너도 따라와. 그러면 내일 너를 여자들이랑 같이 소집할 필요가 없어."라고 말했다. 아버지는 파울이 겨우 열다섯 살이라며 저항했지만, 군인들은 말을 듣지 않았다. 그래서 남동생은 다시는 집으로 돌아오지 못했다.

2장

테러가
시작된 날

나는 아버지가 길을 가로질러 광장으로 가는 것을 보려고 위층 내 방 창가로 갔다. 어머니는 아래층의 응접실 다이반에 주저앉으셨다. 루잔네 언니와 나이 어린 남동생과 여동생이 어머니 곁에 있었고, 어린 동생들은 아버지가 돌아오실 수 있을 거라고 믿으려 애쓰고 있었다. 군인들이 파울을 데려가는 것을 보고 나는 비명을 질렀다. 어머니는 그 소리를 듣고 위층으로 달려오셨고, 루잔네 언니와 다른 동생들도 어머니를 뒤따라 왔다. 내가 그 장면을 목격한 유일한 사람이었다. 나는 가족들에게 아버지뿐만 아니라 동생 파울도 끌려갔다는 사실을 말해야 했다. 파울은 커서 루펜 신부님 같은 사제가 되고 싶어 했다. 나는 순간 말문이 막혔다. 어머니는 아버지가 길에서 무슨 일을 당하셨고 내가 그 장면을 목격했다고 생각하셨다.

"어서 말해라. …… 무슨 일이지? 군인들이 아버지를 죽였니?"

어머니가 소리치셨다. 나는 고개를 젓는 것 말고는 제대로 대답을 할 수 없었다. 어머니에게 뭐라도 말하지 않으면 안 되었다. 어머니는 언니에게 물으셨다.

"아들이 어딨니? 파울이 어딨어? 왜 여기에 없니?"

루잔네 언니는 마당을 살펴보려고 아래층으로 뛰어갔다. 나는 어머니를 껴안고 말했다. 간간이 흐느끼면서.

"군인들이 파울도 잡아갔어요. …… 파울이 아버지와 함께 있어요!"

어머니는 바닥에 주저앉아 얼굴을 감쌌다. 언니와 나는 어머니 곁에 무릎을 꿇고 앉았다. 그러나 어머니는 울지 않으셨다. 어머니가 우리를 곁으로 불러 모으셨을 때 어머니의 눈은 메말라 있었다. 난 그 뒤로 어머니가 우시는 것을 단 한 번도 본 적이 없다. 튀르키예 군인들이 아흐메드Ahmed 베이의 명령에 따라 나를 그의 집으로 보내기 전, 어머니를 죽도록 매질하는 것을 지켜보게 할 때조차도 어머니는 울지 않으셨다.

우리는 내 방 창문에서 남자들이 서로 위로하거나 광장에 모인 지도자들과 흥분해서 이야기하는 것을 볼 수 있었다. 정오 무렵에 3천 명 이상의 남자들과 어리지 않은 소년들이 모였다. 군인과 경찰은 열여덟 살 이상의 남자들이 도망치지 않았는지 집집마다 수색했다. 여자들이 남편과 아버지에게 매달리자 군인들은 남자들이 이쉬마일Ishmail 베이의 연설을 듣기 위해 소집되었을 뿐이라고 말했다. 그는 자신이 통치하는 수도 하르풋에서 오고 있었다. 몇몇 여자들은 이러한 설명을 믿었다. 다른 사람들은 그것이 사실이 아님을 알고 있었다.

우리 집에서 아주 멀지 않은 곳에 안드라닉Andranik의 집이 있었다. 안드라닉은 마르소반Marsovan에 있는 미국 학교를 졸업하고 우리 학교에서 학생들을 가르치려고 그의 부모님과 함께 우리 도시로 왔다. 그는 도시에서 매우 인기가 있었고, 루잔네 언니와 결혼하기로 되어 있는 바로 그 청년이었다. 튀르크인들이 젊은 아르메니아 남자들을 징발할 때 그는 교사라는 사회적 지위 덕분에 징발을 피할 수 있었다.

안드라닉의 아버지가 광장 소집 명령에 응할 때 그는 뒤에 남아 있었다. 그는 누이의 치마를 입고 변장해서 도시 변두리까지 갔다. 그곳에서 잘 알고 지내던 믿을 수 있는 튀르크인한테 말을 샀다. 안드라닉은 그 튀르크인을 통해 루잔네 언니에게 소식을 전해 왔다. 그는 독일 총영사 볼프 폰 볼프스켈Wolf von Wolfskehl을 알고 있었다. 말을 타고 하르풋에 가서 이 막강한 독일 관리에게 체메쉬-게드짝의 아르메니아인들을 도와달라고 간청할 거라 했다.

언니는 안드라닉이 안전하다는 소식을 전해 듣고 용기가 생겼다. 오후 내내 이웃 여자들이 우리 집에 와서 내 창문으로 광장을 내다봤다. 그들 가운데 몇은 부유한 남자들의 아내로 짧은 순간이라도 사랑하는 이들을 볼 수 있길 빌었다. 군인들은 여자들이 광장 근처에 모이는 것을 허락하지 않았고 남자들과 이야기를 나누는 것도 절대 허용하지 않았다.

어여쁜 실푸리Sirpouhi 부인은 아주 부유한 제조업자의 아들과 결혼한 지 채 일 년이 되지 않았고 곧 어머니가 되려는 참이었다. 그녀가 우리 집 창문에서 남편을 목격했다. 그녀는 "나의 바르탄Vartan, 나의 바르탄!" 하고 외치면서 광장을 가로질러 그에게 달려가는 자신을 멈출 수 없었다. 바르탄은 남편의 이름이었다.

그 젊은 남편은 아내가 부르는 소리를 듣고 광장 가장자리로 달려 왔다. 그녀에게 손을 뻗어 그녀가 그에게 안기려는 찰나에 한 튀르키예 경찰이 총으로 그녀의 머리를 내리쳤다. 이 튀르키예 경찰과 그의 동료들은 이 젊은 부인이 만삭인 것을 보고 교대로 달려들어 그녀를 총검으로 찔렀다. 그녀의 남편은 고꾸라졌다. 기절한 것 같았다. 군인들은 신부의 시신을 그대로 버려두고 바르탄을 들어 옮겨갔다.

해 질 무렵 도시에 있는 거의 모든 기독교인 여자들은 울다 지쳐 눈물이 말라 버렸다. 나와 루잔네 언니도 마찬가지였다. 그때 이슬람 지역의 엘 하산El Hasan 이슬람교 사원 뾰족탑에서 첫 번째 기도 시간을 알리는 소리가 들렸다. 그 기도 시간을 알리는 사람은 꼭 노래라도 부르며 우리를 조롱하는 것 같았다. "알라를 빼면 그 어떤 신도 없어. 기도하러 와. 안전한 곳으로 와!" 나는 어머니 모르게 혼자서 무릎을 꿇고 신께 우리를 저버리는 것은 아닌지 물었다. 그리고 우리 아버지를 돌려 달라고 빌었다. 아마도 신은 내 기도를 들으셨는지 무슬림들의 기도가 끝나자마자 군인 한 명을 우리 집으로 보내셨다.

그는 아버지가 소식을 전하도록 대가를 지불했다고 말했다. 우리가 즉시 광장 북쪽 구석으로 가면 아버지와 이야기할 수 있을 거라 했다. 이 소식이 사실이라는 것을 증명하기 위해 그 군인은 우리에게 아버지의 반지를 보여 주었다.

어린 여동생과 남동생의 손을 잡고 어머니와 루잔네 언니와 나는 서둘러 북쪽 구석으로 달려갔다. 아버지와 파울이 그곳에서 우리를 기다리고 있었다. 아버지는 잠시 말을 잇지 못하다 말씀하셨다.

"우리는 사막으로 쫓겨날 거다!"

장교들은 그들이 백 킬로미터 떨어진 아랍기시Arabkir까지 이동할 것이며, 튀르크인들이 다시 집으로 돌려보낼 준비가 될 때까지 그곳에서 야영하는 것을 허락했다고 말했다. 아버지는 이것이 사실이기를 바란다고 말씀하셨다. 그러나 아버지는 튀르키예 군이 자신들이 되돌아가는 것을 허용할 거라고 믿지 않으셨다. 아버지는 어머니에게 파울이 따라가게 되었으므로 밤에 몸을 잘 감쌀 담요와 돈을 가져오게 하고 싶었다고 말씀하셨다. 아버지는 100리라, 그러니까 미국 화폐로 440달러를 지니고 있었다. 돈이 더 있다면 군인들에게 뇌물을 줘서 파울이 말을 타게 하거나, 아니면 행군이 시작될 때 도망가게 할 수 있을 거라 생각했다.

어머니와 나는 서둘러 집으로 갔다. 어머니는 돈을 많이 숨겨둔 금고로 갔다. 담요를 가지러 가면서 난 '요르간'yorgan을 생각했다. 내가 열 살 되던 때 아버지가 스마이르나Smyrna에서 가져다주신 생일 축하 담요였다. 이 담요는 내가 가진 가장 아름다운 것이었다. 십계명이 수놓아져 있고, 천 년 전에 만들어졌다고 많은 이들이 말했다. 나는 파울에게 이 요르간을 가져다주었고 아버지에게 다른 담요를 가져갔다. 파울은 내 요르간을 받자 기쁨의 소리를 질렀다. 우리는 건과일과 치즈를 넣은 얇은 빵을 싸서 이 또한 아버지와 파울에게 전했다. 어머니는 이백 리라를 가져갔는데, 거의 천 달러에 달하는 액수였다.

두 번째 방문에서 군인들은 우리가 아버지와 오래 말하도록 놔두지 않으려 했다. 우리는 날이 너무 어두워져서 아무것도 보이지 않을 때까지 그를 바라보기만 하면서 길 건너에 서 있다 집으로 돌아왔다. 우리는 아버지도 파울도 두 번 다시 보지 못했다.

우리가 집에 돌아왔을 때 경찰 수장인 압둘라Abdoullah 베이가 응접실에서 기다리고 있었다. 압둘라는 언제나 아버지의 친구였고, 우리는 그를 친절한 사람이라 여기고 있었다. 어쩌면 그가 할 수만 있다면 우리를 도울 수 있을지도 몰랐다. 그러나 어머니가 최소한 파울이라도 우리에게 돌아올 수 있게 해달라고 간청하자, 그는 우리에게 이스마일 Ismail 베이의 서명이 있는 명령서를 보여 주었다. 이 명령은 후세인 파샤가 그에게 전달한 것이다. 그 내용은 다음과 같다.

> 아르메니아인들의 강제 이주 도중에 이슬람 주민이나 방문자 누구든지 주변 지역의 기독교도를 숨기거나 다른 방식으로 보호하면, 우선 그의 집을 불태울 것이고, 그다음 그의 눈앞에서 기독교도를 살해할 것이며, 그 무슬림의 가족과 그 자신도 살해될 것이다.

압둘라 베이가 말했다.

"보시다시피 난 당신을 도울 수가 없어요. 그렇게 하고 싶어도. 그렇지만 당신께 친구로서 충고할 수 있겠죠. 당신은 어린 두 딸이 있습니다. 아직 이 딸들이 종교를 개종하고 알라를 받아들이는 것이 가능합니다. 당신만 원하면 내가 후세인 파샤에게 루잔네와 오로라가 레카rek'ah, 이슬람교 서약를 하겠다고 개인적으로 전할게요. 그는 기꺼이 두 아이 모두 받아들일 거고, 그러면 앞으로 벌어질 수많은 일들에서 딸들과 당신을 지킬 수 있을 겁니다. 그렇지 않으면 너무 늦어버릴 겁니다."

후세인이 우리 둘 다 원했다니! 난 루펜 신부님의 말이 기억났다. "하나님을 믿어라. 그리고 그에게 진실해지거라." 그렇지만 난 자신을 희생하지 않으면 안 될 것 같았다. 내가 파샤의 집으로 가겠다고 말하려는 찰나, 어머니는 압둘라에게 이렇게 말씀하셨다.

"파샤에게 우리는 하나님의 자녀라고, 그가 하려는 것이 무엇이든지 받아들일 거라 전해 주세요!"

압둘라는 어머니의 용기에 경탄했다. 그는 어머니에게 허리를 숙여 인사하고 밖으로 나갔다. "앞으로 닥칠 일에 대해 유감으로 생각합니다."라고 그가 말했다.

그날 저녁 안드라닉이 하르풋에서 돌아왔고 곧장 우리 집으로 왔다. 그는 여전히 누이의 옷을 입고 있었다. 그가 문가에 모습을 드러내자 언니는 그의 품으로 달려갔다. 난 그의 얼굴에서 좋지 않은 소식을 읽을 수 있었다.

루잔네 언니는 안드라닉이 성공할 것이라고 남몰래 믿고 있었다. 언니는 안드라닉에 대한 깊은 신뢰가 있었고, 그가 실패할 수 있다고는 생각하지 못했다. 언니는 자신의 희망이 무너진 것을 이겨 냈고, 자신보다 안드라닉을 더 많이 걱정했다. 언니는 그에게 도망가라고 간청했다. 안드라닉은 계속 여자 옷을 입고 있기로 결정했다. 언니는 자기의 머리카락을 잘라 안드라닉의 숄 아래로 머리카락이 보이도록 그의 머리 위에 늘어뜨렸다. 그가 조금이라도 더 아가씨처럼 보이게 만들기 위해서였다. 밤에 안드라닉이 도시 밖으로 공격받지 않고 빠져나가 친절한 농부들에게 숨어들 수 있을 거라 여겼다.

그러나 관리들은 안드라닉이 항복하지 않았다는 사실을 알았다. 이른 저녁 튀르키예 경찰은 압둘라의 명령을 받고 그의 집을 포위하고 그에게 밖으로 나오라고 명령했다. 그의 어머니는 그가 집에 없다고 말했다. 그러자 헌병 우두머리는 안드라닉이 당장 나오지 않으면 집에 있는 사람들과 집을 모두 불태워 버릴 것이라고 대답했다.

한 이웃 여자가 이 소식을 전하러 우리에게 달려왔다. 안드라닉은 변장을 벗어던지고 벽에 걸려 있던 아버지의 오래된 기병도를 차고 급하게 달려 나갔다. 그는 헌병들을 가로질러 집으로 들어갔다. 그는 집에서 어머니와 누이들, 그리고 공포에 질려 있는 다른 친척들을 보았다. 헌병들은 그를 향해 당장 나오라고 고함쳤다. 안드라닉은 헌병들이 기름통을 가져오는 것을 보았다. 그는 어머니에게 입 맞추고 동생들과도 입을 맞췄다. 그리고 거리로 걸어 나갔다. 헌병들은 그를 문 앞 층계에서 칼로 찔러 죽였다. 그의 누이가 그를 향해 달려갔다. 그러자 헌병들은 누이도 살해했다. 이웃 사람이 무슨 일이 벌어졌는지 말해 주러 우리 집에 왔을 때, 루잔네 언니는 안드라닉의 집으로 달려 나가 그의 어머니가 두 명의 시신을 옮기는 것을 도왔다.

그날 밤 아버지와 다른 남자들이 이동했다. 우리는 내 방에 앉아 튀르키예 경찰들이 들고 있는 횃불과 등으로 광장에 드리운 그림자 속에서 아버지와 파울을 찾아보려고 애쓰고 있었다. 그때 많은 군인들이 나타났고, 갑자기 엄청난 외침이 들려왔다. 곧 우리는 긴 줄을 지어 남자들이 군인과 경찰에게 에워싸여 광장에서 행군해 나가는 것을 보았다. 아버지와 파울을 알아보기에 너무 어두웠지만, 아버지와 파울이 우리 창가를 올려다보고 있을 것이며 우리를 보고 싶어 할 것을 알고 있었다.

튀르키예 경찰은 남자들을 카라강 쪽으로 데려갔다. 카라강은 유프라테스강의 지류다. 무리 중에는 너무 나이가 들어 쇠약해서 멀리 걸을 수가 없어 바닥에 주저앉은 사람들이 많았다. 튀르키예 경찰들은 주저앉은 남자들을 칼로 찔러 죽였고 시신을 그 자리에 남겨 두었다. 그들이 가짐Gwazim이라는 작은 마을로 왔을 때는 한낮이었다. 이곳은 이십 킬로미터 떨어진 강변 마을이다. 가짐에는 큰 건물이 있었는데, 튀르크인들은 쿠르드인과 전쟁할 때 이 건물을 병영으로 썼고, 다른 때에는 감옥으로 썼다. 절반의 남자들이 이 건물에 갇혔고 다음 날까지 머물러야 한다는 이야기를 들었다. 튀르키예 경찰들은 나머지 절반을 강 건너 아랍기시 쪽으로 데려갔다.

정오가 되자 튀르키예 경찰들은 가짐으로 돌아왔다. 그들은 강 건너로 데려간 남자들이 마을에서 안 보이게 되자 곧장 죽여 버렸다. 체메쉬-게드짝에서 우리의 남자들 일부가 감옥에 갇혀 있다는 소식을 듣고 여자들 수백 명이 먼지가 이는 길을 걸어 가짐으로 갔다. 루잔네 언니와 나는 아버지와 파울을 잠깐이라도 볼 수 있으리라는 희망을 안고 걸었다.

가짐에는 1895년의 대학살 당시 우리 도시에 살던 나이든 아르메니아 여인이 한 명 있었다. 그 당시 그녀는 예뻤는데, 쿠르드인들에게 납치를 당하자 무슬림으로 개종해서 목숨을 건졌다. 그리고 나서 그녀는 가짐의 어떤 튀르키예 베이에게 팔려갔다. 이 베이는 그녀가 나이가 들 때까지 그녀를 자신의 집에 두었다. 이슬람 서약을 고백했지만, 그녀는 은밀한 기독교인이었다. 그 베이는 그녀에게 '파티메'Fatimeh라는 이름을 지어 줬다.

파티메는 자신이 감옥에 있는 남자들에게 물을 가져다주게 해달라고 감옥 보초들을 설득했다. 파티메가 감옥에 갇힌 사람들과 이야기하는 사이 튀르키예 경찰들이 데려간 남자들 없이 돌아왔다. 갇혀 있는 사람들도 자신들에게 같은 운명이 기다리고 있음을 알았다.

파티메는 밖으로 나와서 나에게 말했다. 아버지와 파울이 안에 있으며 희망이 있다는 소식을 전해 달라고 했다고. 그녀가 감옥으로 다시 들어가는 것을 잠시 동안 보았다. 이때 그녀는 큰 돌덩이 두 개를 가지고 있었는데 너무 무거워서 들기 힘들 정도였다. 그녀는 이 돌덩이를 물 양동이 속에 숨겨 놓았다. 그녀가 다시 나왔는데, 그녀의 양동이는 석탄으로 채워져 있었다.

 날이 어두워지자 힘이 세고 용기 있는 젊은 남자들이 나이든 이들의 머리를 파티메가 가져다 준 돌로 쳐 죽였다. 아버지가 폴을 먼저 죽이셨다. 폴이 너무 어렸기 때문이다. 늙고 쇠약한 이들이 모두 죽었다. 젊은 남자들은 노인들이 고통당하게 내버려 두지 않은 것이 바른 행동이었다고 생각해 달라고 신께 기도를 드렸다. 그들은 시신에 기름을 붓고 불을 질렀다. 그리고 자신들도 불 속으로 뛰어들었다. 파티메는 감옥이 불타는 동안 무슨 일이 벌어졌는지 우리에게 말해 주었다. 튀르키예 경찰들은 그녀를 의심했고, 그녀를 불타는 건물로 데려가 그곳에 버려두었다.

 루잔네 언니와 내가 어머니에게 돌아온 때는 토요일 새벽녘이 다 되어서였다. 감옥에서 벌어진 일을 어머니에게 이야기했을 때, "하나님의 뜻대로 행하시옵소서."가 어머니가 한 이야기의 전부였다. 우리가 가짐에 가 있는 동안, 엘 하산 이슬람교 사원에서는 이슬람교 안식일을 축하하면서 성대한 축하 잔치가 열렸다고 어머니가 말씀하셨다. 이맘Imam, 이슬람 교단의 지도자이 트레비존트Trebizond에서 오는 내내 성전聖戰이나 기독교인 대학살의 시작과 같은 특별한 행사를 위해 따로 준비해 둔 특별 기도문을 읽었다.

 그날 아침 군인들은 거리를 구석구석 돌며 벽에 새로운 공고문을 붙였다. 이 공고문은 우리가 두려워했던 내용을 담고 있었다. 통치자의 명령으로, 모든 아르메니아의 기독교인 여자들은 어리거나 늙었거나 관계없이 3일 후에 집을 떠날 준비를 마치고 강제로 이주해야 한다는 것이었다. 그 명령은 어디로 강제 이주하는지는 밝히지 않았다.

새로운 명령을 듣자마자 튀르키예 주민들은 도시 절반을 차지하는 아르메니아인들의 집을 돌며 아르메니아 여인들이 팔고 싶어 하는 것을 사겠다고 제안하기 시작했다. 남자들은 단 한 명도 남지 않았기 때문에 여인들에게 조언해 줄 그 누구도 없었다. 도시에서 가장 좋은 집 가운데 하나인 우리 집에는 부유한 튀르크인들이 많이 와서 우리 양탄자나 어머니, 언니, 그리고 내가 뜬 아름다운 레이스를 그들에게 파는 것이 나을 거라고 말했다.

아르메니아의 소녀들은 모두 예쁜 레이스 뜨기를 배운다. 레이스로 뜬 신부 면사포를 스스로 만들 수 있을 때까지 그 어떤 소녀도 행복하지 못하다. 튀르크인들은 늘 이런 것들을 사고 싶어 안달이었다. 많은 돈을 받고 외국 무역상들에게 팔 수 있기 때문이다. 그렇지만 굶어 죽기 전에는 그 어떤 아르메니아 신부도 자신의 면사포를 팔지 않았다. 언니와 나는 우리가 쓸 면사포를 떠 놓았고, 이 면사포가 필요할 때까지 보관해 두고 있었다.

우리는 강제 이송되면 이 레이스들을 가지고 갈 수 없으며 곧 도둑맞게 될 것이라는 걸 알고 있었다. 그래서 우리의 면사포를 팔았고 어머니의 것도 팔았다. 우리가 받을 수 있는 돈은 많아 봤자 고작 몇 피**아스터**piaster, 이집트·시리아·레바논·리비아·수단 등 중동 제국의 화폐 단위 뿐이었다. 미국에 온 이래로 나는 가게에서 이런 면사포와 같은 방식으로 만든 다양한 것들과 테이블보가 수백 달러에 팔리는 것을 봤다. 아버지는 하르풋, 스마이르나와 다마스커스에서 온 양탄자를 많이 가져다주셨다. 어머니는 이것들도 고작 몇 페니를 받고 내줬다.

방이 붙고 나서 이틀날, 그날은 우리의 일요일이었는데, 군인들이 집집마다 방문했다. 그들은 노크도 하지 않고 집안으로 걸어 들어왔다. 그들은 총이나 회전식 연발 권총을 찾는 척했지만 우리 은수저와 금수저, 그리고 꽃병을 가져갔다.

그날 오후 기마병 한 무리가 말을 타고 우리 집 앞을 지나갔다. 우리는 창문으로 달려갔고 그들이 모든 종족 중에도 가장 잔인한 아그자더기Aghja Daghi 쿠르드인들임을 알아보았다. 무리의 맨 앞에 그 유명한 족장 무사Musa 베이가 말을 타고 가고 있었다. 그는 몇 년 전, 유명한 미국인 선교사 레이놀즈Raynolds 박사님과 냅Knapp 박사님을 붙잡아 강도질하고 길 위에 목매단 인물이었다. 이 쿠르드인들은 말을 타고 후세인 파샤의 저택으로 갔다. 잠시 동안 그들은 말을 타고 사라졌다 다시 파샤의 군인 몇몇과 함께 나타났다. 그건 통치자가 쿠르드인들에게 도시 밖에서는 우리를 불러 세우도록 허가한다는 것을 의미했다.

밤새도록 여자들은 집에 앉아 있었다. 어머니는 방과 방을 오가며 벽과 선반 위에 놓인 당신이 어린 소녀 시절부터 간직했던 작은 물건들을 보셨다. 아버지의 옷 앞에서 오랫동안 앉아 계셨다. 난 내 장난감들을 손에 쥐고 울었다. 그것들 가운데 몇몇은 할머니부터 가지고 놀던 장남감이었다. 언니는 울지 않았다. 언니는 안드라닉과 잃어버린 면사포만 생각했다. 어머니처럼 언니의 눈물도 메말라버렸다. 어린 남동생 호브난과 마르디로스Mardiros, 여동생 사라와 아루시아그는 이제 여러 인형과 연에게 안녕이라고 이별 인사를 해야 한다는 말을 듣고 많이 울었다.

마지막 날 아침이 밝자 난 집에서 살짝 빠져나와 마리암Mariam을 찾아갔다. 몇 집 옆에 사는 내 놀이 친구. 마리암의 가족이 그렇게 부유하지 않았기 때문에 어머니는 내가 마리암에게 우리 돈에서 20리라를 줘도 좋다고 말씀하셨다. 그러면 그녀가 군인들에게 뇌물을 써서 보호받을 수 있을지도 몰랐다. 그러나 마리암은 그곳에 없었다. 밤사이에 튀르키예 경찰이 집에 들어와 잠옷만 입은 그녀를 침대에서 끌어내어 어디론가 데려갔다. 군인들이 레힘Rehim 베이가 마리암을 그의 집으로 데려오면 돈을 주겠다고 약속했다고 말했다. 내가 마리암의 어머니와 어린 동생을 발견했을 때, 그들은 마리암 침대 옆에 무릎을 꿇고 있었다.

집으로 돌아오는데 한 튀르크인이 나를 멈춰 세웠다. 그는 나에게 같이 가자고 했다. 그가 말하길 "모든 예쁜 기독교인 소녀들은 어쨌거나 튀르크인에게 몸을 팔지 않으면 죽임을 당하게 될 테니" 나 또한 그렇게 될 것이라고 했다. 난 할 수 있는 한 가장 빨리 도망쳐 집으로 왔다. 그가 나한테 그런 말을 할 때의 표정을 잊을 수가 없다. 사람의 얼굴에서 그런 표정을 본 건 처음이었다. 나는 어머니에게 이런 것을 설명하려고 애썼다. 어머니는 나를 껴안았는데, "내 가엾은 어린 딸!"이 어머니가 한 말의 전부였다.

여자들은 정오까지 광장에 모여야 했다. 여자들은 이미 말을 타고, 나귀와 소달구지를 끌고 그곳에 도착해 있었다. 어떤 사람들은 수레에 쌓을 수 있는 만큼 다 쌓아 많은 것들을 가지고 왔고 다른 사람들은 담요와 편의 도구, 좋아하는 양탄자와 빵과 건과일만 가져왔다. 아르메니아의 모든 가족들은 1년 치 양식을 비축해 둔다. 여자들은 그들이 들고 갈 수 없는 것을 모두 뒤에 남겨 둬야 했다.

우리가 떠날 시간이 되었을 때 난 다시 그 튀르크인의 얼굴에 드러난 표정에 대해 생각했다. 부유한 튀르크인 집의 여러 아내 가운데 하나로 잡혀 있다는 것이 무엇을 의미하는지 처음으로 깨달은 시간이었다. 이 튀르크인들의 거대한 집들은 도시 언덕에 빙 둘러서서 아래를 내려다보고 있었다. 이러한 집들에서 어쩔 수 없이 첩이 된 기독교인 소녀들에 대해 들은 적이 있었지만, 결코 이해하지 못했었다. 나이를 더 먹은 루잔네 언니는 나보다 더 많이 알고 있었다. "안드라닉과 같이 죽을 수만 있었다면…." 하고 언니가 말했다.

어머니는 튀르크인들의 하렘에서 또는 쿠르드인이나 군인과 얽힌 더 비참한 운명에서 나와 언니를 구할 방법에 대해 생각했다. 어머니는 튀르키예 여자들이 길에서 입는 베일, 야시맥yashmak, 일부 무슬림 여성들이 얼굴에 쓰는 긴 베일 두 장을 가지고 나와 우리에게 그것을 둘러 얼굴을 가리게 했다. 이런 베일 위로 튀르키예 여자들의 망토 페라제feradjeh를 입었다. 우리 얼굴을 전부 가리니, 우리는 꽤 튀르키예 여자처럼 보였다.

"내 딸들아, 내게 닥친 것은 죽음밖에 없지만, 너희에게는 훨씬 더 큰 위험이 도사리고 있구나." 하고 어머니가 우리에게 말씀하셨다.

"너희는 이제 길에서 다닐 수 있어. 군인들은 너희를 이슬람 여자라고 생각할 거야. 꼭 고아원의 그래햄Miss Graham 양에게 가도록 해라. 그래햄 양이 너희가 바다가 있는 북쪽으로 도망치는 길을 찾을 때까지 너희를 숨겨 줄 거야. 그리고 너희가 안전해지면 하나님께 감사를 돌려라. 하나님이 언제나 너희와 함께하신다는 것을 명심해라."

그러고 나서 어머니는 우리에게 입을 맞추고 떠나라며 작별 인사를 하셨다.

그래햄은 영국 아가씨인데, 마르소바Marsovan에 있는 아르메니아 고아 소녀들을 학교에서 가르치기 위해 미국 대학에서 우리 도시로 왔다. 그녀는 무척이나 젊고 예뻤다. 튀르크인들도 그녀를 존중하는 것 같았고, 어머니는 우리가 그녀와 함께 있으면 안전할 거라 생각하셨다.

어머니가 아루시아그와 광장으로 가는 동안 사라와 호브난과 마르디로스, 언니, 그리고 나는 이슬람 여자들과 뒤섞여 있었다. 이들은 광장에서 벌어지는 일도 구경하고, 아르메니아 여인들이 팔지 않으면 도둑맞을 수밖에 없는 보석과 다른 물건을 사기 위해 모여 있었다. 우리는 그래햄 양의 고아원에 이르는 모험을 감행하기에 앞서 우선 날이 저물 때까지 기다리기로 했다.

우리는 곧 부유한 튀르키예 시민과 군사 장교들이 거칠게 광장을 활보하며 기독교인 소녀들을 뜯어보는 것을 목격했다. 소녀들이 예뻐서 마음에 들면 고위 인사와 아가Agaha들은 소녀의 어머니들을 설득했다. 딸들에게 알라의 신앙을 고백하고 그들과 함께 가게 하라고. 그러면 강제로 이주당하지 않게 소녀의 친지들을 구해주겠다고 약속했다. 이 제안을 거절하면 종종 그 어머니들을 때렸다. 장교들은 딸들에게 너무 바짝 붙어 있는 어머니 몇을 죽였다.

어머니와 남매를 살리기 위해서 수많은 소녀들이 튀르크인에게 굴복하여 알라에 대한 믿음을 맹세했다. 저녁 무렵 이 소녀들의 '개종'을 수용하기 위해 이슬람 사원의 책임자인 카티브Khateeb을 불러 왔다.

쉰 명도 넘는 소녀들이 맹세했다. 이 맹세가 모두 끝나자마자 장교들은 튀르키예 경찰에게 사인을 하고 이 소녀들을 가족에서 빼내 광장의 한쪽에 모아 놓았다.

그리고 나자 부유한 인사들이 이 배교한 소녀들을 뜯어보기 시작했다. 군인들은 가장 많은 돈을 지불한 사람에게 소녀를 내줄 것이다. 장교가 그 소녀를 원하지 않는다면 말이다. 계급이 더 높은 장교들에게 첫 번째 선택권이 있었다. 군인들은 어머니와 친지들을 광장에서 구해내기 위해 자신의 종교를 희생한 소녀들을 한 명씩 한 명씩 튀르크인의 집으로 끌고 갔다.

언니와 나는 어머니에게 한 번 더 이야기할 기회를 잡기 위해 가까이 다가갔다. 우리는 모든 것을 목격했다. 그리고 그들이 소녀들을 데려가는 동안 튀르키예 경찰 한 명이 그래햄 양을 들어 안아 끌고 가는 것을 보았다. 나중에서야 알게 되었지만, 군인들이 어린 아르메니아 소녀들을 잡으러 그녀의 학교에 갔고, 그래햄 양이 군인들에게 저항했다. 이에 군인들은 그녀의 모국이 그녀를 도울 수 없으며, 그녀 역시 기독교인이기 때문에 그녀도 붙잡아 간다고 말했다.

군인들이 그래햄 양을 데려간 곳은 마리암이 벌써 잡혀간 레힘 베이의 집이었다. 그들은 그래햄 양을 이슬람교로 개종시키려 노력조차 하지 않았다. 레힘 베이는 막강한 권력이 있었고, 콘스탄티노플의 내무부장관인 탈랏Talaat 베이의 사촌이었다.

3장

바히바이 베이가
선택을 하다

잠시 동안 루잔네 언니와 나는 광장으로 돌아가 어머니와 합류해야 할지, 아니면 도망치려고 해야 할지 토론을 벌였다. 그래햄 양이 납치되어 우리를 도울 수 없었고, 아직까지 변장한 채로 사람들 눈에 띄지 않았기 때문이었다. 만약 우리가 도시 외곽의 친절한 튀르크인 집에 도착할 수 있다면 우리가 아는 사람들이 많아서 어머니를 도울 길을 찾을 수 있을지도 몰랐다. 그래서 우리는 도망치기로 결정했다. 어떻게 이런 일을 할 수 있을지 알지 못했지만 누군가 분명히 우리를 도울 것이라는 희망에 매달렸다.

어둠이 꽤 깊어지자 우리는 골목길을 조심조심 걸어서 주의를 끌지 않고 엉망이 된 우리 집 정원으로 들어오는 데 성공했다. 우리는 감히 불을 킬 생각도, 아래층에 남아 있을 생각도 하지 못했다. 군인들이 언제 집으로 들이닥칠지 몰랐다. 우리는 가장 안전하게 숨을 수 있는 곳이 다락이라고 생각했다.

다락에는 어머니의 오래된 물건들을 담은 상자가 많이 있었다. 우리는 찾고 또 찾아서 마침내 오래된 옷들을 발견했다. 언니와 나는 어머니가 준 튀르키예 망토 아래 어머니의 낡은 드레스를 입었다. 만약 우리가 발견되더라도, 얼굴만 가리면 이 오래된 옷들로 튀르크인들을 속일 수 있을지도 모른다고 생각했다.

루잔네 언니와 나는 아르메니아 여자들이 강제 이송을 준비하라고 허가받은 사흘 동안 잠을 자지 못했다. 새벽녘에 우리는 너무 지쳐 잠에 빠져들었다. 나는 칼을 든 흉측한 튀르키예 경찰이 내 위에 서 있는 것을 보고 갑자기 잠에서 깼다. 그는 나를 발로 찼다. 서너 명이 있었다. 귀중품을 찾으려고 집으로 들어온 우두머리가 사다리를 타고 다락으로 올라오고 있었고, 우리를 찾아낸 사람이 그들을 향해 소리를 질러댔다.

"Mouhadjirler, anleri keselim!"(여기 피난민들이 있어요. 이들을 죽입시다!)

그 튀르키예 경찰은 잠에서 깨어난 언니에게 고함을 쳤고, 언니는 비명을 질렀다. 그는 나를 무릎 꿇게 만들었고, 우두머리 경찰은 "나이 먹은 여자가 아니야. 목소리가 어리잖아."라고 말하고 언니 쪽으로 돌아섰다.

경찰들이 몰려들어 언니를 끌고 가면서 옆에 있는 나를 걷어찼다. 그들은 사다리를 타고 침실이 있는 아래층으로 내려갔다. 그곳에서 그들은 등을 찾아 불을 밝히고 절망적으로 비명을 지르며 반항하는 언니를 자세히 살펴보기 시작했다. 나는 사다리를 타고 내려가 그들을 뒤따라 방으로 뛰어들었다. 경찰 한 명이 주먹을 휘둘러서 나를 쓰러뜨렸다. 그들은 내가 입은 옷만큼이나 내가 나이를 먹었다고 생각했다. 그들 가운데 한 명이 "가만히 있지 않으면 저 늙은 걸 총검으로 찔러 버려."라고 말했다. 나는 바닥에 가만히 있을 수밖에 없었지만 살며시 벽으로 바짝 기어가 지켜보았다.

한 경찰이 루잔네 언니의 베일과 망토를 찢었다. 그들은 언니를 보더니 젊고 예쁘다는 사실을 알고 소리를 지르며 웃어 댔다. 우두머리가 총을 떨어뜨리고, 칼은 탁자 위에 놓더니 언니를 다른 사람들에게서 데려와 껴안았다. 그가 언니에게 입 맞추는데 언니가 너무 거세게 반항해서 다른 사람들이 언니를 붙잡고 있어야 했다. 그가 언니에게 입을 맞출 때마다 그는 웃었고 다른 경찰들도 웃었다. 경찰들이 언니를 다른 이들에게 넘기면서 한 명씩 차례로 언니를 애무했다. 그들은 언니의 처절한 반항을 너무나 즐겼다.

언니의 드레스가 모두 찢기고 언니의 비명이 잦아들자 난 더는 참을 수가 없었다. 나는 남자들에게 무릎을 꿇고 다가가서 제발 멈춰 달라고 간청했다. 난 도망갈 희망이 전혀 없다는 것을 알았기 때문에 간청했다.

"제발 저희를 광장에 있는 식구들에게 보내 주세요. 우리를 보호해 주기만 하면 당신들에게 돈을 드릴게요."

그들은 우리가 집을 떠나는 것을 허락했고 길 건너 광장으로 따라왔다. 때는 한낮이었고 여자들은 저마다 가져온 고기와 빵을 나누면서도 동요하고 있었다. 경찰들은 내가 어머니를 찾는 동안 언니를 붙잡고 있었다.

어머니는 지난밤 엄마를 잃은 어떤 아기를 돌보고 있었다. 어머니의 첫 번째 질문은 "루잔네가 어딨니? 경찰들이 죽였니?"였다. 어머니는 2리라를 주셨다. 경찰들은 이 돈을 받고 루잔네를 밀쳐 냈다. 언니는 경찰들에게서 풀려났다는 사실을 알고 기절했다.

첫째 날 내내 그 누구도 앞으로 무슨 일이 일어날지 알지 못했다. 군인들에게 돌아온 대답은 파샤가 여자들을 강제 이주시키라고 명령했다는 것뿐이었다. 아무도 언제 어떻게 추방당할지 알지 못했다. 첫째 날 밤에 전날 튀르크인들에게 끌려간 소녀들의 어머니 가운데 세 명이 목숨을 잃었다. 어머니 한 명은 다른 자식들이 그녀 옆에서 잠들어 있는 틈에 자살했다. 너무 많은 사람들이 광장으로 몰려들어 모두가 누워서 잘 수 있는 공간을 마련할 수가 없었다. 그런데도 군인들이 길로 나가려는 사람은 누구든지 죽였다.

광장 한가운데에 무대가 있었다. 이곳에서 여름 저녁이면 종종 군사령관 무테사리프의 악단이 연주를 했다. 그래햄 양이 잡혀가자, 군인들은 이 무대로 기독교 고아원의 여자아이들과 남자아이들을 데려왔다. 여자아이 서른 명이 있었는데 모두 열두 살 아래였고, 남자아이들도 그 정도 수였다.

어머니의 제안에 따라 언니와 내가 이 아이들을 돌볼 수 있을지 살펴보려고 가까이 갔을 때, 이 아이들은 몹시 울고 있었다. 여자들은 자신들을 위해 보관한 것을 빼면 아이들에게 줄 수 있는 음식이 하나도 없었다. 튀르키예 사람들은 죄수에게 절대로 음식을 주지 않는다.

군사령관인 바히바이Vahby 베이는 거의 모든 주州의 군을 통솔하다시피 했는데, 이날 점심 무렵 자신의 참모들과 쿠르드의 무사, 하미디예hamidieh 무리와 함께 말을 타고 도시로 진군해 왔다. 그는 북쪽에 위치한 큰 도시 에르진잔Erzindijan에서 하르풋으로 향하는 길이었다. 그곳에서 그는 튀르키예의 총사령관인 에인마시 파샤와 전쟁위원회에 참석했던 참이었다.

바히바이 베이는 공공 광장으로 그의 참모들을 거느리고 걸어왔다. 여자들 수백 명이 그를 둘러쌌지만, 참모 장교들은 여자들을 칼을 휘두르고 매로 때려서 쫓아 버렸다. 장군은 곧장 무대로 걸어가서 아이들을 보았다. 경찰 수장인 압둘라 베이가 그와 함께 있었고, 이 둘은 낮은 목소리로 이야기를 주고받았다.

바히바이 베이가 떠나자 몇몇 장교들이 아르메니아 소녀들에게 고아들과 함께 정부가 고아를 소집하는 장소에 가고 싶은지 묻기 시작했다. 그 장교들은 고아를 돌볼 목적으로 소녀들을 몇 명 데려갈 것이며 이 소녀들은 강제 이주의 공포나 죽음, 혹은 그보다 더 참혹한 것에서 벗어날 것이라 말했다. 만약 소녀들이 우선 무슬림이 되는데 동의한다면 말이다.

많은 어머니들은 오로지 이 방법으로 딸들을 튀르크인의 첩이 되는 데서 보호할 수 있다고 믿었다. 더 젊은 여자들 중에는 신랑이 살해된 신부도 있었는데, 너무 낙담해서 자신들이 이러한 기회를 열렬히 받아들이고 싶어 한다는 사실 때문에 당혹스러워했다. 장교들은 어린 소녀들만 받아들일 것이며, 이 기회를 잡고 싶은 소녀들은 무대로 모이라고 명령했다. 어머니와 친척들한테 매달려 이백 명도 넘는 소녀들이 모여들었다. 난 이들 가운데 그 누구도 예수님을 포기하고 싶었을 거라 생각하지 않는다. 이들이 대학살을 당하고, 사막으로 내몰리고, 어쩔 수 없이 첩이 되는 일에서 자신을 구하기 위해 이렇게 행동한 것이라면 신의 용서를 받을 수 있을 거라 생각했다.

값비싼 군복을 입어 말쑥하고 친절해 보이는 하미디예의 한 장교가 소녀들을 뽑기 위해 무대로 갔다. 그는 가장 예쁜 소녀 열두 명을 뽑았다. 매우 키가 크고 당당한 아름다움을 지닌 한 소녀는 아버지가 아주 부유한 무역상이었는데, 자신의 두 여동생을 함께 받아들이지 않는다면 이슬람교 신앙을 맹세하지 않겠다고 했다. 그 장교는 이 소녀의 말에 동의했다. 세 자매는 어머니가 없었고, 단지 남동생만 몇 명 남았는데, 이 동생들이 고아들과 함께 갈 수 있을 거라고 말했다. 세 자매는 다 함께 구출돼서 너무나 기뻤다. 그들 가운데 한 명이 루잔네 언니의 친구였는데, 언니에게 이렇게 말했다.

"하나님은 우리가 왜 이렇게 하려는지 아실 거야. 우리는 언제나 남몰래 기도할 거야."

위대한 아르메니아의 작가이자 시인인 보고스 아르틴Bogos Artin의 딸 에스더 매구에르디치Esther Magurditch도 우리 도시에서 살고 있었다. 그녀는 기꺼이 이슬람교를 받아들이는 서약을 하려 했고 장교에게 뽑혔다. 에스더는 내 놀이 친구 가운데 하나였다. 에스더의 어머니는 영국인이었는데, 아버지가 유럽을 여행하는 동안 어머니를 만나 결혼했다. 에스더는 젊은 변호사 바르탄 매구에르디치Vartan Magurditch와 일주일 전에 결혼했다. 에스더는 아버지와 남편이 모두 끌려가자 거의 정신을 잃었다.

소녀 열네 명 모두 이슬람교 신앙을 맹세했고, 군인들은 이들을 고아들과 함께 에스더의 가족이 살던 큰 집으로 데려갔다. 이 집은 도시에서 가장 큰 아르메니아인의 집이었다.

아이들과 배교한 소녀들이 집에 들어가자마자 에스더는 남겨 두었던 빵과 다른 음식으로 식사를 준비했다. 아이들이 음식을 먹는 동안 소녀들은 아이들이 모인 곳과 다른 쪽에 소집되었다. 이곳에서 나이 든 이슬람교 여자들이 애시맥이나 튀르키예식 베일을 들고 소녀들을 기다리고 있었다. 소녀들이 이제 무슬림이 되었으니 얼굴을 드러내선 안 되며 이런 것들을 반드시 써야 한다고 말했다.

이 어린 아가씨들은 장교가 와서 더 많은 지시 사항을 전달할 때까지 앉아 있으라는 주의를 들었다. 그들은 집의 다른 쪽에서 아이들의 비명이 터져 나올 때까지 방안에서 기다리고 있었다. 비명을 듣고 소녀들이 문으로 달려들었지만 방문은 잠겨 있었다.

갑자기 문이 열리고 바히바이 베이가 들어왔다. 하르풋의 관할 장교들의 우두머리인 페리드Ferid 베이와 경찰 사령관 알리 리짜Ali Rizza 에펜디가 함께 들어 왔는데, 잘 차려 입은 장교들도 여럿이 같이 들어 왔다. 이들은 바히바이 장군과 동행 중이었다. 소녀들은 장교들 앞에 무릎을 꿇고 알라의 이름으로 아이들에게 가게 해달라고 빌었다. 장교들은 웃었다. 고아들과 함께 어린 남동생들을 데려온 세 자매는 바히바이 장군에게 어린 동생들에게 무슨 일이 벌어졌는지 알려 달라고 간청했다. 바히바이 베이는 대답 대신 세 자매 가운데 키가 더 큰 소녀를 손가락으로 가리켰다. 너무나 당당하게 아름다운 소녀였다. 그는 참모 장교에게 이렇게 말했다.

"이 애를 내가 데려가지. 주의해서 지켜라."

참모 장교 페리드 베이는 군인들을 몇 명 불러 그 소녀를 골라냈고 위층의 방으로 데려갔다. 바히바이 베이가 뒤따라갔다. 그때 페리드 베이는 에스터를 선택했고 군인들이 그녀를 위층의 다른 방으로 데려갔다. 페리드 베이가 군인들에게 자기 방과 바히바이 베이의 방 밖에서 보초를 서라고 명령하며 내보냈다.

아래층에서 바히바이 베이의 다른 참모 장교들은 저마다 소녀들을 골랐는데 장교의 계급에 따라 선택권이 주어졌다. 소녀 세 명이 남았는데, 그 중 하나가 바히바이 베이가 데려간 소녀의 막내 동생이었다. 군인들은 이 소녀들을 방에서 데리고 나가지도 않고 그 자리에서 차지했다. 이 세 소녀가 얼마나 더 살았는지 알 수 없다.

그 집에서 그날 오후에 벌어진 일에 관해 우리에게 말해 준 것은 바로 에스더였다. 이 열네 명의 소녀 가운데 에스더만 살아서 도망쳤기 때문이다. 에스더가 집에서 도망치기 전에 에스더는 군인들이 있던 방으로 들어가 보았고, 세 소녀가 죽어 있는 것을 보았다.

에스더는 페리드 베이를 밀어내려 발버둥 치며 그에게 빌었다. 그렇지만 그는 에스더를 죽이겠다고 협박했다. 차라리 죽는 편이 나을 거라고 말하자, 그는 문을 열어 남자들이 홀에서 보초를 서고 있는 것을 보여 주었다. 그는 이렇게 말했다.

"그러면 좋아. 네가 만일 조용히 있지 않겠다면 너를 군인들한테 줘 버리겠어!"

하나님은 분명히 에스더가 그렇게 많은 남자들이 있는 장면을 보고 움츠러들어 페리드 베이에게 몸을 허락한 것을 책망하지 않으실 거다.

장교들은 저녁까지 소녀들을 농락하느라 정신이 없었다. 페리드 베이가 떠나려 하자 에스더가 최소한 아이들이 어디에 있는지 말해 달라고, 아이들에게 가게 해 달라고 간청했다. 오후에만 해도 페리드 베이는 고아들이 안전하며, 나중에 아이들에게 돌아갈 수 있다고 약속했다. 그렇지만 그는 더 둘러대지 않았다. "우리는 불신자들의 아이들 때문에 방해받을 시간이 없어. 다 강에 빠뜨려 버렸지."라고 말했다.

페리드 베이는 진실을 말했다. 나중에 그 길을 지날 때 고아들의 시신 몇 구를 발견했다. 군인들은 아이들을 열 명씩 밧줄로 묶어 유프라테스강에서 십육 킬로미터 정도 떨어진 지류 카라강으로 몰아넣었다. 너무 어려서 걷지 못하거나 다른 아이들과 보조를 맞출 수 없는 아이들은 총검이나 총 손잡이로 죽였다. 그들은 서로 묶여 있는 시신을 강변에 그대로 방치해 우리는 강둑에서 강물에 빠진 시신들을 발견할 수 있었다.

페리드 베이가 떠나고 에스더는 다른 장교들이 아래층에 모이는 소리를 들었다. 곧장 도망치라고 뭔가가 그녀에게 경고를 보냈다. 그녀의 옷은 거의 다 찢어졌지만, 몸을 가릴 틈조차 없었다. 에스더는 튀르크인들이 보초를 서지 않는 작은 층계를 지나 지붕으로 기어올랐고 그곳에 몸을 숨겼다.

바히바이 장군과 장교들은 그들의 지역으로 갔다. 군인들은 남은 소녀들을 사냥했다. 에스더는 예쁜 소녀를 두고 그들끼리 싸우는 소리를 들었다. 잠시 후에 거의 모든 소녀들이 죽었다. 군인들은 일을 마치고 칼로 소녀들을 죽였다. 에스더는 군인들이 이런 짓을 저지르면서 서로 이야기하는 것을 듣고 다음의 사실을 짐작하게 되었다. 군인들은 소녀들을 살려 둬선 안 된다는 명령을 받았다. 끌려온 소녀들이 바히바이 베이와 장교들이 이런 만행을 저질렀다는 증인이 되기 때문이다.

에스더는 집에서 기어 나와 뒷길을 통해 광장으로 왔다. 에스더는 우리 어머니를 보자 어머니 품에 덥석 안겼다. 날이 밝자 어떤 군인이 에스더를 보고 전날 배교한 소녀 가운데 하나였다는 것을 알아챘다. 그는 에스더를 끌고 갔다.

정오가 되자 더 많은 군인들이 경찰, 하미디예, 장교들과 함께 광장으로 와서 우리 사이를 비집고 다니며 한 시간 안에 행진이 있을 거라고 말했다. 그들은 우리가 하르풋으로 이동하게 될 것이라 말했지만, 우리는 곧 우리의 목적지가 아랍기시를 향하고 있음을 알았다.

우리 조상이 여러 세기 동안 고향으로 삼은 도시에서 보내는 마지막 시간을 어머니와 아이들은 대부분 기도를 하면서 보냈다. 도시의 경계를 넘어서 여행해 본 사람은 거의 없었다. 흐느낌과 통곡도 거의 사그라들었다. 힘이 세고 젊은 여자는 나이 든 부인 곁이나 어린 아기가 있는 쇠약한 어머니 곁으로 모였다. 우리 가운데 여력이 있는 사람은 그 힘을 나눠줄 필요가 있는 이들을 찾으려 했다.

이동할 시간이 다가오자 새로 합류한 튀르키예 군인 몇이 눈에 띄게 친절을 베풀어서 우리는 조금 용기를 얻었다. 이 군인들은 가능한 한 우리를 편하게 해주려는 것 같았다. 이러한 태도는 할머니들을 향한 제안에서도 느껴졌다. 할머니의 딸이 아기를 두 명 이상 데리고 있으면 이미 젖을 뗀 손주들을 데리고 소달구지를 타고 이동하는 쪽으로 모이라는 것이다. 이렇게 하면 젊은 어머니들은 많은 아이들을 돌보는 수고를 줄일 수 있고, 노인들이 같이 있으면 그들을 더 편하게 해줄 수 있다고도 했다.

그러나 마을에서 나와 세 시간이 지나자 이 소달구지 행렬은 뒤쳐졌다. 곧 이 행렬과 같이 있도록 지시를 받은 군인들이 다른 부류의 선두로 합류했다. 우리가 할머니들과 아기들이 어디에 있는지 물어보자, 그 군인들은 "문제가 너무 많았어. 그래서 죽여 버렸어!"라고 대답했다.

날씨는 너무나 무덥고 길에는 먼지가 일었다. 그늘이 조금도 없었다. 많은 여자와 아이들이 완전히 지쳐서 땅바닥으로 쓰러졌다. 경찰은 쓰러진 이들을 몽둥이로 때렸다. 일어나지 못한 사람과 나머지 사람들과 같은 속도로 걸을 수 없는 이는 맞아 죽거나 곧장 살해되었다.

길에서 네 시간을 보내자, 언제 무슨 일이 닥칠지도 모른다는 우리의 직감이 맞아떨어졌다. 우리는 나무와 샘이 있는 작은 마을에 이르렀다. 행군한 군인들 역시 피로를 느꼈고 잠시 쉬며 물을 마셔도 좋다고 허락했다.

어떤 여자가 들판을 가리켰는데, 큰길에서 벗어난 좁은 길에 땅에 주저앉아 있는 사람처럼 보이는 뭔가를 발견했다. 우리 가운데 몇이 그 길로 갔다. 우리가 본 것은 한 아르메니아 여자였다. 그녀 옆 땅바닥에 매우 작은 것부터 나만큼 큰 것까지 서로 다른 크기의 여섯 덩이 뭉치가 있었다. 각각의 뭉치들은 햇볕 아래 반짝이며 티끌 하나 없이 하얗게 싸여 있었다.

우리는 뭉치 하나하나가 아이들의 시신이라는 것을 확인하기 위해 질문을 던질 필요가 없었다. 그 어머니의 얼굴은 일부가 베일에 가려 있었는데, 어린아이들을 구할 수 있다는 희망으로 하나님을 포기했다고 말했다. 그러나 헛수고였다.

그녀는 말하지도 움직이지도 않았다. 크나큰 슬픔에 잠긴 눈으로 그저 우리를 쳐다볼 뿐이었다. 그녀의 얼굴이 익숙해 보여서 우리 가운데 한 명이 그녀 옆에 무릎을 꿇고 부드럽게 베일을 들어 올렸다. 우리는 바로 그녀를 알아볼 수 있었다. 그녀는 마르가리드Margarid였다. 북쪽으로 오십 킬로미터 정도 떨어진 작은 도시 카막Kamakh의 사제 바드벨리 모세스Badvelli Moses의 아내였다. 바드벨리 모세스는 한때 체메시-게드짝에 있는 우리 학교에서 교사로 일했다. 그는 하르풋에서 대학을 마쳤고 마르가리드는 메즈르Mezre의 신학대학을 졸업했다. 이 부부는 그들을 아는 모든 사람들에게서 무척이나 사랑받았다. 바드벨리 모세스는 우리 교회를 방문해 설교하기 위해 종종 아내와 나와 동갑내기 맏딸 세린Sherin과 함께 체메쉬-게드짝으로 돌아왔다.

쉐린의 곁에는 더 작은 다섯 구의 소녀와 소년의 시신이 놓여 있었다. 모두 마르가리드 곁에 종이로 싸인 채 있었다. 그 종이는 강제 추방당할 때 그녀가 가져온 것이다.

"우리는 천 명쯤 됐어요." 마르가리드가 슬픔에 허덕여 인사불성이 된 상태에서 어느 정도 빠져나오자 말을 이었다.

"공고를 한 지 딱 한 시간 만에 우리를 끌고 갔어요. 첫날 밤 쿠르드의 기마병들이 말을 타고 우리를 덮쳐 남자들을 모두 좁은 길로 끌고 가 죽여 버렸어요. 우리는 남편들이 한 명씩 한 명씩 죽어 가는 것을 지켜봤어요. 그들은 여자들 모두, 심지어는 가장 어린아이까지 발가벗겨서 몸을 수색했어요. 돈을 찾으려고. 그들은 예쁜 소녀들을 끌고 가서 우리가 보는 앞에서 폭행했어요.

난 우리를 지키는 군의 사령관에게 쉐린을 지켜달라고 호소했어요. 그는 카막Kamakh에서 오래된 우리의 친구였거든요. 그는 내가 무슬림이 되면 우리를 구해 주겠다고 약속했고, 난 쉐린의 안전을 위해서 그렇게 했어요. 그는 기마병들이 우리가 다시 옷을 입도록 허락하게 만들었고, 쉐린과 난 얼굴에 베일을 썼어요.

그 사령관은 군인들에게 우리를 호위해 하르풋으로 가서 나를 그곳의 통치자에게 데려가라고 지시했어요. 우리가 떠날 무렵 소녀들에게 싫증이 난 쿠르드인들과 군인들은 사람들을 모두 죽이고 있었어요. 우리가 이곳에 도착하자 군인들은 내 어린아이들 머리를 서로 쳐서 으깨서 죽였어요. 그들은 나를 꼼짝 못하게 붙잡고 있으면서 쉐린을 욕보이고 쉐린이 죽게 가슴을 잘라 냈어요. 난 살려 뒀는데, 그들이 말하길 내가 무슬림이 되었기 때문이래요."

우리는 마르가리드를 우리 무리로 데려오려 했지만, 그녀는 오지 않으려 했다. "난 아이들이랑 같이 하나님한테 가야 해요." 그녀가 말했다. "난 하나님이 나를 데려가실 때까지 여기 있겠어요." 그래서 우리는 그녀가 사랑하는 아이들과 함께 그곳에 앉아 있도록 놓아두었다.

우리가 카라 강변에 도착했을 때는 늦은 밤이었고 하늘에 별이 떠 있었다. 군인들은 우리가 이곳에서 그날 밤 야영을 할 수 있다고 했다. 아버지와 파울이 불타는 감옥에서 목숨을 잃은 가짐의 뾰족탑의 불빛이 멀리 보였다.

길을 걷는 내내 경찰들은 무리에서 처지는 여자와 아이들을 죽였고, 예쁜 소녀들을 길가로 끌고 갔다. 얼굴이 눈물과 부끄러움으로 범벅이 된 소녀들을 나중에 무리로 돌려보냈다. 루잔네 언니와 나는 얼굴에 진흙을 발라 보기 흉하게 만들었고, 난 여전히 튀르키예식 조끼를 입고 베일을 쓰고 있었다.

잠시 동안 우리는 폭행당할 위험이 없어 보였다. 보초들이 작은 그룹을 지어 우리에게서 떨어져 있었기 때문이다. 단지 가끔씩 들려오는 어떤 소녀의 비명만이 잠들면 안 된다고 우리를 일깨우고 있었다.

4장

케말 에펜디의
잔인한 웃음

그날 밤 가까운 도시에 사는 튀르키예 주민들이 우리 야영지로 몰려와 아르메니아 여자들의 값나가는 물건을 무엇이든 사려 했다. 많은 아르메니아인들이 보물과 같은 얼음을 들고 나왔다. 다른 이들은 보석을 들고 왔고, 어떤 이들은 은으로 만든 물건과 양탄자를 가져왔다. 튀르키예 군인과 경찰이 가능한 한 많이 소유물을 실으라고 여자들을 부추겼기 때문에 많은 말과 나귀가 길가를 따라 늘어서 있었다. 군인들이 무리를 완전히 통제하고 있을 때 자신들을 위한 전리품을 늘리기 위해 그렇게 했다는 것을 우리는 곧 알게 되었다. 튀르키예 주민들이 그날 밤 야영지에 다녀가면서 어리거나 젊은 여자를 두고 흥정을 벌였다. 한 명이 어머니에게 루잔네 언니를 데려가게 해달라고 졸랐다. 어머니가 거절하자 그가 말했다.

"당신 딸을 내가 갖게 하는 게 나을 텐데. 난 그녀를 친절하게 다룰 거고, 그녀는 내 다른 노예들과 같이 일할 수 있어. 그녀가 죽임을 당하지 않는다면 어차피 팔리거나 납치될 거야."

이때 몇몇 아이들이 벌써 그날 밤 야영지로 온 튀르크인들에게 납치되었다. 불과 몇 걸음 앞에서 아홉 살 먹은 소녀 한 명을 낚아챘고, 소녀는 비명을 지르며 붙잡혔다. 친척들이 군인들에게 항의하자 그들은 오히려 이 어린 소녀가 시리아 사막으로 가는 긴 행렬을 피하게 된 것을 기뻐하라고 말했다. 나머지 사람들은 이 사막으로 가게 될 것이다.

새벽이 밝아 왔고 우리는 잠 못 이루는 끔찍한 첫 날 밤이 거의 끝나가고 있음에 감사했다. 그때 모래와 먼지구름을 크게 일으키면서 무사 베이가 이끄는 아그자 더기 쿠르드인들이 우리를 덮쳤다. 군인들은 그들이 오는 것을 알고 있었음이 틀림없었다. 왜냐하면 군인들이 야영지에서 꽤나 떨어진 곳에 모여 있었고, 놀라지도 않았다. 아마도 무사 베이가 체메쉬-게드짝에서 후세인 파샤를 방문했을 때 이미 이야기가 끝났을 것이다.

쿠르드인이 탄 말들이 깜짝 놀란 수많은 여자들을 향해 몸을 낮추면서 전속력으로 질주해 왔다. 말 탄 병사들이 재빠르게 우리 소유의 나귀와 말을 모았고, 모은 것들을 내몰았다. 그리고 나자 그들은 말에서 내려 우리 사이를 휘젓고 다니며 젊은 여자들을 골라냈다. 루잔네 언니와 나는 모습을 감추려고 어머니에게 바짝 붙어 있었지만, 우리 근처를 걷던 쿠르드인 세 명 가운데 한 명이 나를 보았다.

그는 걸음을 멈추고 내 베일을 찢었다. 그는 내 얼굴의 진흙과 먼지를 보고는 더 자세히 보려고 나를 확 잡아채 꿇어앉히고 거칠게 손으로 문질러 이물질들을 닦아 냈다. 분장에도 불구하고 내가 진짜 어리다는 것을 눈으로 확인하자 그는 소리를 질렀다. 다른 쿠르드인 한 명이 재빨리 돌아서서 가까이 왔다. 내가 그의 얼굴을 올려보았는데, 그가 바로 무사 베이였다.

그는 나를 거칠게 잡아채서 옷을 찢어 던지고 내 머리를 세게 쳤다. 그러고 나서 짧게 명령을 내리고 잽싸게 나를 그의 말에 가로로 던져 올리고 뒤로 뛰어올랐다. 난 비명을 지를 틈도 없었다. 그는 순식간에 나를 태우고 평야를 가로질러 거칠게 질주했다. 그의 떼거리는 바짝 그의 뒤에서 말을 달리고 있었는데, 그들은 각자 잡은 소녀를 말에 태우고 있었다. 난 온 힘을 다해 벗어나려 몸부림쳤다. 말에서 떨어져 발굽에 밟혀 죽고 싶었다. 그러나 그는 강둑을 따라 펼쳐진 서쪽으로 질주하면서 나를 말의 어깨에 걸쳐 쇠로 만든 손잡이로 고정시켰다.

난 어머니를 부르며 비명을 질렀다. 다른 소녀들도 나와 같이 비명을 질렀다. 뒤편에서 우리 무리에서 들려오는 외침과 울부짖음을 들을 수 있었다. 난 그 소리 사이에 섞여 있는 어머니 목소리를 들은 것 같았다. 무리에서 멀어질수록 이 소리는 사라져 갔다. 나는 곧 의식을 잃었다.

의식을 되찾았을 때 나는 납치당한 다른 소녀들과 함께 땅바닥에 누워 있었다. 쿠르드인들이 말에서 내렸다. 몇은 야영 채비를 하느라 바빴지만, 다른 이들은 완전히 지쳐 떨어지지 않은 소녀들을 떼를 지어 농락하고 있었다. 무사 베이는 없었다.

내 옷은 찢겼고 말에 묶여 오느라 온몸이 쑤셨다. 신발과 스타킹도

벗겨져 있었다. 그래서 난 맨발이었다. 나는 움직이는 것이 두려워 오랫동안 조용하게 누워 있었다. 벌써 몇몇 소녀들이 고통당하고 있었기 때문에 내가 주의를 끌어 고생하는 일은 없어야 했다. 주변을 둘러보자 내가 아는 소녀들도 있었다. 그리고 갓 결혼한 여자도 알아보았다. 내가 아는 몇 여자들은 아기를 남겨 두고 잡혀 온 어머니였다.

내 옆 땅바닥에 정말 어린 소녀 마리짜Maritza가 있었다. 마리짜의 어머니는 체메쉬-게드짝을 떠나자마자 튀르키예 경찰들에게 살해되었다. 마리짜는 첫날부터 줄곧 아기인 남동생을 안고 긴 행진을 했다. 그녀는 나직이 흐느끼고 있었다. 난 그녀에게 기어갔다.

"그들이 나를 붙잡았을 때 어린 마르카Marcar를 안고 있었어." 마리짜는 흐느끼며 말했다. "그 쿠르드인들이 마르카를 내 품에서 떼어내서 땅바닥으로 내동댕이쳤어. 그렇게 동생을 죽였어. 나한테는 땅바닥으로 떨어지는 작은 몸뚱이 밖에 안 보였어."

무사 베이가 돌아오는 데 몇 시간이 걸렸다. 튀르크인 무리가 말을 타고 그와 함께 달려왔다. 그들은 강둑을 따라 작은 마을들이 있는 서쪽에서 왔다. 이 작은 마을 가운데 몇 군데에는 부유한 무슬림이 사는 집이 있었다. 그들이 말에서 내리자, 무사 베이는 이 튀르크인들을 위해 납치한 소녀들을 정렬시켰다. 그들 가운데 몇은 부유한 농부였다고 난 말할 수 있다. 다른 이들은 부유한 관리나 영향력 있는 인사인 것 같았다.

무사 베이는 우리를 모두 세웠다. 재빠르게 복종하지 않는 사람은 그가 휘두르는 채찍에 맞았다. 내가 바닥에서 일어나자 그는 내 어깨를 붙잡고 다시 바닥으로 내동댕이쳤다. "넌 계속 누워 있어."라고 그가 말했다. 난 무사 베이가 다른 소녀 두셋에게 똑같이 행동하는 것을 보았다.

튀르크인들은 무사 베이가 보여 준 소녀들을 난폭하게 검사하며 골라내기 시작했다. 농부들은 힘이 더 세 보이고 더 나이 있는 여자를 택했다. 다른 사람들은 예쁜 소녀를 원했고, 그들끼리 목소리를 높였다.

농부들은 소녀들이 들판에서 노예처럼 일하기를 바랐다. 다른 사람들은 소녀들을 다른 목적으로 원했다. 자신의 첩으로 삼거나 집안에서 부리는 노예로 삼으려 했다. 아니면 스미르나Smyrna와 콘스탄티노플의 첩 거래 시장에 팔려고 소녀들을 골랐다. 무사 베이는 10메지데medjidieh, 20피아스터 정도의 가치가 있는 오스만 제국의 동전, 미화로 8달러 정도를 요구했다. 땅바닥에 누워 떨면서 나는 기독교인 소녀 한 명의 영혼에 대해 얼마나 말도 안 되는 적은 돈인지 생각했다.

내 곁에 가까이 있던 어린 마리짜는 나이가 아주 많아 보이는 튀르크인이 데려갔다. 다른 남자도 마리짜를 원했지만, 나이 든 사람이 무사 베이에게 4메지데를 더 제안하자 그 남자는 돌아서서 다른 소녀를 골랐다. 마리짜를 산 나이든 튀르크인은 마리짜가 자기 말을 타고 도망가 버릴까 봐 걱정돼서 무사 베이와 흥정을 했다. 그 결과 쿠르드인 한 명이 마라짜를 자기 집까지 데려다주면 별도로 2메지데를 주기로 약속했다. 무사 베이의 명령을 받고 쿠르드인 한 사람이 말에 타더니 마리짜를 들어 올려 그 앞에 앉히고, 마리짜를 산 남자와 나란히 말을 타고 떠났다. 마리짜는 더는 울지 않지만, 두 손으로 눈을 가리고 있었다.

잠시 후 소녀들이 모두 떠나갔고, 무사 베이가 팔지 않은 나와 다른 소녀들만 몇이 남았다. 농부에게 팔려간 소녀들은 들판에서 일할 운명에 처했지만, 그들이 가장 운이 좋았다. 때때로 튀르키예 농부들은 친절하고 신사적이었기 때문이다. 첩으로 팔려간 이들은 말할 수 없는 심적 고통에 직면했다. 이 소녀들에게 가해진 고통은 죽음보다 더 혹독했다.

마지막 튀르크인이 자신의 인간 소유물을 가지고 떠나자 무사 베이는 부하들에게 말해서 그들 중 몇이 우리 쪽으로 왔다. 우리는 무사 베이가 자신을 위해 우리를 남겨 두었다고 생각해서 비명을 지르며 애원하기 시작했다. 그들은 우리의 절규에도 불구하고 우리를 낚아채 말에 탔다. 무사 베이가 말 위로 훌쩍 올라탔고, 우리는 다시 무사 베이가 이끄는 곳으로 실려 갔다.

난 나를 태우고 가는 쿠르드인에게 우리가 어디로 가고 있는지 말해달라고 간청했다. 그는 대답하려 하지 않았다. 우리는 오후 늦게까지, 어느 마을의 외곽으로 접어들 때까지 두 시간이나 말을 탔다. 우리는 말을 타고 무너져 가는 돌벽으로 둘러싸인 거대한 석조 건물의 마당으로 들어갔다. 아주 오래된 집이었는데, 마당에 이르러 멈춰 서기 전에 난 우리 교과서에서 묘사된 이 집을 알아보았다. 사라센 제국 시기에 지어졌고, 백 년 전 술탄의 총애를 받던 어떤 튀르키예 부자가 복원한 성이었다.

쿠르드인들이 우리를 들어 말에서 내려놓을 때 나는 그 성이 현재 케말Kemal 에펜디의 집이라는 사실을 기억해 냈다. 그는 젊은 튀르크인들의 강력한 조직인 연합과 진보 위원회Committee of Union und Progress, 청년터키당의 일원이었다. 그는 우리 지역을 통틀어서 기독교인에게 매우 악독하다는 평판이 나 있었다. 우리 고장에서 들려오는 이야기가 많았는데, 집에 있다 납치되어 그에게 끌려간 기독교인 소녀들을 다시는 만나지 못했다는 것이다.

성의 일부만 수리되어 있었고, 그곳에서 사람들이 생활하는 것 같았다. 쿠르드인들이 말에서 내려 우리를 데려간 곳도 건물의 수리된 부분이었다. 나는 쿠르드인에게 애원해 보려 했지만, 그는 나를 거칠게 흔들 뿐이었다. 우리는 작은 방으로 끌려갔다. 이 방에는 남녀 하인이 모두 있었고, 그들은 우리에 관해서 이야기하며 우리를 살펴보았다. 무사 베이는 자신의 도착을 주인에게 알리라며 하인들을 내몰았다.

잠시 뒤에 케말 에펜디가 들어 왔다. 그는 매우 키가 컸고 중년이었다. 나를 바라볼 때 그의 눈은 나를 떨게 만들었다. 그에 관해 들은 것들을 기억하면서 나는 그저 몸서리를 칠 수밖에 없었다.

케말 에펜디가 잠시 동안 우리를 모두 쳐다보았는데, 그 시간은 마치 고문당하는 듯한 시간이었다. 그는 만족스러워 보였다. 그는 무사 베이와 쿠르드인들에게 나가라고 말했다. 난 그가 우리의 몸값을 얼마나 지불했는지 알지 못한다.

여자들이 방으로 들어와서 우리에게 친절하게 대하려고 애썼다. 그 여자들 가운데 한 명이 내게 팔을 두르고 울지 말라고 했다. 그녀는 내가 케말 에펜디 같은 사람의 손으로 들어온 것이 엄청난 행운이라고 말했다.

"그가 너한테 부드럽게 대할 거야. 그에게 반드시 복종해야 해. 또 다정하게 굴어야 하고. 그러면 그는 자신의 아내에게 하듯이 너를 대할 거야. 네가 불복종하지만 않는다면 잔인해지지 않을 거야."

난 그녀가 집에서 어떤 지위를 차지하는지 알지 못한다. 아마 그녀는 젊어서 첩으로 지내다 지금은 하인이 되었을 테다.

그때까지 나는 잃어버린 어머니와 남매를 생각하지 않으려고 애쓰고 있었다. 그 여자가 우리에게 말한 것은 케말의 집에서 앞으로 우리에게 벌어질 일이고, 이는 가족을 다시 볼 수 있으리라는 희망을 앗아 갔다. 나는 그녀에게 가족에게 되돌아갈 수 없다면 죽어 버릴 거라고 말했다.

우리가 케말 에펜디 앞에 소집된 때는 늦은 저녁이었다. 그는 식사를 마쳤고, 품위 있어 보였다. 이미 신부가 된 소녀 한 명이 그의 앞에 엎드려 우리를 놓아 달라고 울면서 간청했다. 에펜디는 곧장 좋은 기분을 잃어버렸다. 그는 남자 하인 한 명을 불러 그 소녀를 데려가라고 일렀다. 그는 "울 때와 웃을 때를 분별할 때까지 그녀를 가둬라." 하고 명령했다. 그 하인은 비명을 지르는 소녀를 끌고 갔다.

그러고 나서 케말은 우리에게 가족에 관해서, 또 몇 살인지, 그리고 종교를 개종하고 이슬람 서약을 맹세할 것인지 아닌지 물었다. 이름은 알지 못하지만 체메쉬-게드짝의 주일 학교에서 자주 보던 어떤 소녀는 그의 제안을 거절할 만큼 용감하지 못했다. 쿠르드인들이 그녀를 잔인하게 다뤘고, 그녀를 끌고 온 쿠르드인은 그녀가 울면 두들겨 팼다. 그녀는 한숨을 지었다.

"네, 네, 신이 저를 버렸어요. 나는 무함마드를 믿겠어요. 더는 저를 때리지 말아 주세요."

그녀가 이렇게 말하자 케말은 미소를 지으며 손을 소녀의 머리 위에 얹었다.

"너는 지혜롭구나. 계속 이렇게만 하면 넌 벌을 받지 않을 거야."

두 번째 소녀는 예수님을 저버리지 않으려고 했다.

"당신이 원한다면 날 죽여도 좋아요. 그러면 난 예수 그리스도에게 갈 거예요."

이렇게 말하자마자 한 남자 하인이 소녀를 방 밖으로 끌고 나갔다.

나는 케말 에펜디를 쳐다보았는데, 그는 여전히 미소를 짓고 있었다. 무척 부드럽고 유연해서 온화한 행동만 할 것 같았다. 난 사람들이 그에 대해 말하는 것보다 그가 더 잔인하다는 것을 알 수 있었다.

케말 에펜디는 내게 아주 부드러운 목소리로 이야기했다. 아직도 어떤 야생 동물의 혀가 내 얼굴을 핥는 것 같은 느낌이 기억난다.

"나의 소녀, 너는? 넌 지혜롭게 굴 거니, 아니면 멍청하게 굴 거니?"

'하나님이 나를 구하셨다.'고 내게 스스로 속삭이는데, 뭔가가 속삭이며 답하는 것 같았다. 난 생각지도 않은 말을 하는 내 소리를 들었다.

"당신이 원하는 대로 하도록 할 거예요."

"그것 아주 좋군. 너는 행복하게 될 거다." 케말이 대답했다. "너는 알라를 신으로, 무함마드를 그의 선지자로 인정할 거니? 그럼 나는 너에게 친절하게 대할 거다."

나는 "그럴 거예요. 에펜디. 그리고 당신이 내 가족도 구해 준다면 난 당신께 복종할 거예요."라고 말했다.

"만약 내가 그러지 않는다면?" 케말이 물었다.

"그럼 난 죽을 거예요." 내가 대답했다.

에펜디는 나를 오랫동안 바라보았다. 그러고 나서 내게 가족에 대해 말해 보라고 했다. 난 그에게 어머니와 여동생, 언니 그리고 남동생에 대해 설명했다. 그는 나를 곁에 서게 만들었다. 그는 손을 내게 얹었다. 나는 매우 꼿꼿이 서서 그의 얼굴을 들여다보았다. 만약 그가 어머니와 형제자매를 데려온다면 나는 개종할 뿐 아니라 그에게 완전히 복종하겠다고 약속했다. 그리고는 내가 약속하는 모든 것에 대해 스스로 속삭였다. "하나님, 용서해 주세요." 그렇지만 난 그 어떤 다른 방법도 생각할 수 없었다. 어머니와 형제자매가 그 순간 살해되고 있을지도 몰랐기 때문에 너무나 두려웠다. 가족을 위해서라면 내 몸과 영혼은 그렇게 보잘것없이 여겨졌다.

케말은 한 시간도 넘게 나를 그의 곁에 둔 것 같다. 그가 나를 만지려 할 때마다 나는 번번이 놀라서 오므라들었는데, 그것이 그를 매우 즐겁게 했다. 그는 아주 즐거운 것처럼 웃고 손뼉을 쳤다. "당신이 가족을 구해 주지 않는다면, 난 그냥 죽을 거예요."라고 난 매번 말했다.

나는 희망을 잃기 시작했다. 케말은 오직 나와 놀 생각뿐이었다. 난 눈물을 참을 수가 없을 지경이 되었지만, 더는 눈물을 흘리지 않았다. 그가 불쾌해하리라는 것을 알았기 때문이다. 갑자기 그는 마음을 정한 것 같았다. 그는 일어서서 나를 내려다보았다.

"아주 좋아. 흥정이 성사됐어. 내가 네 가족들을 보호해 줄 거다. 부루퉁한 여자보다 적극적인 여자가 더 낫지. 내일 떠나서 그들을 데려오도록 하지."

케말 에펜디가 이렇게 말하면서 웃는 것을 보지 않았다면 나는 내 희생에도 불구하고 행복했을 것이다. 그 웃음은 잔인하고 사악했다. 그가 웃지만 않았어도 나는 그를 믿었을 것이다. 그러나 그가 웃음 뒤에 뭔가 사악한 것을 감추고 나에게 말하는 것 같았다. 그것이 분명했다.

나는 너무 늦기 전에 식구들을 데려와 달라고, 그때 나도 같이 데려가 달라고 간청했다. 그는 내일 아침에 출발해도 늦지 않을 것이며, 해가 뜨면 나와 함께 가겠다고 했다. 나는 더 이상 그 어떤 두려움에 사로잡힐 필요가 없었다. 그가 방을 나가자 전에 나한테 말을 건 여자가 다가왔다. 그녀는 나를 여자들의 구역인 하렘-릭harem-lik으로 데려갔다. 그곳에는 많은 여자들이 있었다.

하렘의 여자들은 나를 안쓰럽게 여기는 것 같았다. 그들은 나에게 용기를 주려고 했다. 그들은 우리의 종교에 관해서, 왜 아르메니아인들이 튀르키예의 종교를 받아들이기보다 죽음을 택하는지 많이 물었다. 나는 그들에게 대답할 수가 없었다. 단지 아침 생각만 났다. 내가 때맞춰 갈 수 있을지 없을지, 또 에펜디의 웃음 뒤에 뭔가 숨겨져 있다는 의심을 떨쳐버릴 수 없었다.

그들은 나를 작은 방으로 들여보냈다. 거의 미국식 옷장 크기였다. 그들은 비열한 성직자가 다음 날 서약을 가지고 올 거라고 말해 주었다. 그들은 에펜디가 내 가족들을 구해서 집으로 데려오기로 약속한 것을 알지 못했다.

나는 그 방에 혼자 오래 있지는 않았다. 예쁜 노예 소녀가 커튼이 쳐진 문을 통해 살그머니 미끄러져 들어와 내 손을 잡았다. 그녀는 시리아 사람인데, 아버지가 아주 어린 그녀를 팔았다고 말했다. 그녀는 스미르나에서 케말의 집으로 보내졌다. 그녀는 에펜디가 좋아하는 노예다. 그녀는 내가 속마음을 터놓을 누군가 필요하다면 자신이 같이 이야기를 나누고 싶어 했다. 나는 그녀를 믿을 수 있었다. 그녀는 무슬림이 되도록 제안을 받았지만 아직도 남몰래 기독교인이라고 말했다. 그녀는 기도문을 많이 알지 못한다고 했다. 아버지가 강제로 그녀를 팔아버렸을 때 너무 어렸기 때문이다. 그녀는 내가 새로운 기도문들을 가르쳐 주길 바랐다.

해가 뜰 때까지 긴 시간 동안 이야기를 나눌 누군가가 있어서 정말 위로가 되었다. 나는 그 소녀에게 오로지 어머니와 형제자매를 구하기 위해서 무슬림이 되기로 약속한 것과 케말이 한 약속, 또 그가 어떻게 웃었는지, 그리고 설명할 수 없는 뭔가로 얼마나 두려운지 이야기했다.

"그가 웃을 땐, 말한 것과 뜻하는 게 다른 거야."

그 소녀는 슬프게 말했다.

"종종 나한테 불쾌해지면 그는 웃으며 나를 어루만져. 그리고 나서 나는 곧장 채찍을 맞아. 너희를 데려온 그 쿠르드인 무사 베이가 에펜디에게 와서 여자아이들을 납치했는데 가장 예쁜 소녀들을 팔고 싶다고 했어. 그러니까 에펜디가 웃으면서 말했어. '가장 예뻐 보이는 애들한테 잘 대해주고 이곳으로 데려와라.' 난 무사 베이가 약속을 지키리라 믿지 않아."

아침 일찍 에펜디는 내게 사람을 보내 가족들에 대해 묘사하라고 했다. 나는 그가 그렇게 큰 무리에서 가족들을 찾는 것이 불가능할 거라고 말했다. 그는 내가 함께 가는 데 동의했고 우리는 출발 준비를 마쳤다. 그는 말을 탔고, 난 그의 옆에서 걸었다. 나는 그에게 내가 우리의 흥정에 대해 만족스러워한다는 점과 그의 보호를 받는 기회에 대해 감사한다는 점까지도 확신시키려고 노력했다. 하지만 나는 그가 나를 개종시켜서 그가 원하는 자발적인 희생을 얻자마자 내 가족을 살해하려는 다짐을 웃음 뒤에 감추고 있다는 사실을 알고 있었다.

케말은 우리 가족이 섞인 무리가 북쪽으로 가기 위해 강을 건너는 장소로 가는 것을 알고 있었다. 우리는 그쪽으로 갔지만, 그들은 아직 도착하지 않았다. 우리는 그들을 만나려고 되돌아갔다.

무척이나 높아서 절벽과 같아 보이는 강둑으로 다가섰을 때, 나는 물을 내려다보았다. 물이 빨갛게 피로 물들어 흐르는 것이 보였다. 수면 여기저기에 시체가 떠가고 있었다. 이 장면을 보고 나는 비명을 질렀다. 눈은 감았지만 무슨 일이 벌어졌는지 눈앞에 보이는 것 같았다. 강둑으로 끌려간 아르메니아 사람들은 단체로 칼과 기병도로 살해당하고 강으로 던져졌다. 그렇지 않다면 수 마일의 강이 피로 얼룩지지 않았을 것이다.

에펜디는 나를 책망했다.

"기독교인들은 자신들이 피 흘리는 일을 그들의 신이 막을 수 없다는 것을 배우고 있어. 이것이야말로 그들이 버림받았다는 증거지. 왜 넌 지금 눈물을 흘려야 하니, 귀여운 아이야. 너는 이미 이슬람교를 너의 신앙으로 삼기로 결심했잖니?"

난 그를 쳐다볼 수는 없었지만, 어쨌거나 그의 눈빛에 끔찍한 웃음기가 흐르리라는 것은 느낄 수 있었다. 나는 힘을 모아 단호하게 대답했다.

"난 피를 흘리는 데 이용되지 않을 거예요, 에펜디."

남쪽에서 온 우리 사람들의 선두를 찾으려고 우리는 강에 가까이 붙어 계속 갔다. 강둑은 더 높아졌고, 강은 좁았다. 강물은 피로 물들어 거의 새빨간 색이었다. 나중에 나는 에르진잔Erzindjan에서 온 남자와 소년 칠백 명이 강으로 끌려가 튀르키예 경찰에게 살해되었다는 것을 알게 되었다. 경찰들은 그들을 차례로 찌르고 나서 강으로 던졌다. 이 강은 성서에 나오는 에덴동산의 진원지인 유프라테스강의 일부다!

케말은 말을 타고 높은 강둑으로 다가갔다. 나는 그의 옆에서 걸었다. 발밑으로 흐르는 강이 나를 부르는 것 같았다. 만약 내가 계속 간다면, 케말은 가족을 보호하겠다는 헛된 약속으로 잘못된 희망을 부풀리기만 할 것이고, 그가 곧 이런 약속에 싫증을 내게 될 것이다. 나는 그 점을 알고 있었다. 그리고 나는 헛되이 그가 요구한 희생을 해야만 할 것이다.

나는 절벽 가장자리까지 올라갈 때를 기다렸다. 그러고 나서 뛰어

내렸다. 나는 빨간 강물로 떨어질 때 케말 에펜디가 저주하는 소리를 들었다. 수면 위로 떠올랐을 때 난 그가 절벽 꼭대기에서 말에 앉아 나를 내려다보고 있는 것을 발견했다. 그가 웃고 있는지 아닌지 구별할 수 없어 기뻤다.

아주 어렸을 때 난 수영을 배워 두었다. 나는 무의식적으로 맞은편 강변으로 헤엄쳐 갔고 그곳에 안전하게 이르렀다. 맞은편 강둑은 그리 높지 않았다. 나는 곧 자유롭게 될 것이었다. 케말이 연발 권총을 갖고 있지 않음이 틀림없었다. 그렇지 않다면 그는 나를 총으로 쏘았을 것이다. 나는 뒤돌아보지 않고 들판을 향해 달렸다. 케말이 추격자를 보냈는지 그렇지 않은지 알지 못해서 모래 속에 숨어 있었다. 강 건너에 체메쉬-게드짝에서 오는 이들이 줄지어 다가오는 긴 행렬을 볼 때까지, 나는 모래를 덮어서 쿠르드인이나 튀르키예 경찰이 말을 타고 가까이 와도 나를 보지 못하도록 했다.

나는 난민들이 강을 건너는 장소에서 야영하는 동안 그 날 내내 숨어 있었다. 다음 날 그들이 강을 건너올 때 나는 어수선한 틈을 타서 그들 사이로 그럭저럭 끼어들었다. 어머니는 너무나 행복해서 한참 동안 말을 잇지 못했다. 어머니 말씀에 따르면 에펜디가 말을 타고 이 행렬을 쫓아와 경찰 우두머리에게 가족들을 찾아내서 내가 도망간 대가로 벌을 주라고 요구했다고 한다. 어머니는 군인들에게 뇌물을 줘서 케말에게 가족이 무리에 없다고 말하게 했다.

힘들게 강을 건넌 뒤에도 우리 무리에게는 쉴 틈을 주지 않았다. 오로지 아랍기시를 향해 발길을 재촉당할 뿐이었다. 어린 호르반과 마르디로스, 그리고 아르시아그와 사라는 이미 지칠 대로 지쳐 있었다. 작은 발이 찢어져 피가 흘러서 어머니와 루잔네 언니가 천으로 발을 감아 주었다.

무리에 더는 아기들이 남아 있지 않았다. 강을 건너기 직전, 튀르키예 경찰들이 아기들을 뒤에 남겨 두게 했다. 어머니들은 강을 건널 때까지 기다리면서 아기들을 돌보았다. 그리고 나서 어머니들은 아기들을 강가에 짧게 줄지어 눕혀 놓고 떠났다. 군인들은 무슬림 여자들이 아기들을 데려다 돌보기 위해 인근 마을에서 올 것이라고 말했다. 그렇지만 시간이 흘러 아기들이 남겨진 곳이 작은 점으로 보일 때까지 그 누구도 오지 않았다.

군인들이 한 약속이 교묘한 속임수에 지나지 않았다는 것을 깨달은 어머니들 가운데 몇이 돌아가려고 강으로 뛰어들어 수영을 했다. 군인들은 물속에 있는 어머니들에게 총을 쐈다. 그 일이 있은 다음부터 우리는 물을 마시기 위해 강으로 가는 것조차 금지당했다.

그날 늦게 우리는 여행자들의 휴식처인 칸khan에 도착했다. 칸은 사막을 건너는 대상들이 쉬는 곳으로, 소아시아에서 길을 따라 도처에 있고 튀르크인들의 오랜 풍습대로 유지되고 있었다. 우리는 그곳에서 그날의 나머지 시간을 쉴 수 있다는 이야기를 들었지만, 칸 근처에 이르자 군인 한 무리가 나와서 우리를 멈추게 했다. 우리는 건물로 들어갈 수 없었다. 건물을 흑해 근처의 트레비존트 지역의 대도시인 샤빈 카라-히싸시Shabin Kara-Hissar에 가는 여행자들이 차지하고 있었기 때문이었다.

그러나 우리는 이 여행자들이 누구인지 곧 알게 되었다. 그들은 튀르크인들이 종교를 포기한 기독교인이라고 부르는 '돌아선' 아르메니아인 무리였다. 이 무리는 남쪽으로 오십 킬로미터 떨어진 케반-마덴Keban-Maden에서 왔다. 전날에 삼십 킬로미터를 여행하고, 그날 아침

칸에 도착한 것이다.

우리 무리를 지키던 튀르키예 경찰과 케반-마덴에서 온 이들을 지키던 군인들은 곧 친구가 되어 진지하게 서로 이야기를 나눴다. 그들은 우리가 칸 근처로 가는 것을 금지했고, 우리는 '돌아선' 기독교인들이 보이지 않는 것을 의아하게 여겼다.

야윈 소녀가 그 건물에서 군인들 눈에 띄지 않고 우리 캠프의 끝자락까지 바닥을 살금살금 기어 왔다. 그녀는 발가벗은 상태였고 발이 베여 심하게 멍들어 있었다.

그녀는 나이 어린 남편과 함께 '돌아선' 신부였다고 말했다. 케반-마덴의 사령관은 도시의 아르메니아인들이 이슬람교를 받아들이면 생명을 구할 수 있을 것이라고 약속했고, 그들 가운데 4백 명이 넘는 대부분의 젊은 기혼자들이 동의했다고 이 어린 신부가 말했다.

그리고 나서 그들은 샤빈 카라-히싸시로 가야 한다는 이야기를 들었다고 말했다. 그들이 도시 외곽으로 나오자마자 군인들은 가져갈 만한 가치가 있는 모든 것을 빼앗았다. 대부분의 군인들은 아르메니아인들의 집을 약탈할 기회를 놓치지 않으려고 케반-마덴으로 돌아갔다. 남은 군인들은 남자들을 다섯 명씩 묶어 행군하게 했고, 길에서 보낸 첫 날 밤에는 여자들의 옷을 모두 벗기고 발가벗은 채로 행진하게 만들었다고 말했다.

그날 밤 끔찍한 일이 벌어졌다고 한다. 남편들은 계속 묶인 채로 거의 모든 아내들이 강간당하는 것을 속수무책으로 바라볼 수밖에 없었다. 그들은 절규했고, 군인들은 남자들을 살해했다. 이 어린 신부는 몸을 가릴 옷을 줄 수 있는지 묻기 위해 우리 쪽으로 건너왔다. 많은 여자들이 그녀에게 속치마나 망토를 주었다. 그녀는 자신과 다른 여자들을 위해 가져갈 수 있는 만큼 가지고 기어서 칸으로 돌아갔다.

그들은 자신에게 무슨 일이 닥칠지 알지 못했다. 그들은 샤빈 카라-히싸시에서 평화롭게 살도록 허락한다는 군인들을 믿지 않았다. 그 어린 신부는 그들을 감시하는 보초가 그들이 '돌아섰다'는 이유로 이렇게 긴 행군을 하는 것에 대해 불평을 터뜨리는 것을 들었다고 말했다.

그날 밤 여덟 살에서 열 살 사이의 어린 소녀 열두 명 또는 그 이상이 군인들에게 납치되어 칸으로 끌려갔다. 그들에게 무슨 일이 벌어졌는지 알지 못하지만, 그 아이들을 무슬림의 가족이나 혹은 부유한 튀르크인에게 팔기 위해 끌고 갔을까 봐 겁이 났다. 어머니는 그날 밤 잠이 드셨다. 너무나 지쳐 있었기 때문이다. 그렇지만 루잔네 언니와 나는 우리 여동생들과 남동생들을 지키려고 흙과 천 조각을 덮어 가며 번갈아 보초를 섰다. 그래서 군인들이 우리 사이를 헤집고 다닐 때 동생들을 보지 못했을 것이다.

동이 트기 전 칸에 있던 아르메니아 사람들이 끌려갔다. 그 다음날 길을 따라 길게 늘어놓은 시신들 쪽으로 가게 됐는데, 우리가 길을 나선 지 채 몇 시간도 지나지 않아서였다. 우리는 그들이 '돌아선' 아르메니아인 무리의 남자들이라는 것을 알아보았다. 우물가에서는 한 나이 어린 남자가 발가벗긴 여자들의 시신과 함께 질식된 채로 발견되었다. 경찰들은 이 무리를 모두 살해했다. 그리고 나중에 이 길을 따라 이송될 아르메니아인들이 물을 쓰지 못하도록 여자들의 시체를 우물 안으로 던져 버렸다.

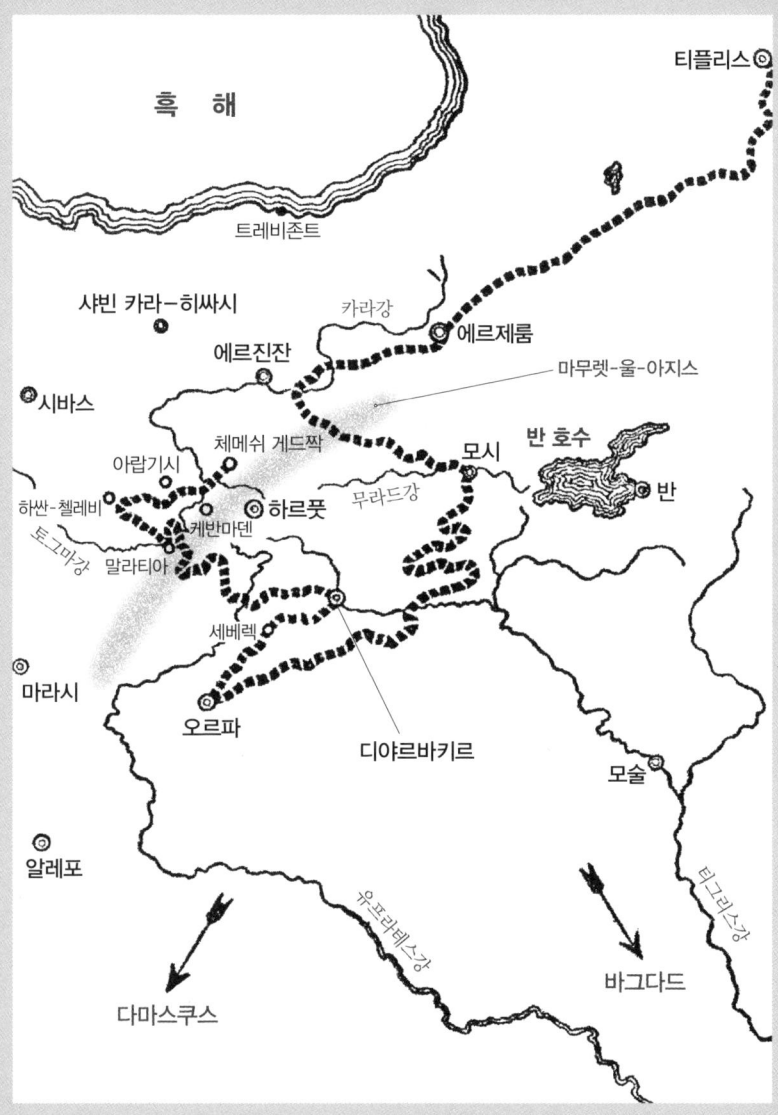

오로라의 여정을 보여 주는 지도

검은 선은 마르디가니아가 두 발로 걸어간 경로를 보여 준다. 그녀는 이 년 동안 이천 킬로미터 넘게 걸었다.

강제 이주당하는 긴 행렬

아르메니아에서 쫓겨나 강제 이주당하는 모습이다. 마무렛-울-아지즈 대평원을 가로질러 이동하는 기독교인의 긴 대열이 보이고, 경찰들은 한쪽에서 이 행렬을 감시하고 있다.

영문도 모르고 기다리기

번성한 도시에 사는 아르메니아인들은 관계 당국의 명령에 따라 정부 청사 앞에 모였다. 이들은 도시 바로 밖에서 학살당했다.

공포의 길을 걸어 먼 곳으로 내몰리다

오랜 역사가 담긴 도시의 집을 막 떠나 사막으로 향하는 노인과 어린아이들. 한가운데에 경찰이 있다. 이 사람은 추방당한 이들에게서 양탄자를 한 아름 훔쳤다.

끔찍한 절망의 길

가장 먼저 아이들이 죽고, 이어서 부모와 친척들이 죽었다. 비통해하는 부모들은 가져간 종이로 어린 자식들을 싸서 옆에 눕히고 굶어 죽었다. 추방당한 이들이 걸어간 사막과 모랫길 위에서 흔히 볼 수 있는 장면이다

아르메니아 서부 체메쉬-게드짝 마을의 아그라크Agrak와 쉐봇Shevot 인근

아르메니아 서부 체메쉬-게드짝 마을의 추쿠시Chukhur 인근

마르디가니아 가족(1906년 무렵)

오로라 마르디가니아

〈짓밟힌 아르메니아〉 영화의 대학살 장면

〈짓밟힌 아르메니아〉 영화의 십자가형 장면

5장

튀르키예 경찰의
방식

"하나님이 미치셨어. 우리는 버림받았어!"

우리가 겁에 질려 우물을 들여다보고 있는데, 갑자기 이런 말소리가 들렸다. 내 옆에 서 있는 한 여자가 하는 말이었다.

그 말을 한 사람을 보니 바델리 마르카시Badvelli Markar의 부인이었다. 바델리 마르카시는 체메쉬-게드짝에서 우리 이웃에 살던 목사였다. 우리 도시의 남자들이 학살당할 때 바델리의 아내는 나이든 어머니와 아이 셋을 돌보기 위해 집에 남아 있었다. 그녀의 어머니는 장티푸스 열에 시달리며 병석에서 앓고 있었고, 아이들은 아기와 어린 여자아이, 그리고 다섯 살 난 남자아이, 이렇게 셋이었다. 그녀는 튀르크인들에게 어머니를 돌보도록 집에 남아 있게 해달라고 간청했다. 그러나 그들은 그녀의 부탁을 들어주지 않았다. 그들은 그녀가 나이든 어머니를 침대에 버려두고 우리 무리와 함께 길을 떠나게 만들었다. 그 어머니는 첫째 날 돌아가셨다.

길을 가는 처음 며칠 동안 바델리의 아내는 매우 용감했다. 그런데 그녀의 어린 아들이 죽었다. 보초들이 강을 건널 때 그녀에게 아기를 남겨두도록 명령했기 때문이다. 그리고 이제 그녀의 마지막 자식인 어린 딸이 품에서 앓고 있었다. 길을 따라 누워 있는 아르메니아인들의 시신을 마주하자, 바델리의 아내는 갑자기 이성을 잃은 것이다.

"하나님이 미치셨어. 난 당신들한테 미쳤다고 말하겠어. 미쳤어, 미쳤어, 미쳤다고!"

그녀는 큰소리로 절규하고 끔찍한 소리로 울부짖으며 무리의 다른 사람들 사이로 뛰어들었다. 어떤 여자가 그녀의 품에서 여자아이를 빼내어 그녀를 멈추게 하려고 했지만, 그녀는 맹렬하게 맞서며 아이를 붙잡았다.

때때로 전염병 같은 질병이 얼마나 치명적인 속도로 한 사람에게서 다른 사람에게 번지는지 들은 적이 있다. 그것은 바델리의 아내의 광기가 우리 무리로 어떻게 번졌는지를 통해서도 알 수 있었다. 그 끔찍한 절규가 수십 명, 아니 수백 명의 여자들에게 퍼지는 데 채 일 분도 걸리지 않은 것 같았다. 그들의 마음은 이미 흔들리고 있었다. 왜 튀르크인들의 손아귀에서 견딜 수 없는 고통을 당해야 하는지 이해하기란 불가능했다.

미쳐 버린 이들은 대부분 어린아이가 있는 어머니들이었다. 이들 가운데 몇몇은 아이들을 땅바닥에 내던지고 행렬에서 이탈하여 사막을 향해 고함을 지르며 내달렸다. 어떤 사람들은 아이들을 잡고 사납게 내달렸다. 친척들은 그들을 진정시키려 했지만 전혀 그럴 수 없었다. 갑작스런 충동에 자신을 내맡긴 여자들은 이백 명이 넘는 것 같았다. 그들은 미친 목사 부인에게 동요되었다.

우리 무리를 맡고 있던 경찰들은 처음에는 상황을 파악할 수 없었다. 그들은 폭동이 일어났다고 생각했다. 그들은 총칼을 좌우로 흔들며 우리에게 책임을 추궁했다. 경찰이 사태를 파악하기 전에 많은 이들이 죽거나 살아날 가망이 없는 중상을 입었다. 그러고 나자 보초들은 상황을 매우 즐기며 비웃었다. 그들이 말했다.

"봐. 너희의 신이 어떤지. 너희 신은 미쳤어."

우리는 고개를 숙였고 그들의 비아냥거림에 굴복할 수밖에 없었다. 몇몇 여자들은 이성을 되찾고 무척이나 후회했다. 경찰들은 정신을 찾지 못한 사람들이 굶어 죽게 그들을 들판으로 내몰았다. 튀르키예 경찰은 정신이 온전하지 못한 사람들을 살해하지 않았다. 그것은 그들의 종교적 원칙에 반했기 때문이다.

우리가 아랍기시로 향하고 있다고 들었지만, 칸을 떠나자마자 우리 무리의 방향이 바뀌었다. 우리가 향하는 곳은 아랍기시의 작은 남부 도시 하싼-첼레비Hassan-Chelebi 쪽이 분명했다. 보초 가운데 그 누구도 우리에게 확실한 정보를 주지 않았다.

튀르키예 경찰은 우리에게 좁은 대열을 이루어 행진하게 했다. 한두 가족이 나란히 서는 정도였다. 앞쪽에서나 뒤쪽에서나 쇠약한 낙오자들의 행렬이 길게 뻗어 나가는 것이 시야에 들어왔다. 경찰은 우리가 근처의 샘이나 물줄기로 가는 것을 허락하지 않았기 때문에 우리한테는 물이 거의 없었다. 경찰은 길 따라 늘어선 마을의 쿠르드족

농부들에게서 물을 사라고 강요했다. 마을 사람들은 때때로 물 한 컵에 일 리라거의 오 달러를 요구했다. 물을 사러 심부름 간 우리의 남자아이들은 물을 사며 매도 맞아야 했다. 돈이 있는 사람은 돈이 없는 사람과 물을 나눠야만 했다. 때때로 마을 사람들은 돈을 받은 다음 물을 쏟아 버렸다.

길을 떠난 지 일주일이 지나자 우리는 처음 며칠보다 훨씬 더 잔인한 대우를 받았다. 늙은 여자들과 행렬에 끼기에 너무 약한 사람들이 차례로 살해되었다. 군인들은 그들이 방해가 되어선 안 된다고 말했다. 아이들이 뒤처지거나 쉬려고 대열에서 이탈하면 경찰들은 아이들을 총검으로 들어 올려 던지고 받았다. 다시 아이들을 받으려다 떨어뜨리면, 아이들을 총검 끝으로 찍어서 들어 올렸다. 보초들의 스포츠를 위해 자식들이 이런 식으로 죽임을 당하는 것을 보고도 어머니들은 저항을 할 수 없었다. 우리는 그 어떤 저항도 자살 행위일 뿐이라는 것을 배웠다. 어머니들은 아이들이 죽어가는 동안 속수무책으로 지켜보며 손을 비틀고 눈을 꽉 감을 수밖에 없었다.

우리 가족은 특히 운이 좋았다. 어린 동생들 가운데 그 누구도 아프지 않았기 때문이다. 호브난은 겨우 여섯 살이었지만 무슨 일이 일어났는지 깨닫고 있는 것 같았다.

우리와 동행한 막내 이모 하게나시Hagenoush는 길에서 어떤 튀르키예 경찰에게 끌려갔다. 이모가 그에게 저항하려 하자 그는 이모를 끔찍하게 때렸다. 그는 이모를 강간하고 가슴을 칼로 찔렀고 놀람과 고통으로 소리치는 그녀를 우리 쪽으로 밀어냈다. 우리가 이모를 매만지며 고통을 줄여주려 했던 그때보다 더 낙담했던 적은 결코 없었던 것 같다.

우리가 거쳐 간 모든 마을에 대학살과 강제 이주 소식이 퍼져 있던 것은 아니었다. 길에서 여행하는 이들이 거의 없었기 때문이었다. 우리는 아르메니아인들의 거주지에 도착했는데 여자들은 빨래터에 모여 있었다. 이곳은 튀르키예의 시골 마을에서 흔히 볼 수 있듯이 일부만 천으로 둘려 있었다. 우리를 지키던 보초들은 즉시 이 여자들을 둘러쌌고 그냥 그 상태로 우리 무리로 내몰았다. 그러고 나서 그들은 마을의 남자들을 소집했다. 남자들은 우리가 설명해줄 때까지 자신들이 왜 체포됐는지 알지 못했다. 군인들이 마을에 있는 집들을 전부 약탈하는 동안 우리는 길에서 쉬었다. 약탈이 끝나자 군인들은 마을에 불을 질렀다.

이제 우리는 쿠르드인들의 거주지뿐 아니라 수많은 튀르크인들의 마을이 있는 어떤 지방으로 들어섰다. 우리는 밤에 큰 원을 그려 야영했는데 어린 소녀들을 보호하려고 가능한 한 원 안쪽 여기저기에 소녀들을 흩어 놓았다. 군인들은 젊은 여자들을 매일 끌고 갔다. 근방에 사는 튀르크인들에게 팔아넘기기 위해서였다. 그리고 밤이면 가장 어여쁜 여자들을 뽑아 능욕하고 잔인하게 폭행했다.

아르메니아인 마을 사람들이 그렇게 놀란 날 밤에 우리는 야영지를 세우는 일 말고는 거의 아무것도 하지 못했다. 군 지휘관은 낮에 마을에서 끌려온 남자들에게 조금 떨어진 곳에 설치된 자신의 천막 앞으로 모이라고 명령했다. 군인들은 그 지휘관이 남자들의 이름을 알고 싶어 한다고 설명했다. 우리는 이 남자들이 우리와 함께 남아 있기를 바랐다. 일흔 두 명의 남자들이 있었는데, 그들이 우리 무리에 섞여 있으면 훨씬 더 든든했고 용기가 생겼다. 그러나 우리는 이러한 소집이 무엇을 뜻하는지 알고 있었다. 남자들 역시 그 뜻을 알고 있었다.

남자들은 아내와 딸, 어머니, 또는 마을에서 모여 있던 다른 친척들에게 일일이 작별 인사를 했다. 그 지휘관의 천막은 달빛 속의 하얀 점처럼 보였다. 그 천막을 둘러싼 군인과 경찰의 형체를 겨우 구별할 수 있었다. 여자들은 될 수 있는 대로 오래 남자들에게 매달렸고, 남자들은 작은 무리를 지어 행진했다. 보초들은 우리가 따라가는 것을 허락하지 않았다. 가망이 없었지만 우리는 계속 희망을 잃지 않고 지켜보았다.

곧 큰 소동을 보았다. 우리 쪽으로 비명이 울려 퍼졌다. 희미한 형상의 사람들이 사막으로 내달리고, 다른 형상의 사람들은 이들을 추격하고 있었다. 추격자들만 돌아왔다. 그러고 나서 사방이 조용했다. 남자들이 모두 죽었다.

그때 장교들은 처음으로 천막을 세웠다. 우리는 그들이 천막을 세우는 것이 의아했다. 보통 그들은 우리 소녀들을 데리고 밤새 난잡한 짓을 하고 난 다음 밖에서 잠을 갔기 때문이다. 그 뒤에 군인들이 밤에 천막을 세우는 것을 볼 때마다 우리는 전에 없는 더 큰 두려움에 떨었다.

남자들을 모두 죽인 다음 이 살해에 참여한 군인들이 야영지로 되돌아왔다. 이들은 우리를 감시하기 위해 캠프에 남아 있던 군인들과 함께 우리에게 왔다. 그리고 남편이 부유층에 속했던 부인들을 뽑아 지휘관이 머무는 천막으로 이동할 것을 명령했다. 지휘관이 부인들에게 묻고 싶은 것이 있다 했다. 나의 어머니와 많은 부인을 이백 명 넘게 불러냈는데, 이들은 우리 이웃이자 친구였고 남편들은 부유했거나 명망이 높았다. 어머니와 함께 마리암 숙모도 불려 나갔다. 마리암 숙모의 남편은 은행가였다.

부인들이 천막에 도착하자마자 지휘관은 부인들이 가진 돈을 내놓게 하려고 불렀다고 말했다. "쿠르드족에게 돈을 뺏기지 않고 안전하게 보관하기 위해서"라고. 부인들은 돈을 절대로 되돌려 받을 수 없다는 것과 돈이 없으면 끔찍한 고통이 더해지리라는 사실 역시 잘 알고 있었다. 부인들은 자신들에게는 돈이 한 푼도 없다고 말하면서 지휘관에게 굴복하지 않았다. 그러자 경찰들이 부인들을 덮쳤다. 경찰들은 부인들의 옷을 찢고 수색했다.

시바스에서 온, 어떤 부유한 아르메니아 남자의 누이 가라베트 투벤시얀Garabed Tufenkjian은 강제 이주가 시작될 무렵 우리 도시를 방문하고 있었다. 그녀는 무자비하게 얻어맞고 마침내 자신이 돈을 숨겨 놓았다고 털어놓았다. 그녀는 군인들에게 돈을 내놓을 테니 제발 때리는 것을 멈춰 달라고 애걸했다. 이 자백을 듣자 군인들은 크게 소리치며 환호했고 마침내 돈을 찾아냈다. 그리고 그 누구도 예외가 아니라는 것을 확실히 하기 위해 그녀를 잔인하게 칼로 찔러 죽였다.

그러고 나서 군인들은 부인 한 명 한 명을 이런 방식으로 조사했다. 숙모 마리암은 곧 어머니가 될 몸이었다. 군인들이 이런 숙모의 배 모양을 보고 숙모를 땅으로 밀치더니 총검으로 그녀를 배를 갈랐다. 그녀가 엄청난 돈을 감추고 있을 거라 생각했기 때문이다. 그러나 그들은 너무나 실망해서 다른 부인들에게 새 힘을 내서 달려들었다.

이러한 수색을 받은 200명 이상의 부인들 가운데 단지 몇 명만 살아남았다. 살아남은 부인들은 겨우 기어서 야영지로 돌아와 친척들의 품에 안겼다. 그들은 비명을 너무 질러 아무 말도 할 수 없을 정도로 목소리가 쉬어 있었다. 불쌍한 어머니는 지니고 있던 돈을 모두 포기했다. 그러나 가족들이 더 많은 돈을 가지고 있다는 사실은 밝히지 않앉다. 어머니가 우리에게 돌아왔을 때 수없이 베인 상처와 멍에서 피가 흐르고 있었다. 어머니는 자신을 향해 달려오는 루잔네 언니와 나를 본 순간 기절하고 말았다. 우리는 어머니를 야영지로 모셔와 우리에게 있던 마지막 식수를 써서 어머니의 상처를 닦아 냈다. 그 전날부터 보물처럼 간직해온 물이었다.

군인들이 부인들에게 빼앗은 돈을 나눠 갖고 나자 젊은 여자들을 장교들의 천막으로 끌고 가려고 다시 우리 무리 사이를 헤집고 들어왔다. 달빛이 너무나 환해서 우리 가운데 그 누구도 자신의 모습을 감출 수가 없었다. 루잔네는 어린아이들을 달래주며 앉아 있었고, 나는 어머니의 상처를 주의 깊게 보살피고 있었다. 이때 한 군인이 루잔네 언니의 머리채를 잡고 질질 끌고 갔다.

"날 내버려 둬요. 어머니가 죽어 가고 있어요. 날 내버려 둬요!"

언니가 소리쳤지만, 군인은 무자비했다. 그는 그녀를 계속 끌고 갔다. 나는 나 자신을 제어할 수 없었다. 언니를 향해 달려가 그녀를 붙잡고 풀어달라고 애걸했다. 언니도 거세게 저항했다. 그러자 그는 화가 머리끝까지 치밀었다. 욕설을 내뱉으며 칼을 뽑아 들었고 언니의 가슴을 깊게 찔렀다. 그가 휘두른 칼이 내게 가까이 떨어져내려 내 뺨을 스치고 지나갔다. 내 뺨에는 아직도 그 상처가 남아 있다. 루잔네 언니는 내 품에서 죽었다. 그 군인은 그가 주목한 다른 소녀에게 관심을 돌렸다.

어머니는 이것을 보지 못했다. 어머니는 고통 때문에 완전히 정신을 잃고 있었다. 그렇지만 나이 어린 남동생과 여동생 아루시아그와 호르반은 이를 모두 목격했고, 언니의 축 늘어진 시신을 안고 멍하니 서 있는 내게로 달려왔다. 나는 루잔네 언니를 땅에 눕혔다. 그리고 어떻게 어머니에게 말해야 할지 몰라 불안에 휩싸였다.

가까이에 서있던 한 부인이 나를 대신해 어머니 곁에 있었다. 다른 부인들에게 동생들을 데려가 돌봐 달라고 부탁했다. 동생들을 남겨 둔 채 언니의 시신 곁으로 돌아왔다. 언니가 죽었다는 사실이 도무지 믿기지 않았다. 손가락을 꼽아 보았다. 아빠, 어머니, 파울, 루잔네 언니, 아르시아그, 사라, 마르디로스, 호브난, 그리고 숙모 둘, 나를 포함해 열한 명. 우리 가족은 열한 명이었다. 이제 아빠, 파울, 마리암 숙모, 그리고 루잔네 언니까지. 네 명이 벌써 가 버렸다!

나는 언니를 안고 한참이나 울었다. 그때 내게 반드시 해야 할 일이 떠올랐다. 어머니가 갑작스런 일로 충격을 받아 돌아가실까 봐 두려웠고, 그래서 시간을 벌어야 했다. 어머니에게 마음의 준비를 시켜야 한다는 사실을 깨달았다. 몇몇 부인들의 도움을 받아 언니를 야영지 옆쪽으로 옮겨가 맨손으로 땅을 파서 묻었다. 비좁은 모래 구덩이에 불과했다. 나는 한참이나 헤맨 끝에 나뭇조각을 발견해서 작은 십자가를 만들었고 언니 손에 쥐여 주었다.

아침이 밝아 오자 어머니는 사력을 다해 힘을 모았고, 다시 일어서 걸을 수 있었다. 튼튼한 젊은 여자들이 어머니가 걷지 못하면 종일이라도 업어 주겠다고 제안했다. 그러나 어머니는 내 어깨에 기댔고 직접 걷겠다고 주장했다.

어머니는 그날 행진 준비를 시작하자마자 언니가 어디 있는지 물었다. "어떤 아픈 부인을 돕고 있어요."라고 나는 말했다. 나는 어머니가 루잔네 언니가 무리의 뒤쪽에 쳐져 있다고 믿게 만들고 싶었다. 그러나 어머니는 내 눈을 들여다보았다. 어머니는 내가 당신을 속이고 있다는 사실을 알아챘다.

"무서워하지 마, 귀여운 오로라야."

어머니는 내게 말했다. 오, 그것도 너무나 부드럽게.

"무슨 일이든지 내게 말하는 걸 두려워하지 마. 군인들이 그녀를 잡아갔니?"

"그들이 그러려고 했어요. 그런데……."

나는 대답하다 말을 멈췄다. 어머니가 다시 나를 도왔다.

"루잔네가 죽었니? 그들이 그녀를 죽였니? 그들이 그렇게 했으면 차라리 잘된 거야, 나의 오로라야."

그제야 나는 어머니에게 말할 수 있었다.

"그들이 언니를 죽였어요, 순식간에. 언니는 마지막 순간에 하나님이 언니를 자유롭게 놓아 주셔서 선하시다고 했어요."

낮 동안 언니를 죽인 그 군인이 우리 눈에 띄었고, 어린 아루시아그가 그를 알아보았다. "큰 언니를 죽인 그 남자가 있어."라며 울부짖었다. 어머니는 아루시아그의 눈을 손으로 가려 그를 보지 못하게 했다.

우리는 모두 하싼-첼레비에서 무슨 일을 겪게 될지 크나큰 두려움에 휩싸였다. 젊은 여자들 가운데 몇몇은 밤에 장교들의 천막으로 끌려갔고 난잡한 짓을 당하면서 들은 이야기를 전해 주었다. 고위 장성들이 시바스Sivas에서 이곳 하싼-첼레비로 오고 있고, 우리를 어떻게 처리할지 결정할 것이라고 했다. 이는 곧 우리 무리에 속한 모든 소녀들이 붙잡혀 간다는 뜻이었다. 이 사실 때문에 모두 두려움에 떨었다.

우리 앞에 도시가 갑자기 모습을 드러내자 나이 어린 여자들은 커다란 두려움에 떨기 시작했고 많은 이들이 주저앉아 걸을 수도 없었다. 그렇게나 그들의 고통이 크나컸다. 군인들은 그럼에도 그들에게 채찍을 휘둘렀고, 우리는 시내 중심으로 끌려갔다. 여자들 수백 명이 완전히 발가벗었는데, 특히 군인에게 짓밟히면서 옷이 찢기고 매를 맞은 여자들이 그랬다. 옷을 입지 못한 여자들이 다른 사람들에게서 옷을 구하지 못하는 것을 구경하는 것을 군인들은 특별히 좋아하는 것 같았다. 가여운 여자들은 창가와 길가에서 튀르키예 주민들에게 조롱받았다. 이들은 부끄러움에 고개를 파묻고 하싼-첼레비의 거리를 걷도록 강요당했다.

시바스에서 온 튀르키예의 관리들은 우리를 보려고 광장에 나타났다. 그들 가운데 시바스의 잔인한 통치자인 무아메시Muamer 파샤, 그의 보좌관 마예시Mahir 에펜디, 그의 최고 사형 집행인hangman 자리키스 키오시 카씸Tcherkess Kior Kassim이 있었다. 나중에 안 사실이지만 자리키스 키오시 카씸은 시바스 근방의 차믈-벨Tchamli-Bel 협곡에서 아르메니아 기독교인 육천 명의 학살을 주도했다. 이 관리들 가운데 무아메시 파샤와 그의 사형 집행인, 이 둘은 기독교인에 대한 특유의 잔인성 때문에 아르메니아 전역에서 주목받고 있었다.

아무도 접근할 수 없도록 군인들에게 바짝 에워싸인 채 관리들이 우리들 사이를 지나간 다음, 하싼-첼리비의 부시장 무디시Mudir가 여덟 살 넘은 남자아이들을 전부 데려가기 위해 경찰들과 함께 왔다. 경찰들은 시장이 수도원에 남자아이들을 위한 학교를 제공했다고 말했다. 아이들은 그곳에서 어머니들이 계속 머물 곳이 정해질 때까지 지내다가 어머니들에게 보낼 것이라고 했다. 물론 우리는 이것이 거짓이라는 것을 알았다.

난 마르디로스 때문에 무척이나 두려웠지만, 경찰들은 마르디로스의 체구가 너무나 작아서 그를 데려가지 않았다. 우리와 함께 있던 여덟 살에서 열다섯 살 사이의 남자아이들은 오백 명이 넘었고, 이 아이들이 전부 모였다.

　이 남자아이들은 시장의 저택으로 이끌려갔다. 군인들은 울며불며 소리치는 아이들을 전부 행진하게 했다. 우리에게 오랜 시간 울음소리가 들렸다. 우리가 아랍기시에 도착했을 때 그곳에 있던 다른 난민들이 말해 주었는데, 남자아이들이 하산-첼레비 바로 밖에 있는 언덕을 가로질러 계곡으로 들어서자마자 모두 살해되었다고 한다. 군인들은 아이들을 열 명과 열다섯 명씩 묶고 나서 칼이나 총검으로 죽였다. 시바스에서 와서 그 길을 지나던 난민들은 길에서 아이들의 시신을 보았다.

　우리가 하싼-첼레비를 떠나기 전에 사형 집행인 자리키스 키오시 카씸이 경찰 무리를 이끌고 우리에게 와서 어린 소녀 열두 명을 뽑아갔다. 여자아이들은 대부분 여덟에서 열두 살 사이였다. 군인들은 그 사형 집행인이 곧 콘스탄티노플로 갈 예정이라고 했다. 그는 부유한 튀르크인으로 막강한 권력이 있는 가족들에게 어린 소녀들을 팔려고 했다. 이러한 가족들은 이 또래의 예쁜 아이들을 기회가 있을 때면 언제나 사들여 자신들의 하렘에서 성숙할 때까지 데리고 있는 것이 풍습이었다. 이 여자아이들은 무슬림으로 자라서 나중에 주인 아들이나 가족의 막강한 친구들에게 주었다.

　오후에 하싼-첼레비 밖으로 나오자마자 우리는 시바스에서 온 난민 삼천 명과 합류했다. 그들 역시 아랍기시로 가는 중이었고, 우리를 기다리기 위해 도시 밖에서 야영하고 있었다. 그들 가운데 '은혜의 스무 자매'twenty Sisters of Grace가 있었다. 이 고귀한 수녀들 가운데 몇은 유럽인이었는데, 한밤중에 자다가 하급 통치자라 할 수 있는 카이마캄Kaimakam에 의해 소환당했다. 튀르키예 군인들이 갔을 때 수녀들은 수

녀복을 벗고 자고 있었다. 군인들은 수녀들이 옷을 입는 것을 허락하지 않았다. 수녀들은 입은 그대로, 맨발에 잠옷을 입은 채로 끌려 왔다.

수녀들은 시바스에서 소환된 후 긴 나날 동안 의복을 빌려 그럭저럭 지내왔지만, 아무도 신발이 없었고 발이 찢어져 피가 흐르고 있었다. 수녀들은 무척이나 섬세하고 온화했으며, 모두 미국이나 유럽의 학교에서 교육받았다. 수녀들은 이 수녀원을 술탄이 만들었으니, 이 점을 고려해 강제 이주를 면제해 줄 것을 요구했다. 그러나 군인들은 수녀들의 호소를 묵살했다.

수녀들의 거룩한 신분에도 불구하고 보초들에게 미비한 존중이라도 받기는커녕 최악의 대우를 받고 있었다. 수녀들은 시바스를 떠나 매일 밤 튀르키예 군인과 경찰들에게 끌려가 성폭행당했다고 말했다. 그들은 죽여 달라 애걸했지만, 그것마저도 거부당했다. 미국에서 온 수녀 사라와 에스더는 자살을 택했다. 그들은 오로지 두 손밖에 없었다. 즉 그 어떤 무기도 없었다. 그들이 생명을 이어가는 동안 감내한 고문과 고통은 견딜 수 없이 끔찍했다.

시바스에서 온 난민에는 남자가 섞여 있었다. 그 도시에는 아르메니아인 이만 오천 명 이상이 있었고, 모두 강제 이주 통지를 받았다. 우리와 합류한 무리는 시바스에서 처음으로 추방당한 이들이었다. 그들은 길을 따라 널려 있는 많은 시체들을 지나쳤고, 이것들을 알려서 다른 도시의 강제 이주를 잊지 않게 했다.

아랍기시에 도착하자 우리는 도시 끄트머리에서 야영하라는 명령을 받았다. 아랍기시와 시바스 사이의 많은 마을에서 추방당한 무리가 이미 그곳에 있었다. 그들 가운데 어떤 이들은 아직 남편과 아들과 함께 있었다. 다른 여자들은 그들 남편이 길을 가다 어떻게 살해되었는지 말해 주었다.

아랍기시의 아르메니아 사람들이 강제 이주 대기 중이었는데, 우리가 머무는 곳 근방에 그 수가 팔천 또는 그 이상이었다. 그들은 닷새째 대기 중이었다. 이들은 이 도시에 있는 자신의 집에 무슨 일이 벌어질지 알지 못했다.

어떤 특별 관리가 시바스에서 와서 아랍기시 강제 이주를 맡았다. 그와 함께 경찰 무리도 왔다. 위대한 군사 지도자 할릴Halil 베이 또한 그곳에 있었는데, 그는 군사 명령을 받으러 콘스탄티노플로 가는 중이었다.

도시 중앙에 번창한 아르메니아 가게들이 사용하던 큰 건물이 있었다. 위층에는 큰방들이 있었는데, 사람들이 이곳으로 소집되었다. 이미 이 건물은 카접-카나Kasab-Khana, 즉 '도살의 집'으로 알려져 있었다. 도시의 지도자들이 이곳에 소집되어 살해당했다.

이 특별 관리가 도착한 지 얼마 지나지 않아 군인들은 그 관리와의 접견을 위해 시바스에서 온 난민 가운데 아직도 남아 있는 남자들을 모두 소집했다. 남자들은 그곳에 가는 것이 두려웠지만 이제 더 이상 잔학 행위는 없을 것이라는 말을 들었다. 남자들은 그곳으로 갔고, 그들 이천 명은 카접-카나에 도착하자마자 살해되었다. 군인들은 아래층에 숨어 있었다. 남자들이 위층 방들에 모이자마자 문을 잠그고 도살을 시작했다. 남자들은 할 수 있는 한 재빠르게 창문으로 뛰어내렸지만, 아래층 군인들은 남자들을 총검으로 찔렀다. 그날 늦게 시체들이 집 밖으로 던져졌다.

다음날 아침, 관리들이 시바스의 기독교 대학과 학교, 그리고 시바스 근처의 아르메니아 도시 코치저시Kotcheseur의 선교회에 다니는 소녀들을 불러 모았을 때에도 시체들은 여전히 거리에 쌓여 있었다. 이 소녀들은 이백 명이었고, 모두 좋은 가문 출신으로 열다섯에서 스무 살 사이였다. 군인들은 이 소녀들을 선교사들이 관리하는 해안 근처의 학교로 보내도록 관리들이 준비해 놓았다고 말했다.

소녀들은 카접-카나로 소집되었다. 그때 처음으로 그 전날 남자들에게 무슨 일이 벌어졌는지 알게 되었다. 소녀들은 아직도 거리에 놓인 엄청난 시체 더미에서 불과 몇 미터 떨어진 곳에 줄지어 서 있었다.

관리들은 소녀들을 건물 위층 방으로 맞아들였는데, 그 방 벽과 바닥이 피로 얼룩져 있었다. 그는 소녀들에게 예수를 버리고 알라를 받아들이라고 강요했다. 단지 몇몇 소녀만이 동의했다. 이 소녀들이 어디로 끌려갔는지 난 알지 못한다. 관리와 보좌관들은 나머지 소녀들을 방에 남겨두고 떠났다. 그들이 그 건물을 나가자마자 군인들이 방으로 쏟아져 들어와 소녀들을 나눠 가졌다. 밤낮으로 군인들이 집으로 들어가고 나왔다. 거의 모든 소녀들이 죽었다. 군인들이 지칠 때까지 살아남은 소녀들은 튀르키예 경찰들의 감시 아래 어디론가 보내졌다.

6장

콘스탄티노플의 하렘으로
데려갈 여자 뽑기

　　우리 도시에서 추방당한 이들은 아랍기시 밖 야영지에서 계속 머물렀다. 셋째 날 우리가 있던 주변 언덕들이 갑자기 나타난 아그자 더기 쿠르드인들로 새하얘졌다. 그들은 밤이 될 때까지 기다리다 말을 타고 우리 사이로 파고들었다. 쿠르드인 수백 명이 숨겨 놓은 돈을 뒤지느라 지치자 소녀와 젊은 여자를 모으기 시작했다.
　　쿠르드인들이 작은 무리를 지어 다가오자, 난 몸을 숨기려고 애썼다. 그러나 너무 늦었다. 이들은 붙잡은 다른 십여 명의 소녀와 젊은 신부들과 함께 나를 끌고 갔다. 그들은 우리를 말에 싣고 계곡을 가로질러 언덕 너머 사막으로 갔다. 그곳에서 그들은 우리 몸에 걸친 옷들을 모두 벗겼다. 그들은 비명을 지르거나 저항하는 소녀들을 긴 막대기로 제압했다. 소녀들의 살이 흘러내리는 피로 보랏빛이 될 때까지 때렸다. 불쌍한, 상처 입은 어머니를 생각하자 가슴이 미어졌다. 나는 울 수가 없었다. 난 튀르크인과 쿠르드인들이 여자 포로들을 데려와 끔찍한 통과의례를 치를 때 그들과 맞서 싸울 만큼 강하지도 않았다. 쿠르드인들이 우리를 학대하는 데 싫증이 나자 그때까지 발가벗고 있던 우리를 말에 묶었다. 소녀들은 등 뒤로 손이 묶인 채 말의 목을 감아 고정시킨 밧줄 끝에 두 발이 묶였다. 그들은 우리를 이런 상태로 두었다. 말도 우리도 도망갈 수가 없었다.

고국의 삶과 너무나 다른 미국에 온 이래로, 나는 종종 의구심에 빠진다. 과연 내가 만난 선량한 사람들 가운데 그 누구라도 그날 밤 내가 달빛 아래 누워 겪은 고통을 상상이나 할 수 있을까! 두 손은 묶이고 두 발은 조금도 가만히 있지 못하는 동물에게 매달려 있는 그 고통을. 이 나라에서 비극은 거의 일어나지 않는 것 같다. 고통도 거의 없는 것 같다. 몇 달 동안 자유롭게 지냈지만 난 하나님을 믿는 것에 대해 그 어떤 처벌도 뒤따르지 않는 곳이 있다는 것이 아직까지도 믿기지 않는다.

동이 트자 쿠르드인들은 말을 풀어 주러 왔다. 포로에게 항상 음식을 주는 것은 가장 사나운 쿠르드인들의 특징이었다. 쿠르드인들은 자신들의 희생자, 특히 기독교도 여자들을 약탈할 것이고 끔찍하게 학대할 것이다. 그렇지만 음식을 빼앗지는 않을 것이다. 그들은 포로들에게 음식이 없으면 심지어 자신의 것을 나누기까지 할 것이다. 쿠르드인들은 튀르크인들보다 더 아이 같다. 이 사막을 누비는 무리의 사악함은 거의 다 그들을 부리는 튀르키예 주인들에게서 아이디어를 얻었다.

쿠르드인들이 가져온 빵과 음식을 먹자 그들은 우리를 말 위로 들어 올려 북쪽으로 질주했다. 쿠르드인들보다 더 많은 소녀들이 있었고, 말들이 짐을 나눠질 수 있도록 우리는 자주 말을 바꿔 옮겨졌다.

우리는 어디로 끌려가는지, 왜 끌려가는지도 알지 못했다. 여러 시간 말을 타고 난 뒤에 나는 어떤 친절한 쿠르드인의 말로 옮겨졌다. 친절하기 때문인지, 아니면 말하는 것을 좋아하기 때문인지, 이 사람은 애타는 내 질문에 대답해 주었다. 그는 북쪽 도시 에긴Egin에 막강한 파샤가 있는데, 이 사람이 아르메니아 소녀들에게 관심이 있어서 콘스탄티노플에서 특별히 왔다고 했다. 이 파샤는 자신 앞에 건강하고 만족스러운 소녀를 데려오게 하려고 돈까지 지불했다는 것이다.

에긴은 카라강의 둑을 따라 자리하고 있다. 에르진잔, 샤빈 카라-히싸시Shabin Kara-Hissar, 닉사시Niksar와 같은 북쪽의 큰 도시들에서 아르메니아인 수천 명이 에긴으로 이송되었다. 이곳에 군인 특수 부대가 배치되었다. 이 기독교인 대학살을 감독하기 위해서였다. 도시 밖의 모든 언덕과 들판에 시체 더미를 아무것으로도 덮지 않고 전과 같이 그대로 쌓아 두었다. 우리는 긴 배수로를 통과했다. 이 배수로는 유죄 판결을 받았지만 튀르키예 감옥에서 풀려난 이들이 아르메니아 사람들의 시체를 묻기 위해서 파 놓았다. 그렇지만 이 죄수들은 그들의 자유를 얻기 위해 너무나 서둘러 일해야 했다. 그래서 시체를 덮은 모래에서 남자와 여자들의 팔과 다리가 삐져나와 있었다.

에긴에는 부유한 아르메니아 가족이 많았다. 이곳은 삼선Samsoun, 트레비존트Trebizond, 마르소반Marsovan에서 온 거상들이 모이는 곳이고, 하르풋과 디야르바키르Diyarbekir로 가는 길목이었다. 여러 해 동안 튀르키예 주민과 아르메니아인은 좋은 이웃이었다. 강제 이주와 대학살 명령이 에긴에 처음 내려졌을 때, 부유한 아르메니아 부인들은 부유한 아가와 베이의 부인들에게 달려가서 그들의 편이 되어 중재해 달라고 간청했다. 그 당시 에긴의 병원에 한 미국 선교사가 있었고, 그는 콘스탄티노플에 있는 미국 대사관을 연결하는 통역관 역할을 해왔다. 그는 카이마칸Kaimakan에게 어렵게 허가를 얻어 전보로 미국 대사 모겐소 씨에게 도시의 기독교인 주민을 위해 호소했다.

그 사이 부유한 아르메니아 부인들은 모든 보석과 은 식기, 그리고 다른 귀중품들을 튀르키예 장교의 아내들에게 주었고, 이러한 방식으로 그들이 콘스탄티노플에서 지시가 있을 때까지 체포되지 않을 것이라는 약속을 얻어냈다. 미국 대사는 내무부 장관 탈랏Talaat 베이와 총사령관 에인마시 파샤에게 안전을 보장받았는데, 에긴의 아르메니아인들이 자기 집에 남아 있어도 좋다는 허가를 받은 것이다.

이 일은 에긴의 기독교인들 사이에서 크게 기뻐할 일이었다. 며칠 뒤 서쪽 마을들에서 추방된 첫 번째 무리가 남쪽으로 향하던 가운데 이 도시에 도착했다. 그들은 사흘 동안이나 걸었는데, 경찰은 그들을 잔인하게 다뤘다. 이 무리의 소녀들이 잡혀갔고 젊은 여자들은 군인들의 노리개가 되었다. 그들은 또한 물도 빵도 먹지 못해 굶어죽을 지경이었다. 튀르크인들은 그들에게 아무것도 주지 않았다.

에긴의 아르메니아인들은 추방당한 이들의 처지를 보고 가슴이 찢어지는 듯했지만, 그들을 돕기가 두려웠다. 난민들은 밤에 도시 광장에서 야영했다. 밤새 경찰과 군인들은 이들 사이에서 여자들을 맘대로 짓밟았고, 여자들이 내지르는 비명은 주민들의 연민을 깊게 만들었다. 아침이 되자 도시에 있던 아르메니아의 사제는 더 바라보고만 있을 수가 없었다. 그는 빵과 물, 그리고 기도문을 들고 광장으로 갔다. 카이마칸은 바로 이런 일이 일어나기만 기다리며 지켜보고 있었다!

그는 군인들을 보내 사제를 자기 앞으로 데려왔다. 그는 또한 지도 자격인 아르메니아의 사업가 이십 명도 불러 그 방으로 데려왔다. 아르메니아인들이 도착하자마자 군인들은 사제를 함정에 빠뜨려 고문하기 시작했다. 머리카락을 뽑고 손가락과 발가락을 펜치로 비틀었는데, 이는 튀르크인이 즐겨하는 고문이다. 군인들은 펜치로 비틀며 사제에게 계속 추궁했다.

"네가 사람들한테 저항하라고 충동질했지? 빵에 무기를 숨겨서 사람들한테 주려 한 거지?"

사제는 이를 부인하며 비명을 질렀다. 스무 명의 남자들은 그 방 한편에 줄지어 서 있었다. 카이마칸은 군인들을 이 아르메니아인들에게서 조금 떨어트려 놓았다. 사제에 대한 고문이 계속되고 사제의 비명이 신음으로 잦아들자, 아르메니아인들은 더 견딜 수가 없었다. 그들은 비난을 퍼붓는 대신 고문관 앞에 엎드려 이 성스러운 사람에게 자비를 베풀어 달라고 애걸했다. 그때 군인들이 이들을 덮쳐 모두 살해했다.

카이마칸은 아르메니아인들을 에긴에 머물게 하라는 내각의 명령을 따르는 것이 더는 가능하지 않다고 콘스탄티노플로 보고했다. 아르메니아인들이 폭동을 일으켜 군인들을 공격했고, 그래서 그는 어쩔 수 없이 폭도 스무 명을 죽여야 했다는 것이다. 탈랏 베이는 전 세계의 모든 아르메니아 사람들, 여자든 남자든 세계의 어디에 있든 모두의 가슴을 분노로 불사른 그 유명한 대답을 보냈다.

"기독교인한테 무슨 일을 하든지 즐겨라."

카이마칸은 탈랏 베이에게서 이러한 대답을 들은 후 에긴에 거주하는 아르메니아 사람들에게 강제 이주를 준비하도록 단 두 시간을 주겠다고 발표했다. 부인들은 관리들을 에워싸고 말했다.

"이보세요. 우리는 당신 부인들에게 값비싼 보석을 주었고 당신들에게 돈도 많이 줬잖아요. 당신 부인들이 우리를 보호해 주겠다고 약속했고, 우리는 그 어떤 것으로도 당신들의 신뢰를 저버리지 않았어요. 우리 남편들이 당신네 군인들을 공격하지 않았어요."

그렇지만 관리들은 그들을 우습게 여길 뿐이었다. 그들은 이렇게 대답했다.

"어쨌거나 우리는 당신들의 보석과 돈을 손에 넣게 되었을 거요."

두 시간 안에 사람들이 모였다. 에긴의 아르메니아 사람들이 다 모였다. 군인들이 사람들 사이에서 젊은 여자들을 많이 붙잡았다. 이들을 도시 바로 외곽의 기독교 수도원으로 보냈다. 이곳에는 다른 아르메니아 소녀들이 학생으로 머무르고 있었다.

아르메니아인들은 나귀와 말이 끄는 수레가 많았다. 시장은 이것들을 가지고 여행해도 된다고 말했다. 군인들은 여자들을 다섯 명씩 밧줄로 단단히 묶은 다음, 한 묶음씩 수레마다 던져 놓았다. 그러고 나서 사람들은 나귀와 말을 몰고 떠났다. 군인들은 남편이나 형제, 혹은 아들이 여자들과 말하지 못하게 했다. 길을 따라 수레를 끄는 동안 여자들이 아무리 크게 울어도 상관없었다.

한 시간 뒤 군인들은 도시 외곽에서 남자들을 죽였다. 그러고 나서 그들은 여자들을 풀어주고 고통스럽게 했다. 여러 시간이 지나고 그들은 살아남은 여자들을 죽였다.

카이마칸은 젊은 여자들이 갇혀 있는 수도원으로 장교들을 보냈다.

그들은 튀르키예 의사를 데리고 가서 포로들을 검사하고 건강한 여자들을 선발했다. 물론 튀르크인들은 처녀인 소녀들을 일으켜 세워 그렇지 않은 여자들과 따로 서게 했다. 신부와 젊은 아내들은 콘스탄티노플로 보내져 튀르키예 농부의 첩이나 노예로 팔리게 될 것이라는 이야기를 들었다. 소녀들은 자신의 종교를 버리고 무함마드를 받아들이면 생명을 구할 수 있다는 이야기를 들었다. 소녀들 가운데 몇몇은 너무 용기가 없어서 그 말대로 했다. 이슬람 사제가 와서 이슬람 서약을 외우게 했고, 이 소녀들은 희망 없는 땅으로 보내졌다. 아내가 되거나 더 나쁜 것이 되기 위해서.

튀르키예 의회의 이 지역 의원이자 아르메니아 지도자의 딸인 한 소녀는 특별히 예뻤고, 장교 한 사람이 이 소녀를 차지하고 싶어 했다. 그는 그녀에게 말했다.

"네 아버지, 어머니, 형제자매는 죽었어. 숙모와 삼촌, 할아버지도 죽었지. 난 너를 그들이 겪은 고통에서 구해 주고 싶구나. 이제 난 무슬림이 된 소녀들에게 닥친 알 수 없는 운명과 고집 센 소녀들에게 닥칠 잘 알려진 운명에서 너를 구해 주고 싶단다. 이제 착한 튀르키예 소녀가 되거라. 그러면 넌 내 아내가 될 거야. 난 너를 첩이 아닌 아내로 만들 거야. 그러면 너는 행복하게 살 수 있어."

소녀의 대답은 그 소리를 들은 튀르크인들에게 아주 선명하게 기억되었다. 그리고 지역 전체에 퍼질 정도였다. 소녀는 조용히 그 튀르키예 장교의 얼굴을 보고 말했다.

"아버지는 죽지 않으셨어요. 어머니도 죽지 않으셨어요. 내 형제자매, 그리고 삼촌과 숙모, 이모, 고모, 할아버지도 돌아가지 않으셨어요. 당신들이 그들을 죽인 것이 사실일지 모르지만, 그들은 하늘나라에서 살고 계세요. 난 식구들과 살 거예요. 만약 내가 신과 내 앞에서 진실하지 못하다고 판명되면 난 식구들에게 가치가 없을 거예요. 게다가 내가 사랑하지 않는 사람과 결혼해야 한다면 하늘나라에서도 식구들과 함께 살지 못할 거예요. 당신이 원하는 대로 하세요."

군인들은 그 소녀를 끌고 갔다. 그녀에게 무슨 일이 벌어졌는지 아무도 알지 못했다. '돌아서기'를 거부한 소녀들은 아가나 베이에게 팔도록 군인들에게 넘겨졌다. 그래서 에긴의 기독교인들은 부유한 하렘으로 간 한 줌의 소녀들을 제외하고 그 누구도 살아남지 못했다. 살아남은 소녀들은 죽음보다 못한 운명에 처했다.

쿠르드인들이 나와 함께 납치한 소녀들을 에긴으로 데려갈 때, 그들은 말을 타고 도시 중심으로 갔다. 우리는 발가벗고 있었기 때문에 길거리의 튀르크인들을 피해서 가 달라고 간청했다. 그들은 우리 말을 들어주지 않았다.

우리는 큰 건물의 마당으로 끌려갔다. 틀림없이 관공서 같은 곳이었다. 그곳에서 우리는 끔찍한 처지에 있는 젊은 아르메니아 여자들 수백 명을 보았다. 이 여자들은 에르진잔과 시바스 지역에서 추방당해 부대에게 납치당했다. 몇몇은 그곳에서 여러 날을 보냈다. 많은 이들은 우리처럼 옷을 입지 않고 있었다. 몇몇은 정신을 잃고 미쳐 있었다. 모두가 막강한 파샤의 구경거리가 되기 위해 잡혀 있었고, 그 파샤는 그 전날 에긴에 도착했다.

우리는 도착하자마자 이 파샤가 콘스탄티노플의 악명 높은 키아밀Kiamil 파샤라는 사실을 알게 되었다. 그는 매우 나이가 많아서 현재 여든 살이 넘었음이 분명했지만, 매우 꼿꼿하고 정정했다. 그는 여러 해 전에 알레포Aleppo의 통치자가 되었고, 그때 기독교인을 잔인하게 다뤄 세계 전역에서 유명해졌다. 그가 1895년에 일어난 대학살에 책임이 있다고들 했다. 그는 영국의 요구로 관직에서 한 번 배제되었지만, 은퇴하고 다시 콘스탄티노플의 고위직에 임명됨으로써 명예를 되찾았다.

키아밀 파샤와 함께 부카시-에드-딘샤키시Bukhar-ed-Dinshakir 베이가 있었다. 나중에 알게 된 사실이지만 이 사람은 탈랏 베이와 에인마시 파샤의 특사였다.

키아밀 파샤와 함께 연대 규모의 군인이 콘스탄티노플에서 왔고, 도시 바로 외곽에서 야영했다. 이 연대는 후에 '카잡 타부리'Kasab Tabouri, 즉 '도살 연대'로 알려졌다. 이 연대가 키아밀 파샤의 명령 아래 오만 명이 넘는 우리 민족을 학살하는 데 참여했기 때문이다.

키아밀 파샤와 부카시-에드-딘샤키시 베이가 우리가 갇혀 있던 건물로 왔다. 우리는 그 건물 큰 방 탁자 뒤에 앉아 있었다. 우리는 한 번에 스무 명씩 끌려갔다. 발가벗긴 사람들도 그의 탁자를 마주보고 줄지어 서도록 명령을 받았다. 우리가 그 파샤와 베이 앞에 서자 그들은 우리를 야만스럽게 쳐다봤다. 나와 함께 간 사람들에게 벌어진 일이 다른 모든 이들에게도 벌어졌다.

"술탄 폐하께서 신뢰할 수 없는 아르메니아의 소녀를 대표하는 너희에게 따뜻한 가슴으로 자비를 베풀기 바라신다."

부카시-에드-딘샤키시가 말했다. 그 사이 키아밀은 잠잠히 우리를 쳐다보았다.

"너희는 폐하가 베푸시는 연민의 축복을 받도록 뽑혔다. 너희를 이슬람의 위대한 도시로 데려갈 계획이며, 그곳에서 제국의 보호 아래 너희를 위해 세워진 학교에 배치할 것이다. 그리고 너희가 알면 좋은 것들을 배우게 될 것이다. 이제 이교도의 가르침을 잊어라. 너희는 친절한 대우를 받을 것이며 좋은 무슬림 가정을 꾸리는 결혼의 기회를 얻게 될 것이다. 그곳에서 너희의 행동이 너희 됨됨이의 유일한 척도가 될 것이다."

내가 기억하는 한 그는 이와 비슷한 말을 했다. 어떤 소녀도 그에게 대답하지 않았다. 우리는 튀르크인들의 약속을 신뢰하는 것보다 더 나은 것을 알고 있었고, 그러한 약속이 무엇을 전제하는지 알고 있었다. 바로 배교였다.

"자발적으로 무슬림이 되려는 사람은 준비되었다고 말하라."

그 베이는 말을 계속했다.

난 비록 그들을 이해할 수 없지만, 항복한 이들을 비난할 수 없다. 그 파샤와 베이는 더는 아무 말도 하지 않았다. 그들은 차갑고 번득이는 눈으로 우리를 불태울 기세로 바라봤고, 또 기다렸다. 중압감이 우리를 끔찍하게 짓눌렀다. 거의 절반의 소녀들이 무릎을 꿇거나 힘이 더 센 소녀의 팔로 쓰러졌다. 그리고 동의한다고 울먹였다.

부카시-에드-딘샤키시는 군인들을 향해 손을 흔들었다. 군인들은 이 소녀들을 호위하거나 들어서 다른 방으로 옮겼다. 우리는 그들에 관해 두 번 다시 듣지 못했다. 키아밀은 배교를 거부한 우리들을 차갑게 쏘아보았다. 베이 역시 한마디도 하지 않고 다시 손을 들어올렸다. 그러자 군인들이 길고 잔혹한 채찍으로 우리를 치기 시작했다.

우리는 맞으면서 바닥으로 쓰러졌다. 군인들은 천천히, 우리를 겨냥해서 계속 때렸다. 한 소녀가 살려 달라고 소리를 질렀고 알라의 이름을 외쳤다. 그들은 그 소녀를 다른 방으로 들고 갔다. 또 다른 소녀는 목에서 말을 뱉을 수가 없었다. 그녀는 자신이 굴복했다는 것을 그들이 볼 때까지 손과 손목에 채찍을 맞으면서 파샤와 베이를 향해 팔을 치켜들었다. 그녀 또한 들려 나갔다. 다른 소녀들은 기절했다. 멈추지 않는 채찍질 속에서 살아남을 수 있는 유일한 길이었다.

난 두 번 의식을 잃었다. 두 번째는 구타가 끝날 때까지 깨어나지 못했다. 이제 우리가 믿는 종교에 진실하게 머문 사람들과 함께 마당에 버려져 있었다.

내가 처음 마당으로 들어왔을 때 그곳에는 사백 명 넘는 여자들이 있었다. 이제 남은 이는 스물다섯도 넘지 않았다. 나머지 모두 배교하도록 매질을 당했다. 아무도 그들이 어떻게 되었는지 말할 수 없다. 키아밀과 부카시-에드-딘샤키시가 천명도 넘는 아르메니아 소녀들을 보스포러스Bosphorus에 있는 키아밀의 사유지로 보냈다고 들었다. 그곳에서 소녀들이 예쁜 용모를 되찾고 정신이 완전히 망가질 때까지 돌봄을 받다가 키아밀과 부카시-에드-딘샤키시, 그리고 반의 제브뎃 Djevdet 베이와 정치적으로 결탁된 부유한 베이와 파샤들에게 흩어졌다고 한다.

우리는 매일 빵 한 조각을 제외하고 아무것도 먹지 못한 채 나흘 동안 마당에 갇혀 있었다. 젊은 여자 세 명이 상처 때문에 목숨을 잃었다. 가끔 튀르키예 사람들이 마당에 와서 우리를 구경했다. 튀르키예 남자아이들은 우리에게 돌을 던지는 것이 허용되었다.

나흘째 되던 날 경찰은 바이부르트Baibourt에서 밤사이 도착한 천명 또는 그 이상의 여자와 아이 무리에 우리를 합류시키려고 끌고 갔다. 이 무리의 여자는 모두 중년이거나 노인이었고 아이들은 너무나 어렸다. 에긴에 도착한 이 무리가 도시에 잡혀 있었을 때 키아밀과 부카시-에드-딘샤키시가 처분할 소녀들과 젊은 여자들이 남아 있었다.

더 나이 든 남자아이들은 체르케스인들에게 납치되었다. 아기도 거의 없었다. 아기들은 어머니들이 납치될 때 죽거나 군인들에게 살해되었기 때문이다.

우리는 이 무리와 함께 도시에서 일곱 시간을 간 곳에서 멈췄다. 시바스와 에르진잔에서 추방된 더 큰 무리를 기다리기 위해서였다. 디야르베키시로 가는 도중에 이곳에서 만나기로 예정되어 있었다.

이 두 무리 모두 이곳으로 오는 길에 디브리Divrig 협곡을 통과해야만 했다. 이 협곡은 이곳 가까이에 있었다. 에르진잔에서 추방당한 이들은 우리에게 오지 못했다. 그들은 도살 연대인 카잡 타부리를 만나서 모두 살해당했다. 무리에는 사천 명이 있었다. 이 대학살이 끝나자마자 시바스에서 추방된 이들은 다른 쪽을 통해 협곡으로 들어왔다.

도살 연대는 바로 전 짧은 시간에 사천 명의 난민을 살해하느라 힘을 빼서 지쳐 있었다. 그렇지만 그들은 시바스에서 오는 만 천 명이 넘는 남자와 여자 그리고 어린아이들을 조롱하며 맞아들였다.

이 연대의 일부는 아르메니아 지도자들이 시야에 들어올 때까지 굽은 협곡을 따라 빙 둘러서 있었다. 즉각 난민들에게 공포가 밀려왔고, 난민들은 보초가 있었지만 도망가려고 방향을 틀었다. 그러나 그들 뒤에 연대 일부가 숨어 있었다. 효율적으로 배치된 군인들이 덫에서 도망치는 난민들을 베었다.

연대가 다가오자 수천 명의 여자들은 남자들의 도움을 받아 아이를 품에 안고 양편의 좁은 길로 절벽까지 재빠르게 올라갔다. 남자들은 맨손과 막대기로 무장한 군대와 싸우기 위해 길에 남아 있었다.

그러나 무리를 지키던 경찰들이 절벽 아래를 둘러쌌고 여자들이 도망가는 것을 막았다. 그때 도살 연대는 저항하기에 충분하지 않은 인원만 남을 때까지 남자들을 죽였다. 많은 남자들이 친구의 시체 사이에서 죽은 척하고 있다가 살아서 도망갔다.

군인들 일부는 절벽을 올라 여자들이 옹송그려 모여 있는 곳으로 갔다. 그들은 어머니 품에서 아기를 빼앗아 절벽 아래에 있는 동료들에게 던졌다. 이들은 총검으로 아기를 받을 수 있는 만큼 받았다. 아이와 어린 소녀가 모두 이런 방식으로 제거되었는데, 군인들은 여자들이 절벽에서 뛰어내리게 만드는 것을 즐겼다. 군인들은 여자들을 총검이나 총신으로 때려서 여자들이 절망 속에서 뛰어내리게 재촉했다. 여자들이 절벽 아래로 굴러가면 무거운 돌로 여자들을 치거나 총검을 세워 여자들이 그 위로 구르게 만들었다. 수많은 여자들이 떨어진 다음 군인들은 여자들을 다시 절벽으로 오르게 했는데, 여자들을 또 밀어 내리기 위해서였다.

도살 연대는 어두워질 때까지 이 경기를 계속했다. 그들은 밤에 협곡에서 세 시간 거리의 트사시-라흐야Tshar-Rahya로 이동하라는 명령을 받았기 때문에, 모여서 노래를 부르며 행진했다. 몇몇은 총검에 아기를 끼운 채로, 또 다른 몇몇은 더 나이 든 아이를 팔에 낀 채로 행군하며 자신의 전리품에 매우 흡족해했다. 어떤 이들은 시체의 잔해에서 한 소녀를 끄집어내서 말할 수 없는 수치심을 느끼며 행진하게 만들었다.

만 천 명의 추방된 사람들 가운데 삼백 명만이 살아남았고 경찰의 채찍을 맞으며 행군할 수 있었다. 그들은 우리가 머물러 있던 곳에서 우리와 합류했다.

7장

죽음의 도시
말라티아

　　　디브리 협곡에서 학살이 일어난 지 칠일이 지난 다음, 살아남은 사람들의 바로 앞에 말라티아의 뾰족탑이 보였다. 말라티아는 강제 이주당한 아르메니아인 수십만 명이 모이는 거점 가운데 한 곳이었다. 나는 이때까지 살아남은 사람들의 목적지를 시리아 사막으로 알고 있었다. 뾰족탑이 시야에 들어오자 난 어쩌면 이곳에서 어머니를 찾을 수 있을지도 모른다는 희망에 부풀었다. 어머니가 있는 무리가 이곳에 도착해서 머물고 있을지도 모르기 때문이다.
　　우리는 도시 가까이로 끌려가 이미 수없이 많은 난민들이 걸어갔던 길을 따라 걸었다. 튀르크인들은 열여섯 명의 소녀를 길가의 거친 나무 십자가에 매달아 놓았다. 예수님의 십자가형에 대한 조소와 살아서 말라티아에 온 기독교인 소녀들에 대한 경고였다. 시신이 얼마나 오랫동안 그곳에 방치되었는지 모르겠지만, 이미 독수리들이 모여들었다.

소녀들 하나하나 산 채로 십자가에 못 박혔다. 엄청나게 잔혹한 대못이 손과 발을 뚫었다. 오로지 바람에 날리는 소녀들의 머리카락만이 시신을 덮어 주고 있었다.

"봐라, 너희들이 복종하지 않으면 말라티아에서 무슨 일이 일어날지 잘 봐 둬."

우리 무리의 보초가 매우 흡족해서 말했다.

말라티아 인근과 그 도시에 이천 명이 넘는 난민이 계속 이동하기 위해 대기하고 있었다. 쿠르드인들이 클로 족장과 함께 작게 무리 지어 도시 외곽에서 야영하면서 추방당한 이들을 불러 세워 약탈할 틈을 노리고 있었다. 아랍인들은 더 멀리 떨어져서 언덕 근처를 말을 타고 다녔다. 밤중에 기독교인들을 덮쳐 들판에서 수확할 기운 센 여자들을 납치해 가는 범법자들의 무리였다. 튀르키예의 베이와 아가들은 도시로 들어올 때 여기저기 위엄 있는 파샤와 함께 각각의 난민 무리를 조사하기 위해 길을 따라 말을 타고 다녔다. 그들은 젊음과 어여쁨을 감추려고 얼굴에 베일을 쓴 소녀들을 잔인하고 흑심 어린 눈으로 뚫어져라 쳐다보았다.

사람들은 시바스, 토카트Tokat, 에긴, 에르진잔, 케라줌Kerasum, 삼선 등 수없이 많은 북부 소도시에서 말라티아를 향해 왔다. 이곳은 수 세기 동안 아르메니아인들이 고향으로 삼아 온 곳이었다. 그새 강이 피로 붉게 물들어 흐르고 있었다. 계곡은 수천 구의 시체가 묻히지 않고 남겨진 거대한 무덤이 되었다. 산길도 죽은 이들로 넘쳐났다. 흑해와 티그리스 강가에 집이 있는 부유한 튀르크인들은 모두 첩을 하나나 그 이상 새로 얻었다. 이 도시로 오는 길에서 납치된 아르메니아 소녀들이었다.

난 가끔 미국의 선량한 사람들이 아르메니아 사람들이 어떤지, 아르메니아인들의 성격이 어떤지 알고 있는지 의심스럽다. 때때로 나는 미국인들이 우리를 유목민이나 더 낮은 계층의 사람들로 생각할까 봐 걱정스럽다. 우리 민족은 예수님을 처음으로 받아들인 이들에 속한다. 고귀한 민족으로 세계 그 어떤 민족보다 더 오래된 문헌이 있다.

아르메니아인 중 농부는 매우 적다. 대부분 무역상이거나 상인이며 크건 작건 금융업자, 은행가 또는 교육자다. 내가 살던 도시만 해도 미국 대학에서 교육받은 사업가와 교사가 정말 많이 있었다. 수백 명이 훌륭한 유럽의 대학을 다녔다. 나도 마르소반에 있는 미국 대학에서 교육을 조금 받았고, 또 개인 교사에게 교육 받았다. 이러한 점에서 튀르키예에 뛰어난 아르메니아의 상인만큼 유복한 사람은 거의 없었다.

기독교인 이천 명이 말라티아에 모였다. 튀르크인들은 소녀들을 도시 외곽 야영장이나 공공 광장, 집에 일부러 분리했다. 절반도 훨씬 더 넘는 이들이 좋은 가문의 구성원이었고, 소녀들은 유럽이나 마르소본, 시바스, 하르풋 같은 곳에서 스위스인, 미국인, 영국인, 프랑스인 등이 운영하는 명문 기독교 대학에서 교육을 받았다. 이 소녀들은 음악과 문학, 그리고 예술 교육을 받았다.

난 말라티아 근처 여학교 학생들에게 무슨 일이 벌어졌는지 이야기하고 싶다. 그 여학생 가운데 한 명이 내게 이야기해주었기 때문이다.

말라티아 외곽의 작은 도시 키리크-고즈Kirk-Goz에 독일 학교가 있었다. 모든 지역에서 젊은 아르메니아 여성들이 독일 선생님들에게 배우기 위해 이곳으로 왔다. 이 학교의 규칙은 부유한 아르메니아 소녀들에게서 수업료로 받은 돈을 가난한 소녀들의 교육비로 지불하는 데 사용하는 것이었다. 아르메니아에 대한 공격이 시작되었을 때 학교에는 육십 명이 넘는 학생들이 있었다. 학교가 독일의 보호 아래 있었기 때문에 이 소녀들은 안전하다고 여겼고, 가족들 역시 딸들이 보호받고 있다는 생각에 안도했다. 그렇지만 카이마캄 아지즈Kaimakam Aziz 베이는 소녀들을 강제 이주시키거나, 그보다 못한 것을 위해 말라티아로 데려오라는 명령을 내려 군인들을 학교에 보냈다. 로쓰 교장 선생님은 교문을 여는 것을 거부했다. 그녀는 에이만 에펜디에게 만약 학교 학생들에게 어떤 공격이 있게 된다면 배상을 요구할 것이라고 선언했다.

   독일인이자 나이가 많은 로쓰 교장님은 직접 의논하기 위해 에이만 에펜디에게 갔다. 에펜디는 여사에게 튀르키예가 독일의 동맹국이며 아르메니아를 무척이나 싫어하므로 독일은 술탄을 지지해야만 한다고 말했다. 그는 학생들이 굴복해야만 한다고 말했다. 그러고 나서 군인들은 학생들을 데려갔다. 학생들에게 교사들이 도시에서 구해 온 나귀를 타는 것이 허용되었다. 그들은 서쪽으로, 메즈레Mezre로 갔다. 관계자는 소녀들이 메즈레에 있는 금욕주의적인 이슬람 수도원에서 돌봄을 받게 될 것이라고 약속했다.

   로쓰 여사는 아지즈 베이 앞에 직접 나아가 소녀들을 선처해 달라고 호소했다. 그녀는 에이만 에펜디가 독일의 동의하에 그러한 끔찍한 일들이 자행되는 것을 허용했기 때문에 자신은 독일인이이라는 사실이 부끄럽다고 말했다. 아지즈 베이가 학생들을 돌아오게 해서 그녀와 함께 머무르는 것을 허용해 준다면, 로쓰 여사는 그에게 키시크-고즈에서 가지고 있는 돈을 전부 주겠다고 제안했다. 그녀는 천리라 이상의 돈이 있었고, 또 그보다 훨씬 더 값어치 있는 보석들을 가지고 있었다. 아지즈 베이는 이 뇌물을 받았고 젊은 여자들을 돌려보낸 뒤 호위할 군인들과 함께 그녀를 돌려보냈다.

이틀 뒤 로쓰 여사와 호위병들이 까마시-칸$^{Keumer-Kahn}$이라는 작은 마을의 토그마^{Tokma}강을 건너려고 다가갔다. 들판에는 그들이 찾는 무리가 얼마 전에 지나간 흔적이 나 있었다. 갑자기 길 아래쪽에서 벌거벗은 소녀가 공포에 질려 비명을 질러 대며 미친 듯이 달려오고 있었다. 이 소녀가 로쓰 여사에게 왔을 때, 여사는 그 소녀를 알아보았다.

"선생님, 선생님, 살려주세요! 살려주세요!"

마르타라는 소녀인데, 그 부모는 제타^{Zeitoun}의 부유한 사람이었다. 그녀는 선생님 발 아래로 쓰러져 두 발을 움켜잡았다. "살려주세요! 살려주세요!" 소녀는 계속해서 비명을 질렀다. 로쓰 여사는 소녀에게 가지고 있던 브랜디 병에서 몇 방울을 마시게 해 진정시키려 했다. 여학생들을 학교로 돌려보내도록 베이가 보낸 경찰 두 명이 달려오고 있었다. 마르타는 그들을 보더니 다시 발작을 일으키다 정신을 잃고 말았다. 경찰들은 축 늘어진 소녀를 데려가려 했지만, 로쓰 여사는 경찰들을 내쳤다. 그녀의 호위병들이 경찰더러 가 달라고 설득했다. 로쓰 여사가 다시 소녀 곁에 무릎을 꿇었지만, 소녀는 죽었다. 몸에 난 멍 자국, 상처, 찢어진 머리 등이 그녀가 생명을 구하려고 몸부림친 증거였다.

로쓰 여사는 서둘렀다. 강둑에 가까이 갈수록 그녀는 더 많은 비명을 들었다. 여사는 모래 위에 앉아 팔꿈치 위까지 묻힌 소녀의 맨 어깨를 뾰족한 막대기로 찔러대는 경찰 두 명에게 갔다. 이것은 유프라테스 지방의 경찰들이 즐기는 취미였다. 그들은 소녀에게 조용히 복종하라고 명령했고, 그 소녀는 경찰에 맞서 싸우고 있었다. 소녀를 벌주고 정신을 꺾기 위해 그런 식으로 땅에 묻고 고문했다. 소녀는 고통과 공포 때문에 비명을 질렀고, 경찰은 이것을 매우 즐겼다. 로쓰 여사가 소녀를 꺼내라고 하자, 경찰들은 소녀를 다시 묻었다. 이것이 마르타가 당한 고문이었다.

로쓰 여사의 호위병들이 여사의 명령에 따라 소녀를 구조했다. 여사는 그 소녀를 군인 세 명과 함께 남겨두고 강을 건넜다. 여사는 다른 쪽에서 들려오는 비명을 들을 수 있었다. 한편에서는 강을 건너려고 뗏목을 탄 경찰들이 폭소를 터뜨렸다. 노 젓는 사람이 두 개의 떠다니는 물체를 피해가며 노를 젓고 있었고, 경찰들은 이러한 노 젓기를 몹시 즐거워하고 있었다. 로쓰 여사는 비명이 들려오는 곳에서 강 하류를 향해 떠내려오는 소녀의 시체 두 구를 보았다.

"봐! 저기를 봐. 예수가 잊어버린 기독교인이 두 명 더 있네!"

한 경찰이 웃음을 터뜨리며 소리 질렀다.

로쓰 여사는 건너편에서 육십 명이 넘는 학생 가운데 살아남은 학생들을 전부 찾았다. 겨우 열일곱뿐이었다. 그들은 경찰들이 힘이 빠졌다는 이유만으로 목숨을 건졌다. 로쓰 여사는 학생들을 모두 말라티아로 데려갔는데, 카이마캄이 학생들을 묶게 해야 한다고 주장한 곳이다. 내가 도시에서 끌려 왔을 때, 그들은 그곳에서 다시 잡혀갈 것이라는 끝도 없는 공포 속에서 살고 있었다.

에이만 에펜디는 로쓰 여사가 살아남은 학생들과 되돌아온 후에 그녀를 초청했지만 그녀는 받아들이지 않았다고 전해졌다. 그녀는 에펜디에게 자신은 이제 독일인이 아니며, 친척들에게 얻을 수 있는 금화로 물건을 사는 것을 제외하고 그 어떤 보호도 요청하지 않을 것이라고 전갈을 보냈다고 한다.

도시의 빈 공간 빈 건물마다 아르메니아의 난민들은 음식도 물도 거의 없는 상태에서 야영했다. 굶주렸으며, 발이 덧났고, 죽어 가고 있었다. 도시로 들어섰을 때 우리 무리 전체에 열 덩이도 안 되는 빵이 있었다. 튀르키예 사람들의 우물가에서 물을 마시게 해달라고 부탁하면, 그들은 우리에게 침을 뱉었다. 군인들이 가까이 있으면 군인들을 불러 우리를 쫓아 달라고 했다. 매일 난민 수천 명이 떠났고, 또 다른 난민 수천 명이 북쪽에서 왔다.

도시로 들어오는 난민들을 돌보는 그 어떤 시도도 찾아볼 수 없었다. 우리 무리의 남자들 가운데 몇몇이 마침내 큰 건물로 우리를 이끌었다. 이 건물은 막사로 쓰였지만 그 건물 안에서 기독교인 수천 명이 피난처를 찾았다. 우리가 위험을 무릅쓰면서까지 거리로 나가는 일은 거의 없었다. 튀르키예 남자아이들과 쿠르드인들, 아랍인들이 거리로 모여들어 돌이나 막대기를 우리에게 던졌고, 나 같은 어린 여자아이들은 가게나 집으로 잡혀가 그들에게 유린당했다.

말라티아에서 이틀을 보내자 난 어머니를 찾지 않고는 견딜 수가 없었다. 어머니와 체메쉬-게드쪽에서 온 아르메니아인들이 다른 난민들 사이에 끼어 있을지도 모른다고 희망하면서, 밤에 거리로 나가 난민들이 모여 있는 곳마다 찾아다녔다. 어쩌면 이곳에서 내가 살던 도시에서 온 사람들의 익숙한 얼굴을 볼 수 있을지도 몰랐다.

그런데 아침이 오자 내가 있던 건물로 돌아가는 길을 찾을 수가 없었다. 들판 한가운데서 아침이 빠르게 밝아 왔고, 곧 나는 난민이 한 명도 없는 지역에 있었다.

말라티아의 거리는 아주 좁았고, 샛길이 거의 없었다. 난 자갈길과 포장된 길을 맨발로 밤새 걷는 데 지쳐 있었다. 너무 피곤했다. 열네 살을 겨우 넘긴 나이에 느낄 수 있는 그런 피곤함이 아니었다. 만약 군인이나 경찰에게 잡힌다면, 튀르크인의 건물로 끌려가 어쩌면 영원히 실종될지도 모른다. 난 작은 건물 사이의 통로로 숨었다.

문득 난 내가 미국기가 달린 건물의 벽을 껴안고 있다는 사실을 깨달았다. 안도감이 나를 감쌌다. 모든 아르메니아인들 눈에는 미국기가 너무나 아름다웠다! 여러 해 동안 우리 민족에게 미국기는 평화와 행복의 약속이 되어 주었다. 우리는 국기가 대표하는 멋진 나라에 관해 아주 많은 이야기를 들었다. 아르메니아인들은 미국을 늘 아르메니아인을 도울 준비가 되어 있는 친구로 생각하고 있었다.

거리가 조용하자 난 숨은 장소를 떠나 그 집의 문으로 갔다. 문을 쾅쾅 두드리는데, 바로 그때 튀르크인들이 나를 알아보았다. 그들은 군인이 아니었지만 소리를 지르며 내가 있는 쪽으로 달려오기 시작했다. 아마도 겨우 몸을 가린 옷을 보고 내가 아르메니아 사람이라는 것을 알았을 것이다.

나는 비명을 지르며 문을 밀었다. 문이 열렸고, 난 나를 서둘러 들어오게 하려는 한 여자의 품에 안겼다.

난 너무 놀라서 설명할 수가 없었다. 그 튀르크인들은 문가에 있었다. 난 끌려가리라고 생각했다. 그들 가운데 한 명이 문을 밀었다. 다른 이들이 뒤따랐고 그들의 손이 나를 붙잡았다. 그 여인이 튀르크인들을 막아섰다.

"당신들이 원하는 게 뭐죠? 왜 여기 있는 거죠?"

그녀는 튀르키예어로 물었다.

"우리는 저 여자애를 원하오. 저 애는 도망쳤소."

그들이 말했다.

그 여인은 내가 잡혀가게 할 수 없다고 해서 나를 깜짝 놀라게 했다. 그녀는 그들에게 어떤 권리도 없다고 말했다. 그 남자들이 나를 강제로 끌고 갈 것 같은 몸짓을 보이자, 그녀는 내 앞에 서며 내가 그녀의 손님이라는 사실을 기억하라고 말했다. 그러자 그 중 한 남자가 말했다.

"이 여자애는 아르메니아인이요. 무리에서 도망쳐 나온 거요. 이 애는 도시에서 아무런 권리도 없소. 카이마캄은 난민들이 도시를 통과할 때 지정된 광장 밖에서 발견되는 모든 기독교인을 수감하라고 시민들에게 명령을 내렸소."

"당신들의 카이마캄이 내린 명령은 나랑 아무런 관련이 없어요. 난 이 소녀를 보호할 것이요. 당신들이 감히 미국을 해치지 못하겠지요!"

나의 새 친구가 말했다. 튀르크인들은 으르렁대며 복수를 하겠다고 협박하고 밖으로 나갔다.

이 젊은 여성은 자신이 맥레인McLain이며 미국인 선교사라고 소개했다. 건물은 말라티아 미국 영사의 집인데, 영사가 병든 아내를 데리러 하르풋으로 갔다고 한다. 맥레인 양은 그들이 떠난 동안에도 계속 깃발을 걸어 두었다. 그녀는 관계자들에게 난민을 덜 잔혹하게 대하도록 설득하려 애썼지만, 거의 아무것도 할 수가 없었다. 그녀는 미국의 주목받는 외과 의사이자 선교사 클레어런스 어서Clarence Usser 박사의 제자였다. 어서 박사 부부는 우리 민족에게 베푼 친절함 때문에 아르메니아 전역에서 유명했고, 어서 부인은 대학살 중에 반에서 목숨을 잃었다.

그날 늦게 카이마캄이 보낸 군인 한 분대가 영사의 집으로 와 나를 포기하라고 요구했다. 맥레인 양은 나를 내놓는 것을 다시 거부했다. 군인들은 나를 강제로 데려오라는 명령을 받았다고 말했다. 맥레인 양은 자신을 카이마캄에게 데려가 달라고 요구했다. 카이마캄에게 나를 보호해 달라고 요청할 수 있을지도 모르기 때문이었다. 군인들은 맥레인 양의 제안에 동의했고, 나는 집에 혼자 남겨졌다.

맥레인 양이 되돌아 왔을 때, 그녀는 울고 있었다. 군인들이 그녀와 함께 들어왔다. 카이마캄은 내가 추방된 사람들과 합류해야만 한다고 말했지만, 내가 큰 무리가 갇혀 있는 집으로 수용될 거라고 했다. 이 무리는 이슬람교를 수용한 여자들이 아이들을 데리고 있다는 것이다. 시장이 말하길, 이 무리는 정부가 선택한 곳에 도착할 때까지 보호받을 것이라고 했다.

맥레인 양은 더는 아무것도 할 수 없었다. 그녀는 내게 입을 맞췄고, 군인들은 나를 배교한 여자들이 아이들과 모여 있는 집으로 데려갔다.

이 배교한 아르메니아 사람들은 거의 모두 말라티아와 시바스 사이의 작은 도시에서 온 여자들이었다. 그들 가운데 그 누구도 실제로 기독 신앙을 저버리지 않았고, 바르게 행동하고 있다고 생각했다. 거의 모든 여자가 어린아이를 데리고 있는 어머니였기 때문이다. 그들은 어린아이들의 생명을 구하고 싶었다. 그들은 자신이 어떻게 될지 알지 못했지만, 베이들은 그들이 정부의 보호를 받을 거라고 약속했다.

이 추방된 무리에게 튀르크인들이 음식을 주었다. 빵과 물, 그리고 거친 케이크였다. 우리에게 집 밖으로 나가는 것이 허용되지 않았지만, 튀르크인들은 우리를 방해하지 않았다. 카이마캄이 나를 이 무리로 합류하도록 허락한 것이 실제로 내게 최소한의 보호를 보장한다는 뜻이라는 사실을 깨달을 수 있었다.

말라티아에서 대기하는 무리들 가운데 몇몇에서는 남자들이 살해되지 않았다. 어느 날 군인들이 이 모두를 모이게 했다. 시장이 남자들의 신고를 받기 원한다고 군인들이 말했다. 그래야 남쪽으로 향하는 목적지에서 그들에게 땅이 할당될 수 있다는 것이다. 군인들은 너무나 진지했고, 남자들은 군인들을 믿었다. 많은 남자들이 외투도 걸치지 않고 갔다. 남자들은 내가 처음 묶었던 건물로 줄지어 들어갔다. 그 전날 밤 그 건물에서 다른 난민들이 밖으로 나왔다.

거의 삼천 명의 남자들이 모였다. 군인들은 밖의 문가와 창문 주변에 자리를 잡고 있었다. 다른 군인들은 남자들의 돈과 귀중품을 강탈했다. 군인들은 길을 따라 이동하는 난민들을 쿠르드인들에게서 구해내려는 것처럼 굴더니, 곧 그들을 죽이기 시작했다. 시체들이 너무 높게 쌓여서 군인들은 피에 젖고 시체에 발이 채여 살아남은 이들에게 도달할 수가 없었다. 그때 군인들은 칼을 썼는데 남은 사람들은 총으로 죽였다.

그날 오후 군인들은 난민들의 모든 야영지를 찾아가서 다섯 살이 넘은 아이들을 끌고 왔다. 팔천 명이나 구천 명은 족히 되었음이 틀림없다. 군인들은 심지어 내가 '돌아선' 아르메니아 사람들과 함께 있는 집까지 왔고, 시장의 약속에도 불구하고 모든 소년·소녀를 잡아갔다. 어머니들이 어린아이들을 붙잡고 매달렸고, 군인들은 아이들을 때렸다. "애들이 지금 죽으면 너희 신은 애들이 자라도록 돌보느라 힘들지는 않겠네."라고 군인들이 말했다. 그리고 언제나처럼 끔찍한 웃음을 터뜨렸다.

그들은 아이들을 끌고 도시의 변두리로 갔다. 그곳에 아그자 더기 무리가 대기 중이었다. 군인들은 아이들을 쿠르드인들에게 넘겨버렸다. 이 쿠르드인들은 아이들을 도시 바로 밖의 토그마Tokma강으로 끌고 갔다. 쿠르드인들은 어린아이들을 양떼처럼 몰았다. 강둑에서 소년들이 강으로 던져졌다. 소녀들은 무슬림으로 자라도록 튀르키예의 여러 도시로 끌려갔다.

8장

하지 자포시의
하렘에서

남자들이 모두 학살당하고 나서 말라티아에서 대기하던 추방자들은 전부 다시 길 떠날 준비를 하라는 말을 들었다. 어느 이른 아침 우리는 도시 밖에서 모였다. 여자와 몇 아이, 그리고 노인들만 여지저기 남아 있었다. 우리는 백 육십 킬로미터 떨어진 디야르바키르Diyarbekir로 갈 거라고 들었다. 이번 행진에서 살아남을 희망은 거의 없었다. 앞으로 지나칠 고장은 튀르크인과 체르케스인, 그리고 쿠르드인 마을이 빼곡히 들어서 있는데, 광적인 무슬림의 거주지였기 때문이다. 큰 도시 사이로 이어진 길을 따라 살고 있는 민간인들은 군인보다 더 잔인하게 굴었다. 작은 마을의 광적인 주민들이 저지른 악행 때문에 우리 민족이 겪은 고통 가운데 몇몇은 차마 기록할 수조차 없을 정도다.

말라티아 밖에서 대열이 형성되었다. 어리거나 나이 든 여자 만 오천 명이었다. 개인 소지품은 거의 없었다. 음식도 거의 없었다. 많은 이들이 겨우 돈을 움켜쥐고 있었지만, 이들은 돈 한 푼 없는 이들과 나눌 준비가 되어 있었다. 돈이야말로 길을 따라 걷는 동안 삶을 지탱하기 위한 음식을 보장하고 또 경찰의 살해 욕망을 누를 수 있는 유일한 희망이었다.

내가 합류하도록 허가받은 배교자 무리가 경찰의 특별 보호를 받으며 이 대열의 선두에 있었다. 경찰은 다른 무리도 지켰지만 이를 위해 할당된 인원은 별로 없었다. 배교자로 이뤄진 내 무리는 대략 이백 명가량 되었는데, 가장 잘 보호받았다. 다른 무리는 쿠르드인과 마을 사람이 베푸는 자비에 전적으로 의지해야 했다.

이제 유월 하순으로 접어들어 날씨가 무척 더웠다. 수많은 여자들이 땅에 쓰러졌다. 이들은 열이 나서 땅에 엎드렸고, 애타게 물을 찾았다. 우리는 길을 따라 걸으면서 농부들에게 물을 구걸해야만 물을 얻어 마실 수 있었다. 우리 무리에 있던 두 소녀의 어머니는 딸들과 함께 말라티아를 향해 벌써 백 육십 킬로미터를 걸었는데, 대열에서 뒤처지자 구타를 당했다. 그녀는 땅으로 고꾸라져 일어서지 못했다. 군인들은 우리가 그녀를 돕도록 내버려 두지 않았다. 그녀의 두 딸은 작별 인사만 남기고 어머니를 길가에 버려두어야 했다.

두 소녀 가운데 한 명은 신부였다. 과부가 된 신부. 그녀는 남편과 아버지가 시바스로 가는 길목에 있는 캉가Kangai 마을에서 살해되는 것을 보았다. 쿠르드인들이 그 자매의 나이 든 어머니를 죽이려는 순간, 소녀는 가까이 있는 튀르키예 장교에게 어머니를 살려 달라고 애걸했다. 그 관리는 소녀에게 어머니를 구하기 위해 개종할 수 있는지 물었고, 그녀는 어린 여동생과 함께 이 제안에 동의했다.

이 자매들은 서로의 팔에 의지해 걸었다. 어머니의 신음 소리가 우리에게 더는 들리지 않게 되자 나는 이 자매에게 가서 같이 걸어도 좋은지 물었다. 나는 그들이 어떤 감정에 빠질 수밖에 없는지 잘 알고 있었다. 난 어머니와 어린 동생들이 아직 살아 있는지 의심스러웠다. 한 군인이 말라티아에서 우리가 행진하는 동안 체미쉬-게드짝에서 온 난민들이 그곳을 몇 주 전에 통과해서 디야르바키르로 갔다고 내게 말해 주었다. 그는 또한 우리가 도착할 무렵 그들이 여전히 그곳에 있을지도 모른다고 했다. 우리가 도착하기만 한다면.

우리는 몇 시간 동안 도시 밖에서 머물러 있었다. 이렇게 멈춰 있으면 너무나 무서웠다. 이럴 때마다 늘 새로운 사건이 벌어졌기 때문이다. 이번에도 예외는 아니었다. 우리가 멈추자마자 마을 사람들이 모여들어 우리를 둘러싸고 약탈하기 시작했다.

일몰 직전에 갑자기 커다란 울음소리가 들려왔다. 우리는 언덕을 지나 넓은 길이 나 있는 곳을 보았고, 그곳으로 기마병 무리가 우리를 향해 말을 달려 내려오는 것이 보였다. 쿠르드인이었다. 우리는 말을 타는 방식으로 그들을 구별할 수 있다. 마을 사람들이 소리쳤다.

"제바시Djebbar의 친구인 케림Kerim 베이다. 흩어지는 게 낫겠어!"

그들은 겁이 났는지 언덕 쪽으로 재빠르게 움직였다. 그 쿠르드 족장은 눈앞의 먹이를 다른 이들이 사냥하는 것을 환영하지 않을 것이다.

케림 베이를 '제바시의 친구'라고 말하는 것은 그가 부대와 함께 온다는 사실을 설명해 주었다. 콘스탄티노플 정부는 강제 이주당하는 아르메니아 사람들을 핍박하기 위해 제바시 에펜디를 이 지역 군사령관으로 파견했다. 그가 한 말은 곧 법이 되었는데, 그 말은 언제나 잔인한 말이었다. 케림 베이는 무사 베이와 함께 가장 두려운 쿠르드 족장이었다. 이 둘 모두 아그자 더기 쿠르드인이다. 케림 베이와 그의 무리는 그 지방의 외곽을 지배했고 튀르크인들에 반대해 자주 폭동을 일으켰다. 제바시 에펜디는 케림 베이와 동맹 관계를 유지하기 위해 말라티아에서 디야르베키시와 그 너머로 내몰린 수많은 아르메니아인 무리를 그가 맡게 해 주었다.

케림 무리에는 수백 명의 기마병이 있었다. 그들은 멀리까지 말을 타고 달려온 피로 탓에 밤에는 행진하지 못할 정도였다. 그렇다고 밤의 축제를 시작하지 못할 만큼 피곤하지는 않았다. 이들의 축제는 다음 여러 날 동안 우리를 공포에 떨게 했다. 자비를 비는 비명과 울부짖음, 그리고 어머니와 자매들이 내뱉는 신음 소리가 밤새 가득했다.

난 그날 밤 말할 수 없이 끔찍한 것을 보았다. 난 지금도 꿈속에서 그 끔찍한 일들을 보고 비명을 지른다. 비록 내가 미국에서 안전하게 지내지만 내가 맞는 밤 시간은 평화롭지 못하다. 쿠르드인 무리가 너무 잔인하게 어떤 소녀를 고문하자 옆에 있던 여자들이 이 소녀를 극악한 고통에서 구하기 위해 맨몸으로 남자들에게 달려들었다. 순간 쿠르드인들은 이성을 잃은 여자들에게 짓밟혔고, 그 소녀는 서둘러 도망갔다.

남자들이 힘을 되찾자 길고 날카로운 칼을 빼내서 용감한 여자들을 덮쳐 모두 죽였다. 그들은 분명 오십 명은 되었다. 쿠르드인들은 여자들의 시체를 쌓아 그들의 옷에 불을 질렀다. 일부가 부채질을 하며 불을 붙이는 사이 다른 남자들은 도망간 소녀를 찾아 나섰다. 하지만 소녀를 찾을 수가 없었다. 이 사실에 너무 당황한 쿠르드인들은 다른 소녀를 붙잡아 불길이 이는 시체 더미로 데려가 그 속으로 던져 넣었다. 소녀가 도망가려 할 때마다 남자들은 소녀가 타죽을 때까지 불 속으로 다시 던져 넣었다.

쿠르드인들이 내가 속한 배교자 무리로 다가오자 우리를 지키던 군인들은 그들을 돌려보냈다. "다른 사람들은 당신들 맘대로 해도 좋지만, 이들은 보호를 받고 있소."라고 책임을 맡고 있는 튀르키예 장교가 말했다. 그러나 이런 말을 한 장교는 쿠르드인들이 벌이는 장난에 단순히 구경꾼으로 머무는 것에 만족하지 않았다.

이 장교의 천막에서 온 군인 다섯 명이 그들의 우두머리를 만족시킬 어린 여자를 찾았다. 그들은 어릴 것 같은 여자들의 베일을 옆으로 찢다 마침내 시바스 쪽의 데란다Derenda라는 소도시에서 온 소녀에게 다가왔다. 이 소녀는 너무나 예뻤다. 그녀를 끌고 가는데 군인 가운데 한 명이 이 소녀를 알아보았다.

"맙소사! 안 되겠어. 이 여자는 처녀가 아니야."

그는 동료를 향해 투덜거렸다. 그들은 이 소녀를 옆으로 밀치고 다른 소녀를 찾았다. 그다음부터 소녀들은 모두 손을 모아 군인들에게 소리를 질렀다.

"나도 아니에요. 처녀가 아니에요!"

소녀들이 이렇게 말하며 이미 부끄러움을 당했다고 주장하면 소녀들은 세게 얻어맞고 옆으로 밀쳐졌다.

군인들은 자신들이 선택한 먹잇감에게 속고 있음을 곧 알아챘다. 그들은 생각을 바꿔 나이가 든 여자들을 세 명 붙잡았다. 군인 한 명은 부인 한 명의 무릎을 꿇게 하고, 다른 군인 두 명은 두 손으로 머리를 잡아 얼굴이 별을 향할 때까지 제쳤다. 다른 군인은 엄지손가락으로 부인의 두 눈동자를 누르며 말했다.

"만약 너희 가운데 처녀가 없으면 알라가 이 여자의 눈을 빼 버릴 거다!"

공포에 질린 울음에 이어 새 비명이 터져 나왔다. 내 또래임이 틀림없는 한 소녀가 비명을 지르며 군인의 발밑에 몸을 던졌다. 이 소녀의 머리카락은 거의 모든 아르메니아 소녀보다 훨씬 밝았기 때문에 이 소녀는 자주 내 눈에 띄었다. 부인의 눈을 엄지로 누르고 있는 군인의 다리를 손으로 잡고 소녀가 소리쳤다.

"우리 어머니! 우리 어머니! 어머니를 살려주세요. 여기 내가 있어요. 난 아직 처녀예요!"

군인들은 계획이 성공하자 큰 소리로 껄껄 웃었다. 군인들은 소녀를 들어 올렸다. 부인은 군인들에게 풀려나 쿵하고 쓰러져 움직이지 않았다. 그러자 소녀는 어머니를 향해 손을 내저으며 외쳤다.

"어머니, 내게 입 맞춰 주세요. 입 맞춰 주세요."

가엾은 부인은 움직이려고 애쓰며 팔을 뻗었다. 그러나 눈이 다쳐 볼 수가 없었다. 그 소녀는 군인들에게 자신을 어머니에게 가게 해 달라고 간청했다.

"내가 갈 거예요. 제 발로 갈 거예요. 그러니까 어머니에게 입 맞추게 해 주세요."

소녀가 울부짖었다. 그러나 군인들은 소녀를 서둘러 끌고 갔다.

그 어머니는 자신을 편안하게 해주려고 가까이 모여든 사람들에 기대어 서 있었다. 그러다 갑자기 아래로 처지더니 땅바닥에 고꾸라졌다. 우리가 몸을 숙였을 때 그녀는 죽어 있었다. 우리는 딸이 돌아올 때까지 부인의 시신 곁에 앉아 있었다. 달이 하늘을 가로지르고 있었다. 한밤중이 분명했다. 마침내 소녀가 돌아와 어머니의 숄에 고개를 파묻었다. 소녀는 다시 행진이 계속되는 아침까지 어머니 곁에 앉아 있었다.

매일 밤 이런 일이 일어났다.

이 길을 따라가는 다른 무리도 똑같은 통행료를 지불했고, 때때로 나는 우리 앞에 간 추방자들의 시체 수를 더 셀 수 없을 때까지 셌다. 그들은 길가에 버려졌고, 보초들은 그들을 길가에 버려두고 갔다. 수 킬로미터를 가는 동안 그랬다.

열하루째에 우리는 쉬로Shiro에 도착했다. 쉬로는 다마스쿠스로 가는 대상들이 큰 숙소에서 밤을 보낸 뒤 남쪽으로 향하던 튀르키예의 도시다. 지금은 전보다 더 많은 대상들이 왕래한다. 상인들이 철로를 이용해 이곳에서 다마스쿠스로 여행을 떠나고 또 돌아오기 때문이다. 쉬로는 수많은 튀르크인들의 고향으로, 이들은 무역업자들에게 돈을 벌거나 권좌에서 물러난 사람들이었고 또 콘스탄티노플에서 돈을 버는 이들이었다. 큰 도시는 아니었지만 많은 부유한 아가들의 정착지였다.

우리는 이 작은 도시의 외곽에서 야영했다. 다음날 아침 일찍 군 관계자들이 왔다. 케림 베이는 그들을 만나 짧게 회의를 했다. 그러고 나서 쿠르드인들은 가장 예쁜 소녀들을 모으기 시작했다. 그들은 식구들에게서 소녀들을 떼어 내어 반은 끌고 반은 들어서 보초들이 있는 곳으로 데려갔다.

아침 내내 그 쿠르드인들은 쉬로의 관계자들이 백 명 이상의 소녀들을 받아들일 때까지 젊은 여자들을 데려갔다. 그러고 나서 배교자들은 이 흐느끼는 여자들의 무리와 합류하라는 명령을 받았고 우리는 시내로 행진해 갔다.

좁은 길이 튀르크인과 아랍인으로 붐볐다. 그들은 우리가 지나가면 폭소를 터뜨리고 잔인한 농담을 던졌다. 배교자들 사이에는 나이든 여자들이 많았는데, 그들의 딸들이 어머니를 살리기 위해 무슬림이 되겠다고 맹세했다. 군중은 무리를 보며 조롱하고 비웃었다.

한번은 주민들이 무리를 덮쳤는데, 보초들에게 아무런 제지도 받지 않았다. 이들은 나이 든 부인 네 명을 붙잡아 옷을 벗기고 신이 나서 고래고래 소리를 지르며 어깨 위로 들어 올렸다. 우리는 이 부인들이 어떻게 되었는지 아무것도 듣지 못했다. 군중은 부인들이 죽을 때까지 던지고 받고 했을 것이다.

우리를 어떤 집으로 데려갔는데, 이 집은 도시에서 가장 큰 집 가운데 하나로 하지 자포시Hadji Ghafour의 저택이라는 것을 곧 알게 되었다. 메카로 순례 여행을 하는 독실한 무슬림만 '하지'로 불리도록 허락되었다. 하지 자포쉬는 가장 종교적인 사람 가운데 하나로 존경받고 있었다.

우리는 맨 돌벽으로 된 큰 방으로 떠밀려갔다. 이 방은 종종 낙타가 밤새 묵는 곳이다.

하지 자포시는 군인들을 대동하고 방으로 들어왔다. 우리 배교자 무리는 쿠르드인들과 함께 구경하기 좋게 한쪽 구석으로 섰다. 하지 자포시는 하인들에게 명령을 내려 만족스러운 젊은 여자들을 다른 여자들에게서 골라냈다. 나까지 포함되어 삼십 명이었다. 하인들은 우리를 이 집 다른 층에 있는 그렇게 크지 않은 방으로 데려갔다. 하지 자포시를 만족시키지 못한 이들의 운명에 대해 전혀 알지 못했다. 한 군인은 이들이 강제 추방당하는 무리에 합류하도록 허락을 받았다고 우리들 가운데 한 명에게 말했다.

선택된 우리는 목욕실 같은 하만hamman으로 옮겨졌고, 옷이 다 헤졌거나 거의 아무것도 걸치지 못한 이들은 옷을 받았다. 튀르키예 여자들과 흑인 노예들은 목욕 중인 우리를 지켜보다 다시 우리를 가뒀다.

한 시간이 거의 흘렀을 때 우리는 발소리를 들었다. 문이 열리고 몸집이 거대한 흑인 노예가 다른 흑인 노예들을 거느리고 우리를 불러 모았다. 놀라고 너무 주눅이 들어서 질문을 하거나 머뭇거릴 수가 없었다. 우리는 노예를 따라 여러 방과 복도를 지나 마침내 등과 초로 눈부시게 빛나는 거대한 양탄자가 여기저기 깔려 있는 방에 이르렀다. 방의 한쪽에 쿠션이 빼곡히 차 있는 다이반 위에 하지 자포시와 한 무리의 튀르크인이 앉아 있었다. 이들은 하지 자포시와 같은 계층에 속하며 중년이거나 그보다 더 나이가 많았고, 누구도 친절한 얼굴이 아니었다.

한 하인이 말을 하는 동안, 배교자 무리에서 끌려온 우리 같은 또 다른 이들이 한쪽 옆에 서 있었다.

"너희에게 이 집을 거처로 내주게 된 것은 바로 하지 자포시의 뜻에 따른 것이다. 너희는 불신앙을 회개하고 이슬람의 은총을 받아들여 너희 동족이 직면한 위험에서 너희를 구하신 그의 친절에 보답해야 한다."

그곳의 튀르크인들은 동의하는 소리를 내었고, 터번을 두른 승려 카텝Khateeb이 기도 양탄자를 든 조수와 함께 방으로 들어왔다. 그 뒤에는 황소 가죽 채찍을 든 한 흑인 하인이 있었다. 그 조수는 양탄자를 펼쳤고, 카텝은 기다렸다.

튀르크인들은 몸을 움츠리고 있는 한 소녀를 가리켰고 하인들은 그 소녀를 끌어냈다.

"뭐라고 하는 거지?"

관리가 물었다.

"난 예수님의 사람이에요. 그의 보호 아래 남아 있어야 해요."

소녀가 대답했다.

흑인 하인의 채찍이 소녀의 어깨 위로 떨어졌다. 소녀가 자비를 구하며 소리를 지르자, 카텝은 신발을 벗고 기도 양탄자에 올라가 메카를 향해 몸을 돌렸다.

"알라가 가장 위대하시다. 알라를 제외하고 그 어떤 신도 없다."

그의 목소리가 웅웅거렸다. 흑인은 소녀를 카펫 위로 내팽개쳤다. 소녀가 당장 무릎을 꿇지 않는다면, 그는 잔인한 채찍을 다시 휘두를 기세였다. 무릎을 꿇고 휘청거리는 소녀의 얼굴은 메카를 향하고 있었다. 소녀의 살은 이미 찢어져 피가 흐르고 있었다. 채찍의 공포가 폐부를 찌르고 있었다. 이 공포에서 도망하는 유일한 길은 이슬람 맹세인 레카rek'ah를 말하는 것뿐이었다.

"알라를 제외한 신은 없고 무함마드가 선지자다."

마지막 소녀가 교리를 암송하자 카텝은 기도 양탄자를 접어 방을 떠났다. 이제 하지 자포시는 웃으면서 우리에게 모두 손님 앞에 일어서라고 명령했다. 이때 나를 뺀 모두가 배교자였다. 튀르크인들은 나를 포함한 모든 이가 서약을 마쳤다고 생각했다. 이제 하지 자포시의 두터운 신앙심뿐 아니라 그들의 법률도 그들이 우리와 관계 맺는 것을 허락해주었다.

그들은 한 명씩 한 명씩 마음에 드는 소녀를 뽑았다. 하지 자포시가 제일 먼저, 그러고 나서 그의 손님들이 뽑았다. 그들이 어떻게 순서를 정했는지는 알지 못하지만, 그들 사이에 합의가 있었다. 튀르크인마다 대여섯 명의 소녀를 골랐다. 나는 하지 자포시를 위해 명령을 받은 소녀들 사이에 있었다. 하지 자포시는 시바스의 길에서 죽어가는 어머니를 두고 떠나라는 명령을 받은 두 자매도 선택했다.

두 소녀는 그날 내내 너무나 고요했다. 우리가 하지 자포시의 집으로 끌려온 다음부터 자매끼리는 말을 했지만, 우리한테는 거의 아무 말도 하지 않았다. 그들은 울지도 않았다. 나중에야 나는 그날 두 자매의 얼굴이 용기에 가득 차 얼마나 밝아 보였는지 기억해 냈다.

하지 자포시의 손님들에게 뽑힌 소녀들은 소녀들의 몸을 주장한 사람들의 집으로 나뉘어 이동했다. 이 손님들과 그들의 포로들이 떠나자, 하지 자포시는 우리를 다시 불러 모았다. 그가 처음으로 말을 건 사람이 바로 이 자매 가운데 언니였다. 그의 말은 끔찍했다. 그는 잔인하도록 아주 낮고 부드럽게 그녀가 기꺼이 그에게 속하려 하는지, 그의 집에서 만족스럽게 살면서 몸과 영혼을 완전히 굴복해 순종적이고 다정하게 굴겠는지 물었다.

그 소녀는 한순간도 망설이지 않았다.

"난 어머니를 살리려고 내 하나님을 버렸어요. 그렇지만 아무 소용도 없었어요. 어머니는 죽었어요. 저도 하나님께 가겠어요. 나는 다시는 하나님을 배반하지 않을 거예요!"

하지 자포시가 그의 흑인 노예에게 몸짓을 하자, 그는 소녀를 안아 들고 방 밖으로 나갔다. 여동생이 그녀 곁에 서 있었다. 하지 자포시의 눈이 다음으로 동생에게 갔다. 그녀 또한 부드럽게 말했다. 언니가 말했던 것보다 더 부드럽게, 그러나 더 단호하게 말했다.

"저 소녀는 제 언니예요. 언니와 같이 어머니가 죽어가는 것을 보았아요. 지금 당신은 언니를 데려갔죠. 당신은 나도 죽일 거예요. 그렇지만 난 절대로 당신한테 복종하지 않을 거예요."

지켜보던 우리는 너무 놀라 하지 자포시를 쳐다보았다. 이번에 그의 눈은 가늘어졌고 번쩍거렸다.

"너 말을 잘하는구나, 나의 꼬마야. 다른 나의 꼬마들에게 경고하려면 너를 죽여야겠구나."

그는 꼭 사랑하는 딸에게 말하는 것처럼 여전히 온화했다.

그 흑인 노예가 채찍을 들고 곁에 섰다. 하지 자포시는 그에게 말 한마디 하지 않았다. 단지 그의 손을 움직였을 뿐이다. 두 명의 다른 하인들이 앞으로 뛰어오더니 재빠르게 소녀의 옷을 벗겼다. 그리고 소녀의 벗은 몸으로 채찍이 떨어졌다.

난 눈을 감아서 보지는 못했지만, 살점을 떼어내는 채찍 소리가 셀 수 없을 때까지 이어지는 것마저 듣지 않을 수는 없었다. 그 소녀가 더 비명을 지르지 않고 신음 소리가 사라져도 채찍질은 오랫동안 멈추지 않았다. 어느 순간 채찍질이 끝났다는 사실을 깨달았다. 난 눈을 뜨고 하인이 소녀의 시체를 바닥에서 들어 올리는 것을 보았다. 그 하인은 소녀의 허리를 잡아 들고 있었는데, 피 흘리는 팔과 다리가 축 늘어져 매달려 있었다. 그 소녀는 죽었다.

그 뒤 그 누구도 용기를 내지 못했다. 우리는 하지 자포시에게 약속했다. 우리는 다른 문으로, 이번에는 여자들의 방으로 갔다. 이곳에는 집안일을 맡은 여자들이 우리를 기다리고 있었다.

9장

습격당한
수도원

　　　　　여자 세 명만 우리가 오기를 기다리고 있었고, 나머지 하렘의 여자들은 이미 자리를 뜨고 없었다. 이 세 여자들은 등불 하나만 들고 우리를 길고 좁은 복도를 지나 별채로 데려갔다. 커튼이 드리운 복도를 지나 우리는 돌 마루를 연달아 깔아 놓은 작은 방으로 들어갔다. 이 방에서 여자들이 자고 있었다. 마침내 우리는 나무 문 앞에 다다랐고, 한 여자가 문을 열어 우리를 밀어 넣었다. 여자 중 한 명이 양초를 들고 있었다.

　그 방은 황량했다. 창문조차 없었다. 마루 위에 수면용 양탄자가 깔려 있었지만 쿠션도 베개도 없었다. 여자들은 우리에게 옷을 벗으라고 말하고 우리가 그 말대로 하자 옷을 가지고 갔다. 아무 말도 없이 양초를 들고 문을 잠근 채 우리를 내버려두고 갔다.

우리는 긴 밤을 지새우며 기다렸다. 무엇을 기다리는지 알지 못했다. 잠을 잘 수 있었지만 우리는 자는 것이 두려웠다.

가까이 있는 뾰족탑에서 기도자를 깨우는 희미한 소리가 들려와서 우리는 아침이 밝았다는 사실을 알았다. 곧 하렘이 움직이기 시작했다. 우리는 떨면서 문이 열리기를 기다리고 있었다.

마침내 문을 활짝 연 사람은 몸집이 큰 흑인이었다. 하렘의 다른 방에서 열어 둔 창문으로 들어온 빛이 우리가 있던 방까지 비쳤다. 전날 밤 우리를 맞은 하녀 가운데 한 사람이 그를 따라 들어왔다.

그 하녀는 우리 한 사람 한 사람마다 튀르키예식 가정 드레스 엔타레entareh와 슬리퍼, 양말을 가져다주었다. 드레스는 새틴과 마로 되어 있었지만 너무나 밋밋했다. 비록 몸을 감쌀만한 뭔가를 원했지만, 난 이 혐오스러운 드레스 때문에 몸을 움츠렸다. 그 하녀는 나를 보았고 이해하는 것 같았다.

"얼마 있으면 더 예쁜 옷을 갖게 될 거야. 네가 약혼한 뒤에."

내가 약혼한 뒤라니!

그 하녀의 도움을 받아 옷을 입고 나자, 그녀는 우리더러 흑인을 따라가라고 명령했다.

"이제 너희가 보게 될 것은 하렘에서 너희의 행동에 지침이 되어줄 거야. 하지 자포시의 뜻에 따른 일이야."

그 노예는 우리를 작은 방들을 통과해 큰 방으로 이끌고 갔다. 그 큰 방에는 많은 여자들이 흥분해서 창문 쪽으로 모여 있었다.

그 노예는 창틀에 서서 밖을 내다보며 더 가까이 모이라고 명령했다. 그 창문이 넓은 뜰 위로 열렸다. 뜰 건너에도 많은 창문이 있었다. 우중충한 석벽 외에는 아무것도 보이지 않았다. 그리고 나서 눈을 들어 창문 위쪽을 보았다. 난 움찔해서 소리쳤다.

하지 자포시를 거역하다 끌려 나가 죽을 때까지 매를 맞은 소녀의 언니 시신이 밧줄로 묶여서 창틀에 거꾸로 매달려 있었다. 팔은 등 뒤로 묶인 채로 늘어져 있었다. 머리카락이 덜렁거리는 머리에 걸려 있었다. 비명을 둔하게 막는 재갈이 아직도 소녀의 입에 묶여 있었다.

같이 있던 소녀 가운데 한 명인 루새빠시Lusaper는 밤새도록 울었는데, 이것을 보고는 무릎을 꿇고 발작 상태가 되었다. 하인이 루새빠시를 일으켜 세워 시체를 다시 보게 하려 했다. 하인은 루새빠시가 반쯤 미쳐 버리자 방 다른 편에 있는 소파로 데려갔고, 나이 어린 흑인 하녀 두 명이 바로 루새빠시를 진정시키기 시작했다. 다른 여자들이 루새빠시 주위로 몰려들었다. 그러자 우리와 함께 있던 그 하녀가 그랬듯이 그 노예도 우리를 그대로 두었다.

하렘의 여자들은 우리를 매우 친절하게 대하고 싶어 하는 것 같았다. 그들은 배교한 여자들보다 나이가 많았다. 하지 자포시의 두 부인은 이 여자들과 있지 않았다. 부인들의 집은 다른 곳에 있었기 때문이다. 나는 여기 있는 여자들이 그와 어떤 관계인지, 첩인지 친척인지 알지 못한다. 나이 어린 여자들은 거의 모두 납치된 아르메니아 소녀들이었다. 그들은 우리를 매우 안쓰럽게 여겼다.

방으로 음식이 들어왔고, 우리는 함께 먹었다. 나는 될 수 있는 대로 용감해지기로, 그리고 희망을 잃지 않기로 마음먹었고, 이 집에서 나가게 해 달라고 기도했다.

하렘으로 온 아르메니아 소녀들은 모두 전날 밤 하지 자포시 앞에서 겪은 일을 한 번은 통과했다. 여덟 명의 소녀가 있었는데, 이들은 모두 식구를 살릴 수 있다는 희망으로 배교했고 겔릭Geulik에 도착하자마자 하지 자포시에게 끌려왔다. 그들 가운데 한 소녀만이 가족이 어떻게 되었는지 알고 있었다. 이 소녀는 어머니가 살해되는 것과 여동생이 말라티아에서 오는 길에 쿠르드인에게 끌려가는 것을 보았다.

나흘 동안 나는 하지 자포시에게 불려가지 않고 하렘에 남아 있었다. 셋째 날 아침이 되자 '새로운' 소녀들 가운데 한 명이 눈을 내리뜬 채 우리에게 조용히, 수치스러움에 젖어 돌아왔다. 그날 하렘의 노예들은 그녀에게 밋밋한 엔타레를 가져가고 화려하게 수놓은 드레스를 가져다주었다. 그녀가 '약혼했다'는 표시였다.

하렘 밖으로 나가는 것은 허락되지 않았다. 매일 밤 우리는 이슬람 기도문을 외우도록 강요당했다. 나는 이슬람 기도문을 크게 말하면서 마음속으로 그것을 기독교의 기도로 번역하는 방법을 알게 되었다.

우리에게 친절했던 하렘의 하인 우두머리는 나이 많은 여자였는데, 우리에게 매일매일 경고했다. 살아남고 싶고 행복하고 싶다면 하지 자포시를 즐겁게 해야 한다고. 다른 여자들은 우리에게 하렘으로 온 소녀들에 대해 이야기해 주었는데, 주인과 '약혼'한 후에 결코 다시 나타나지 않는 소녀가 있다고 했다. 이런 일에 대해 들으면 창틀에 걸려 있던 시체가 떠오르지 않을 수 없었다. 이것이 하지 자포시가 우리에게 복종을 가르치는 방식이었다. 우리는 다시는 어둡고 창문이 없는 방으로 가지 않았다.

한번은 하지 자포시의 아내 가운데 한 명이 우리를 보려고 하렘으로 왔다. 그녀는 중년이었고 바그다드에서 왔다. 그녀는 한때 매우 아름다웠을 것 같지만, 잔인해 보였고 다정함이라고는 없는 것 같았다.

그녀는 우리를 자기 앞으로 데려와서 한 명 한 명에게 강제 이주에서 겪은 경험에 관해 질문했다. 우리가 진정으로 무슬림이 된 것이 아니라고 시인하게 만들어 올가미를 씌우려는 것 같았다.

하렘에 있는 아르메니아 소녀 가운데 한 명이 내가 살던 도시와 하르풋 사이의 마을 페리Perri에서 왔다. 그녀는 밤새 자기 마을에서 벌어진 학살에 관해 이야기했다. 또 이슬람교를 받아들인 그녀가 말라티아에 도착할 때까지 어떻게 위기를 모면했는지 말해 주었다. 그녀는 말라티아에서 납치되었고, 처음에 어떤 베이의 집으로 끌려갔다 다른 아르메니아 소녀들과 함께 겔릭으로 보내졌다. 그 후 곧장 하지 자포시의 집으로 끌려왔다. 그녀는 '약혼'을 통과했고 튀르크인의 눈에 들었다.

이 어린 소녀는 아루식 바르테세리안Arousiag Vartessarian인데, 소녀의 아버지 오한Ohannes은 땅을 많이 소유하고 있었다. 그녀는 콘스탄티노플에서 교육을 받았다. 그곳에서 튀르키예의 교육을 위해 정말 많은 일을 한 뉴욕 출신 미국인 클리블랜드 다지 씨Mr. Cleveland Dudge에 관해 알고 있었다. 미국에 온 이래로 나는 그가 전 세계 아르메니아인들의 가장 좋은 친구라는 사실을 알게 되었다.

아루식은 남몰래 기독 신앙을 간직하고 있었다. 그러나 그녀는 하렘에서 도망가려는 희망은 품지 않았다. 그녀는 하지 자포시가 싫증날 때까지, 아니면 더 예쁜 소녀들이 올 때까지만 아르메니아 소녀들을 데리고 있다고 했다. 그 뒤에는 소녀를 자신의 친구에게 보내거나 튀르키예 농부에게 팔아버린다고 했다. 그녀는 더 나쁜 상태로 팔려가지 않도록 그를 즐겁게 하려고 애썼다. 때때로 노예시장으로 내몰리는 소녀들은 군인이나 경찰을 위한 '공공의 집'으로 팔려나갈 것이기 때문이다.

닷새째 되던 날 저녁, 한 어린 흑인 하녀가 와서 하지 자포시가 나를 부르러 보냈다고 말했다. 난 가슴이 덜컥 내려앉고 무릎에서 힘이 빠져나갔다.

하녀들이 내 주위로 모여들었고, 왜 내가 신나 하지 않는지 이해하지 못하겠다고 제각기 말했다. 내 눈에서 눈물이 떨어질 때야 비로소 그들은 시시덕거림을 그쳤다. 그들은 내 극심한 고문의 시간에 대해 '마침내 온 행운'이라 불렀다.

그들이 옷을 입히는 동안 나는 눈을 감고 기도했다. 너무 늦었기 때문에 살려달라고 기도하지 않았다. 대신 힘을 달라고, 또 신이 나를 굽어살핌을 아는 기쁨을 달라고 기도했다. 하렘의 여자들 가운데 한 명이 나와 함께 좁은 복도를 따라 걸었다. 닷새 전 하지 자포시한테 벗어나고부터 한 번도 통과해 본 적이 없는 문을 지나갔다.

방 안에는 여러 등불이 희미하게 비치고 있었다. 바로 문 안쪽에 몸집이 큰 흑인이 기다리고 있었다. 그의 쿠션 맞은편으로 하지 자포시가 수연통을 옆 바닥에 두고 앉아 있었다. 문 닫히는 소리에 내가 멈춰 서자 그는 나를 뚫어져라 보았다.

그는 내게 몸짓을 해서 그에게 다가가 발치 쿠션에 앉으라고 했다. 나도 모르게 뒤로 움츠러들었고 내 손을 눈으로 가져갔다. 순간 나는 그 흑인의 손이 내 팔을 꽉 잡는 것을 느꼈다. 나는 앞으로 나갈 용기를 모으려 애썼다. 난 더 행복한 미래에 대한 소망이 복종에 달려 있다는 것을 알고 있었다.

그 흑인은 나를 더 세게 잡았다. 그는 숨을 죽여 중얼거렸다. "착하게 굴어. 너는 더 나아질 거야." 나는 올려다볼 수 없었지만, 가서 하지 자포시의 발치 쿠션에 앉았다.

그 끔찍한 밤에 대해 더 말할 필요가 없다!

그 다음날 난 아루식에게 어떻게든 하지 자포시의 집에서 도망가겠다고 털어 놓았다. 이곳에 남는다는 것은 더욱 극심한 고문을 의미했고, 디야르바키르에서 어머니를 찾을지도 모르는 기회를 놓치는 것이었다. 돈이 있는 난민들은 디야르바키르 도시 외곽에 남아 있도록 발리Vali에게 허가를 받았다. 이 도시 외곽은 그들이 특혜를 누리기 위해 지불한 데 따라 제공된 곳이다. 돈이 떨어지면 그들은 다른 추방자들과 함께 시리아 사막으로 보내졌다.

난 가족을 구하기 위해 디야르바키르로 심부름꾼을 보내도록 하지 자포시를 설득하려고 애썼다. 가족을 디야르바키르에서 발견할 수 있다면, 또는 그들이 어떻게 되었는지 알기라도 한다면……. 그는 내 부탁을 받아들이지 않았다. 그는 이렇게 말했다.

"너는 이제 튀르키예 소녀야. 그러니 이교도와 맺은 과거의 관계는 모두 잊어야 한다."

아루식은 도망치다 잡힐 때 나한테 돌아올 결과를 두려워했다. 전에 도망가려다 붙잡힌 포로는 '공공의 집'으로 팔려 나갔고 곧 그곳에서 죽었다. 나는 하지 자포시의 집에 남느니 그 어떤 위험도 감수할 것이라고 아루식을 납득시켰다. 그러자 그녀는 나를 돕겠다고 약속했다. 그날 밤 우리만 소파에 남게 되자, 아루식은 들판을 건너 서쪽 유프라테스강 쪽으로 수도원이 하나 있다는 사실을 알려 주었다. 이 수도원은 오래전에 아르메니아에 선교사로 온 로마 가톨릭의 도미니카 신부들이 세웠으며, 지난 세기 내내 아르메니아의 종교 난민들을 수용해 주었고, 그곳의 많은 교사들이 시리아 고원 지대로 파견된다는 사실도 일러 주었다.

아루식이 말라티아에 잡혀 있는 동안 알부스탄Albustan에서 온 한 남자가 그녀에게 수도원에 대해 말해 주었다. 그는 사실 아르메니아인 사제 데르데시Derder인데, 튀르크인으로 변장하고 코카서스를 여행하고 있었다. 그곳에서 러시아에서 추방된 난민을 도울 길을 찾고 있었다. 데르데시가 말하길, 많은 아르메니아 소녀들이 수도원에서 안전한 거처를 찾았고 신부들이 폭행당하지 않았다고 했다. 그들의 거처가 강제 이주당하는 기독교인의 이주 경로에서 멀리 떨어져 있기 때문이었다고 한다. 또 여러 해 전에 수도원 신부들은 어떤 유명한 족장의 생명을 구해 주었는데, 이 일로 쿠르드인들이 수도원을 공격하지 않는다는 전설적인 이야기도 말해 주었다. 몇몇 이유로 튀르크인들은 족장 또한 체포하지 않았다.

아루식은 종종 집에서 도망쳐 혼자서 수도원으로 가려는 계획을 세웠다고 털어놓았다. 그곳이 최소한 얼마 동안은 안전할 것이라고 그녀는 확신했다. 그러나 번번이 그녀의 용기는 그녀를 저버렸다. 이제 내가 하지 자포시의 희생자로 남느니 모든 위험을 감수하는 편이 낫다고 했기 때문에, 그녀도 기꺼이 용기를 내려고 애썼다.

잠자는 방의 창문은 높았지만 오로지 뜰을 향해서만 열리기 때문에 빗장을 질러 놓지 않았다. 아루식은 뜰에서 긴 의자가 놓인 숙소나 응접실로 가는 통로를 알고 있었다. 이곳의 문은 거리로 열린다. 때때로 하렘의 종들은 이 통로를 통해 거리로 나갔다.

밤이 되자 하지 자포시는 자기 마음에 드는 소녀를 부르러 하인을 보냈다. 하렘의 하인들이 물러나기 한참 전이었다. 아루식과 난 몸을 낮춰 창문에서 뜰로 미끄러지듯이 빠져나왔다. 우리는 긴 의자가 놓인 숙소를 서둘러 통과해 거리로 나왔다. 우리는 베일을 두르고 튀르키예 슬리퍼를 신었기 때문에 혼나지 않으려고 집으로 서둘러 가는 튀르키예 소녀나 하렘 노예로 보였다.

도시의 문에 다다랐을 때 우리는 제지를 당하지 않아서 깜짝 놀랐다. 문을 지키는 군인들은 도시 근처에서 야영하는 난민 소녀를 몇 명 납치했고, 이들을 데리고 즐기느라 우리를 알아챌 겨를이 없었다. 곧 우리는 도시를 벗어났고 밤이 되자 우리만 남았다. 모래가 얇은 슬리퍼를 뚫고 들어왔고, 낱낱의 그림자가 매복해 있는 쿠르드인이라도 되는 것 같아 두려웠다.

아루식은 수도원까지 삼십 킬로미터가 넘는 거리일 거라고 생각했다. 돌아다니는 쿠르드인들이 두려워서 낮에는 모래에 숨어 지내고 밤이면 가능한 한 멀리 걸어 사흘을 보냈다. 우리는 빵도, 다른 음식도 없었다. 오로지 늦은 밤, 마을에 사는 개들이 잠들면 물을 찾아 감히 마을로 다가갔다.

넷째 날 아루식은 목이 말라 너무 괴로워했다. 갈증이 말할 수 없이 심했는데, 그 전날 밤 아무것도 먹지 못했다. 난 눈물로 그녀의 혀를 적셔주려고 울었다. 아루식은 마침내 더 걸을 수가 없었고 바닥에 주저앉고 말았다. 멀리 아랍 마을이 있었다. 아랍인은 쿠르드인 같지 않다. 그들은 때때로 매우 사납고 아르메니아 사람들을 좋아하지도 않았지만, 튀르키예 파샤에게 고용되어 있지 않는 한 늘 잔인한 것도 아니었다. 난 아루식의 목숨을 구하기 위해 그녀를 남겨 두고 마을로 갔다.

아랍 여자들이 내 주위를 에워쌌고, 나는 최선을 다해 음식과 물을 달라고 애타게 말했다. 여자들은 나를 가엽게 여겼다. 아랍 남자들은 나를 조사하기 위해 왔지만 그들 또한 나를 안타깝게 여겼다. 그들은 찬 물 한 바가지와 빵을 가져다주고 여자들 가운데 몇몇은 나와 함께 아루식이 누워 있는 곳으로 왔다. 물이 그녀를 소생시켰고 힘을 주었다. 내게도 힘을 주었다. 우리 옷이 거의 찢어진 것을 보고 아랍 여자들은 옷과 발을 보호할 샌들을 가져다주었다. 그들은 수도원까지 몇 킬로미터 더 가야 한다며 가장 짧은 길을 알려 주었다. 한 아랍 소년은 우리와 함께 가서 다른 마을의 남자들에게 우리를 경계할 필요가 없다고 말해 주었다. 또한 이 소년은 체르케스 마을에서 떨어진 길로 우리를 안내해 주었다. 그곳은 우리를 포로로 잡을 수 있는 곳이었다.

수도원의 회색 돌벽이 우리 앞에 솟아오르자 아루식과 나는 땅에 엎드려 우리의 구원자에게 감사했다. 그 아랍 소년은 우리가 '이교도들'의 예수에게 기도하는 것을 보자 몸을 돌려 뛰어갔다.

저녁이 다 되었고 수도사들은 기도 중이었다. 우리는 누군가 우리가 부르는 소리를 들을 때까지 문가에 서 있었고, 수도사들은 우리를 들여보냈다. 수도사들은 무척 친절했다. 그들은 우리 주위에 모여서 우리 이야기를 들었다. 그리고 나서 우리를 작은 예배실로 데려갔다. 수도원장이 감사 기도를 하는 동안 수도자들은 우리 주위에 무릎을 꿇었다.

기도가 끝나자 한 수도자는 수도원의 본관에서 떨어진 곳으로 우리를 인도했다. 이곳에는 우리와 마찬가지로 은신처를 찾은 아르메니아 소녀와 과부가 된 신부가 오십 명 넘게 있었다. 우리는 이를 보고 깜짝 놀랐다. 이들은 대부분 아르메니아의 가장 큰 도시 반에서 왔거나 인근 지역에서 왔다. 몇몇은 한 시간 안에 동족 수천 명이 살해되고 튀르크인들의 쾌락을 위해 소녀와 신부들만 살려 둔 빗리스(Bitlis)에서 왔다. 또 몇몇은 디야르바키르에서 도망쳐 왔다.

모두 친절한 아랍인이나 아르메니아 데르데시에게 안내를 받아 수도원에서 거처를 찾았다. 혼자서 아니면 아루식과 나처럼 둘 또는 셋이 짝을 지어 수도원의 문을 두드렸다. 수도사들은 자신이 처할 위험은 상관하지 않고 이들을 받아 주었다.

수도사들은 우리를 데려다 준 작은 건물 밖으로 모습을 드러내지 말라고 주의를 주었다. 배회하는 쿠르드족이나 군인들의 눈에 띄어 수도원이 도망한 난민들의 은신처라는 사실이 밝혀지지 않도록 하기 위해서였다. 수도사들은 우리와 함께 매일 두 번 기도를 드렸고 병든 이들의 건강을 돌보았다.

아루식은 수도원장의 확언을 듣고 매우 기뻐했다. 그녀가 입으로는 하나님을 포기했지만, 마음으로는 여전히 하나님께 진실하다는 것을 하나님께서 이해하셨다는 것이다. 나이 든 수도원장은 특별히 그녀와 단 둘이 무릎을 꿇고 기도했다. 하지 자포시 집에서 하렘 여자들의 감시를 받으며 알라에게 매일 불경스러운 기도를 한 것을 용서해 달라고. 그녀는 다시 행복해졌다.

이 주 동안 우리는 수도원에 안전하게 머물렀다. 그러다 갑자기 우리의 평화는 끝났다. 어느 날 밤, 수도원에서 사람들이 잠든 지 한참이 지났는데, 대문 밖에서 엄청난 고함 소리와 쿵쾅거리는 소리가 들려 잠이 깼다. 창문으로 뜰을 내다볼 수 있었지만, 대문은 볼 수 없었다. 깜짝 놀라 우리가 웅성거리며 모여드는 사이, 우리는 수도사들의 작은 무리가 급하게 예복을 차려입고 나이 든 수도원장을 선두로 해 천천히 가는 것을 보았다. 불 밝힌 양초를 들고 마당을 가로지르고 있었다. 수도사들이 대문을 향해 가며 우리 시야에서 벗어났을 때 갑자기 고함이 멈췄고, 문을 열라고 요구하는 목소리가 들렸다.

수도사들이 거절한 것 같았다. 다시 고함이 들리기 시작했고, 수도사들이 마당으로 물러나는 것이 보였다. 잠시 후에 체첸인이나 체르카스인으로 보이는 낯선 형상의 무리가 수도원 문을 밀고 마당을 가로질러 쏟아져 들어왔다. 수도사들이 철로 만든 대문을 열어주지 않자 그들은 벽을 기어 올라왔다.

체첸인은 쿠르드인보다 훨씬 더 잔인하고 사악하다. 이들은 쿠르드인이나 아랍인 또는 튀르크인과 계속해서 전쟁을 치렀다. 대학살이 진행되는 동안 튀르크인들은 체첸인들에게 아르메니아 난민들을 먹잇감으로 삼고 원하는 만큼 기독교인 소녀들을 납치할 수 있도록 허용함으로써 이득을 보았다. 과거에 파샤의 하렘에 가장 예쁜 소녀들을 데려온 사람들은 언제나 체첸인이었다. 그들은 동족인 체르카스의 딸들을 납치해서 콘스탄티노플과 스마이르나Smyrna의 노예 시장으로 파는 것도 주저하지 않았다.

수도사들은 예배실에 방어벽을 쌓았다. 수도원장은 철제 빗장을 두른 창문을 통해 체첸의 지도자에게 애원했다. 쿠르드인들조차도 이곳이 언제나 수도원이라는 점을 고려했다는 점을 호소하면서. 그러나 체첸의 족장은 여러 경로를 통해 아르메니아 소녀들이 수도원에 숨어 있는 것을 알고 있었고, 수도사들을 살려주는 대가로 소녀들이 항복할 것을 요구했다.

수도사들은 예배실 문을 여는 것을 거부했거나, 아니면 우리를 숨겨둔 곳을 알려주기를 거부했다. 그러나 예배실 문은 나무로 만들어져 있었다. 체첸인들이 몰려들자 길이 뚫렸다. 우리는 수도사들의 비명을 들었다. 살려달라고 애원하는 외침과 하나님께 기도하는 소리가 들렸으며 또 체첸인들이 난폭하게 고함치는 소리가 울렸다. 잠시 동안 더는 아무 비명도 기도 소리도 들리지 않았다. 오로지 무리의 함성만 있을 뿐이었다.

우리는 도망칠 곳이 없었다. 체첸인들은 마당 주위를 떼 지어 돌아다니며 수도원의 방들을 샅샅이 헤집고 다녔다. 수도사들이 우리를 위해 따로 마련한 건물에서 나오는 유일한 길은 마당으로 곧장 이어진 통로나 창문을 통과하는 것이었다. 우리는 체첸인들 한 무리가 우리가 있는 아래층 방의 문을 부수는 소리를 들었다. 우리는 구석으로 모여들어 떨면서 기다렸다. 너무 놀라서 기도조차 나오지 않았다.

체첸인들은 돌계단을 올라왔다. 그들은 우리를 발견하지 못한 불운에 대해 저주를 퍼붓고 있었다. 그들 가운데 한 사람이 우리가 모여 있는 방문을 밀었다. 달빛이 창문으로 비치고 있었고 그들이 우리를 보았다. 그러자 우리가 유지하던 고요한 공포의 주문이 깨졌다. 우리는 비명을 질렀다. 순식간에 체첸인들 무리가 방으로 밀려들어 왔다.

그들은 서로 끔찍한 농담을 외쳐 댔다. 아루식과 난 서로 팔을 감싸고 무릎을 꿇고 있었다. 어떤 체첸인이 한 손으로 내 머리채를 휘어잡고 다른 손으로 아루식의 머리채를 휘어잡은 채 우리를 계단 아래로 끌고 갔다. 다른 소녀들도 똑같이 끌려 나왔거나, 체첸인들이 어깨 위로 던지고 받으며 마당으로 끌고 왔다.

예배당 단 주위로 수도사들의 시신이 보였다. 모두 예배실에서 끌려나와 달빛 아래서 살해당했다. 체첸인들은 우리를 수도원 대문 밖으로 끌고 갔다. 그러고 나서 그들은 말을 모아 마당으로 몰아넣었다. 말들은 밤새 마당에 있었다. 체첸인들이 우리에게 돌아왔다. 그들은 자신이 잡아서 끌고 온 소녀는 자기 것이라고 주장했다. 다른 이가 잡은 여자에 비해 자신의 노획물에 만족하지 못한 사람들은 서로 싸웠다. 어떤 체첸인은 우리를 붙잡은 노상강도가 소녀를 둘이나 데리고 있는 것을 보고 아루식을 떼어 냈다. 그때 아루식의 팔이 부러졌다. 그는 그녀가 고통 속에서 비명을 지르는데도 아랑곳하지 않았다. 그는 아루식이 의식을 잃을 때까지 부러진 팔을 비틀어서 그녀를 복종시켰다.

날이 밝아 우리 얼굴을 더 분명하게 볼 수 있게 되자 체첸인들은 예쁘다고 생각하는 여자들을 뽑고 나머지는 죽여 버렸다. 그들은 아루식도 팔이 부러졌기 때문에 죽였다. 그들은 우리를 말 위로 들어 올려 디야르바키르로 데려갔다.

10장

칼의 게임,
그리고 디야르바키르

　　　모래 고원의 언저리에서 난 처음으로 디야르바키르의 광경을 보았다. 한때는 우리나라의 수도였던 곳이다. 이틀 동안 우리는 체첸인의 말을 타고 달렸다. 우리는 수 세기 전에 그리스도의 가장 영광스러운 도시 가운데 하나였던 이 오래된 도시에서 알 수 없는 새로운 위험이 도사리고 있다는 사실을 알았다.

　　체첸인들이 고원의 언저리로 이동했을 때, 도시를 둘러싼 벽들이 멀리 우리 아래로 펼쳐져 있었고 낮은 지붕 위로 여기저기 첨탑이 솟아 있었다. 도시 바로 건너에는 아름답고 푸르른 티그리스강이 흐르고 있었다. 이 강은 성경의 히데칼Hiddekel강에 해당된다. 티그리스강에서 물을 끌어 쓰는 드넓은 평야들이 점점이 펼쳐져 있었다. 북쪽과 동쪽, 서쪽에서 모여든 기독교 난민들이 수천 명씩 무리 지어 있었다. 누군가는 수백 킬로미터를 걸어왔다. 그렇게나 긴 여정에서 살아남도록 허용된 아르메니아인들은 거의 다 디야르바키르로 이동했다. 도시에서 또는 도시를 둘러싼 벽 밖에서 학살당하지 않은 사람들은 이곳에서 시리아와 아라비아 사막을 향해, 혹은 사막화되어 가는 곳을 향해 남쪽으로 방향을 틀었다.

강제 이주와 학살이 시작되었을 때 동족 백만 명 이상이 디야르바키르를 향해 출발했다. 이 가운데 단지 십만 명만이 살아서 티그리스에 있는 도시에 도착했다고 들었다. 그리고 이들 가운데 절반 이상이 도시 안이나 성벽 밖에서 학살당했다. 오로지 젊은 여자와 아이 몇이 구조되었고, 이들은 하렘으로 팔려가거나, 커서 노예로 팔릴 수도 있도록 데르비시Dervish 수도원에서 무슬림으로 교육받고 자랄 것이다.

디야르바키르의 발리 나일Nail 파샤는 매우 사악했다. 도시 안에 수 세기 전에 세워진 오래된 요새가 몇 개 있었다. 무함마드 시대의 것들 가운데 거대한 감옥도 두 군데 남아 있었다. 이 거대한 감옥에 삼천 명의 러시아 전쟁 포로를 가두려고 이미 그들을 코카서스에서 디야르바키르로 행진하게 했다. 나일 파샤는 이 포로들에게서 옷을 전부 빼앗고 음식도 주지 않으면서 파샤의 저택을 짓는 데 석수로 일하라고 명령했다.

난민들이 디야르바키르에 거대한 규모로 도착하기 시작하자, 나일 파샤는 러시아 포로들을 요새 중 한 곳으로 빽빽하게 모이게 해서 밤에 누울 곳이 거의 없었다. 그는 다른 감방들을 아르메니아 남자들로 채웠는데, 아내나 딸, 어머니가 동행하는 것을 허락받은 이들이었다.

이들은 북쪽의 작은 아르메니아 마을 몇 군데서 왔다. 감옥이 난민들로 꽉 차자 파샤는 군인들에게 학살을 명령했다. 여자들은 도시 밖에서 기다리다가 남편과 아들과 형제의 운명에 대해 아무것도 듣지 못한 채로 끌려갔다.

더 많은 러시아 포로들이 도착하자 나일 파샤는 대낮에 아르메니아 사람들을 감옥으로 모아 살해했다. 그런 다음 러시아 사람들이 들판에서 하루 종일 일하거나 새로 짓는 집의 석수 작업을 마치고 쉬려고 눕기 전에 시체를 들어내고 피를 제거하게 했다.

수도원에서 우리를 납치한 체첸인들은 남문을 통해 도시로 들어가려고 했다. 도시를 둘러싼 벽이 거의 강둑까지 뻗어 있는 문이었다. 그러나 길을 따라 말을 타고 달리는데, 성문을 지키던 군인들이 나와서 발리가 더는 난민을 도시 안으로 들이지 말라는 명령을 발표했다고 전했다. 난민들이 '깨끗이 제거될' 때까지, 즉 학살당하거나 추방당할 때까지 들이지 말라는 것이었다.

그렇게 많은 이들이 도시를 둘러싼 벽 밖에서 야영하는데 왜 도시가 난민으로 붐비는지를 나는 나중에 알게 되었다. 이 지역의 발리는 뇌물을 쓸 충분한 돈이 있는 모든 이들에게 더 멀리 가는 강제 이주로부터 보호를 약속했다. 도시로 들어가 버려진 집을 차지하도록 허가받은 이들이었다. 돈이 다 떨어지면 '보호'도 끝이 났다. 그러면 사람들을 작은 무리를 이뤄 도시 밖으로 내보냈다. 그들은 성문에서 아르메니아인들을 기다리라는 통보를 받은 체첸인들에게 살해되었다.

체첸인들은 우리를 데리고 곧장 도시로 들어갈 수 없다는 것을 알게 되자, 우리를 말에서 들어내려 둥그렇게 둘러앉으라고 명령했다. 우리를 지키기 편하게 하기 위해서였다. 수도원에 있던 소녀 이백 명 가운데 스물일곱 명만 아직 살아 있었다. 이 가운데 셋은 나보다 더 어렸다. 학살이 시작되었을 때 몇 명은 이미 신부가 되어 있었지만, 아무도 스무 살을 넘지 않았다.

무리의 대장이 혼자서 도시로 들어갔다. 그날 하루 종일, 그리고 그 다음 날, 또 그다음 날의 대부분을 우리는 불타는 햇빛을 받으며 모래 위에 앉아 있었다. 체첸인들은 빵과 딸기를 구해서 그들이 먹지 않는 것 가운데 약간을 우리에게 주었다. 그들은 매일 한 번만 우리에게 물을 마시게 해 주었다. 둘째 날, 한 소녀는 열이 나서 몸이 뜨거워졌다. 소녀는 물을 달라고 소리쳤다. 어떤 체첸인이 그 소녀를 손바닥으로 철썩 때리자 소녀는 그에게 붓기 시작한 혓바닥을 보여 주었다. 이것을 보고 그 체첸인은 동료를 불렀고, 그들은 우리 사이로 열이 번질까 봐 걱정했다. 이들은 물을 달라고 애원하는 불쌍한 소녀에게 조금의 관심도 보이지 않았다. 대신 소녀를 백 발자국 떨어진 곳으로 끌고 가 그곳에 버려두었다. 한번은 소녀가 발을 떼어 우리에게 돌아오려고 애쓰는 것 같아 보였다. 한 체첸인이 그녀에게 가서 총 끝으로 내리쳤다. 소녀는 다시는 일어날 수가 없었다. 우리는 소녀가 죽을 때까지 모래 위를 데굴데굴 구르는 것을 지켜보았다.

성문 밖에서 기다리던 둘째 날 저녁에 도시의 남문에서 커다란 소동이 일어났다. 곧 여자밖에 없는 난민 행렬이 평원으로 쏟아져 나왔다. 그날 체첸 기마병들이 주변 고장에서 하루 종일 모여들어 남문 근처에 자리를 잡았다. 그들은 난민 무리를 도시 밖으로 내보낼 것이라는 통보를 받았다.

튀르키예 사람들이 직접 여자들을 대규모로 학살하는 일은 좀처럼 드물었다. 콘스탄티노플은 복종하는 여자들을 살해하도록 승인하지 않았다. 그러한 일은 쿠르드인이나 다른 무리에게 맡겼다.

이 무리에는 분명히 이천 명 이상의 여자와 아이들이 있었을 것 같다. 그들은 해가 지기 전부터 성문에서 나오기 시작했다. 해가 져 어두워졌지만 사람들이 계속 나와 행렬이 길게 이어졌다. 체첸인들은 도시를 둘러싼 벽에서 대략 일 킬로미터 정도에 있는 원 안으로 사람들을 몰아넣었다. 그들은 우리에게서 팔백 미터나 그보다 조금 더 떨어져 있었다. 달이 뜨자 체첸인들이 사악한 일을 시작했다고 알려 주는 비명과 고함 소리가 뚜렷이 들렸다.

밤새도록 우리는 비명을 들었다. 때로 비명은 아주 가까이서 들렸는데, 도망자들이 우리 쪽으로 오는 것 같았다. 그때 우리는 고함과 말발굽 소리를 들었다. 찢어지는 비명을 뒤로 하고 점점 희미해지는 말발굽 소리가 들렸다. 우리를 지키는 체첸인들은 우리를 방해하지 않았다. 그들은 다른 목적을 위해 우리를 지키는 것 같았다. 그러나 그날 밤 우리는 잠을 이룰 수가 없었다. 영원히 안전한 곳에 있는 지금도 난 때때로 잠을 이룰 수가 없다. 밤 시간이면 비명 소리가, 심지어 나를 둘러싼 친구들이 지르는 비명 소리가 나를 덮치면 귀를 틀어막아도 그 소리를 듣지 않을 수가 없다.

새벽의 희뿌연 안개가 들판으로 퍼져 갔지만, 긴장과 흥분은 여전히 극에 달하고 있었다. 그러다 갑자기 모든 것이 조용해졌다. 우리는 멀리 떨어진 뾰족탑에서 나오는 소리를 거의 들을 수 없었다. 그렇지만 침묵을 통해 이슬람 기도 시간이 되었다는 사실을 알아챘다. 끔찍한 도살의 한가운데에서 체첸인들은 본능적으로 기도 시간을 알리는 소리를 들었고 메카를 향해 무릎을 꿇고자 살육을 멈췄다. 그날 아침 그 노상강도들이 알라에게 은혜와 칭찬의 기도를 암송하는 동안, 내가 얼마나 의구심에 빠졌는지 또렷이 기억난다. 그의 백성이 전날 밤 그런 일을 마치고 동틀 무렵 예수님께 기도한다면, 내 구세주는 어떤 마음일까?

무슬림 노상강도들이 알라라고 부르는 신에게 기도하는 동안 나는 전에 없이 더욱더 예수 그리스도를 사랑하고 신뢰했다.

해가 떠올라 들판 건너편을 볼 수 있게 되었다. 삼백 명도 못 되는 이들이 살아남은 것 같았다. 작은 무리가 웅숭그려 모여 앉았다. 그들 주위에는 온통 체첸인들이었다. 그들은 큰 원에 흩어진 시체들을 뒤지고 있었다. 날이 밝아 그들은 밤새 벌인 학살과 노략질에서 가치 있는 것이라면 확실하게 아무것도 놓치지 않을 수 있었다.

아침에 체첸인들은 밤새 살아남도록 허용된 젊은 여자들 때문에 분주했다. 우리는 체첸인들이 생존자 중 몇 명을 끌고 가는 것을 보았다.

이런 짓에 싫증이 났는지 체첸인들은 우리가 있는 곳에서 조금 떨어진 들판의 평평한 곳에서 놀이를 준비하는 것이 보였다. 이것은 거친 체르케스 종족Circassian의 놀이 중 하나로 유명하다. 나중에 안 사실이지만, 그들은 내 동족에게 이것을 매우 자주 반복했다.

그들은 길고 칼날이 날카로운 독일제 칼을 세워 모래에 심었다. 그래서 날카로운 칼끝이 아주 어린 아이 키 높이만큼 땅에서 솟게 했다. 그렇게 세운 칼을 길게 줄지었다. 이러한 준비 과정을 보며 우리는 무슨 일이 벌어질지 예감했다. 아르메니아 아이들이 못되게 굴면, 어머니들은 체첸인들이 와서 데려갈 것이라고 말하곤 했다. 그러면 아이들이 묻는다.

"체첸인들이 오면 그들이 뭘 하는데?"

아이의 어머니는 이렇게 말한다. "체첸인들은 남자애들과 여자애들을 칼로 찌르고 싶어 하는 아주 사악한 말 탄 강도들이야."

 난 끔찍했던 지난밤에 본 것과 아침이 밝고 본 것 때문에 가슴이 저려 떨고 있었다. 내 곁에 있던 다른 여자들도 더 뭔가를 보느니 차라리 죽는 편이 나을 것 같아 떨고 있었다. 우리는 체첸인들에게 우리를 데려가 달라고, 그 칼날을 볼 수 없는 곳으로 데려가 달라고 애걸했다. 그러나 그들은 비웃을 뿐이었고 우리가 그들의 보호 아래 있는 것에 감사해야 한다고 말했다.

 칼을 길게 줄지어 놓자 체첸인들은 아르메니아인들의 작은 무리로 서둘러 돌아갔다. 우리는 체첸인들이 아르메니아인들 사이로 몰려들어 열다섯에서 스물쯤 되는 여자들을 들어내거나 끌어내는 것을 보았다. 나는 그 수를 셀 수가 없었다.

 체첸인들은 말에서 내려 소녀들을 붙잡았고, 소녀들은 길게 늘어서 있는 칼과 칼 사이의 중간 지점에 서 있도록 강요당했다. 포로들은 울며 애원했지만 잔인한 노상강도들에게 소녀들의 호소는 안중에도 없었다.

 체첸인들을 즐겁게 할 수 있도록 소녀들이 배치되자, 남아 있던 체첸인들이 말을 타고 대열의 끝으로 모였다. 신호를 외치자 첫 번째 체첸인이 칼의 대열을 향해 몸을 낮춰 질주했다. 그는 한 소녀를 잡아채서 공중으로 높게 들어 올렸다 말의 속도를 늦추지 않고 다시 칼끝으로 소녀를 내던졌다.

 이것은 게임이었다. 일종의 시합이었다. 체첸인들은 저마다 될 수 있는 대로 많은 소녀를 잡아 칼끝으로 던지려 했다. 대열을 따라 질주할 때마다 던지기 한 번으로 소녀가 살해될 수 있어야 했다. 그러나 그들 가운데 가장 기술이 좋은 이들만이 한 번의 질주에서 한 명 이상을 칼에 꽂는 데 성공했다. 몇몇은 두 번째 소녀를 땅에서 들어 올렸지만 속도 때문에 칼을 놓치고 지나쳤다. 그러면 그 소녀는 뼈가 부러지거나 피를 흘리는 상처를 입은 채로 다시 대열에 세워졌다. 이 '게임'에 다시 사용되기 위해서였다. 소녀들은 이번이야말로 체첸인들의 목표가 이뤄져 자신들이 받는 고문이 마무리되길 기도했다.

그동안 디야르바키르의 유대인들은 경찰들에게 내몰려 도시에서 나왔다. 아르메니아인들의 시체를 모으기 위해서다. 그들은 어깨에 자루를 메고 수레와 나귀를 가져왔다. 수레에 시신을 쌓고 또 자루에 담아 티그리스강으로 옮겼다. 강가에서 튀르크인들은 그들의 짐을 강물로 던져 버리게 했다. 이것은 유대인들이 감내하도록 강요당하는 여러 학대 가운데 하나였다. 무슬림들은 그들을 죽이지 않았지만, 이렇게 역겨운 일로 내몰았다.

늦은 오후, 체첸인 우두머리가 도시에서 돌아왔다. 그와 부하들이 한쪽으로 모이더니 흥분해서 이야기했다. 날이 어두워지자 그들은 우리를 말에 들어 올려 남문을 통해 도시로 들어갔다. 문에서 체첸 우두머리는 경찰 관계자들에게 도시에서 가져온 종이를 한 장 보여주었고, 체첸인들이 입장하도록 허가받았다. 다른 집들보다 높게 테라스가 있는 집까지 우리는 어둡고 좁은 길을 지나갔다. 길에서 떨어진 마당으로 들어가는 문은 철문이었다. 튀르키예의 문지기 하말Hammal이 문가에서 기다리다 문을 열어 주었다.

노상강도들은 말에서 내렸고 우리를 들어서 땅에 내려놓았다. 그 우두머리는 안에서 우리에게 손짓했다. 부하 여섯 명과 함께 집으로 들어가 우리 뒤의 문을 닫았다. 체첸인들 가운데 몇은 집 안으로 들어갔다. 몇 분 뒤에 그들은 어떤 외국인을 따라 다시 나왔다. 난 이 외국인이 입은 군복이 독일 것이라는 사실을 알아챘다.

 하인들이 등불을 들고 뒤따르고 있었고, 군인들은 우리 얼굴을 수치스럽도록 샅샅이 뜯어보았다. 소녀들 가운데 여덟 명만이 그들을 만족시켰다. 나는 이 여덟 명 중에 있었다. 우리는 집안으로 떠밀려 들어갔고, 문이 우리 뒤에서 잠겼다. 그 뒤 체첸인들이 나머지 소녀들을 모아 거리로 데려가는 소리가 들렸다. 난 그 소녀들이 어떻게 되었는지 알지 못한다.

 군인과 하인들은 우리를 돌로 바닥을 깐 방으로 데려갔다. 이들은 모두 외국인이었는데, 나중에 알고 보니 모두 독일인이었다. 이 방은 마구간으로 사용하는 곳이었다.

 두세 시간이 지났다. 우리는 시간의 흐름을 쫓을 수가 없었는데 자정이 지난 것 같았고, 군인과 하인들이 우리에게 왔다. 그들은 우리를 마구간에서 데려가 입고 있던 얼마 되지 않는 옷을 가져가 버렸다. 그들은 두려움과 수치심에 휩싸인 우리를 독일 장교복을 입은 세 남자가 있는 방으로 인도했다. 군인은 그들에게 거수경례를 했다. 장교들은 우리를 보자 매우 기분이 좋은 것 같았다. 우리는 팔로 몸을 가리고 서로서로 뒤로 숨으려고 애썼지만, 장교들은 우리를 거칠게 떼어서 끌고 갔다. 장교들은 우리가 당황하는 것을 비웃었고 군인들을 내보냈다. 내가 이해할 수 없는 독일어로 그들에게 뭐라고 말하면서.

 장교들은 그들끼리 역시 독일어로 이야기했다. 그들은 우리를 만지려고 했다. 우리를 구해 달라고, 하나님의 이름으로 옷을 입게 해주고 또 자비를 베풀어 달라고 장교들에게 호소하는 것이 그들을 매우 즐겁게 했다. 거의 이주 동안 나는 이 집의 죄수였다. 최고 장교의 이름은 아우구스트 발젠부르크August Walsenburg 대령이었다. 그는 중년 남성으로 대머리가 심하게 벗겨져 있었다. 곧 나는 그에 관해 많은 것을 알게 되었다. 그는 반에 있는 '동양무역회사'Oriental Handelsgesellschaft와 연결되어 있었다.

그는 예비역 장교였는데 다시 군복무를 하도록 호출되었다. 그는 반에 있는 튀르키예 관계자들이 반에서 군대를 이동하도록 도왔고, 또 그곳의 아르메니아인 학살에 참여했다. 그는 독일 장군에게 보고하도록 명령을 받았는데, 알레포에 있는 그 장군의 이름은 기억나지 않는다. 이곳에서 독일 사령관은 메소포타미아 지역에 파견할 튀르키예 군인들을 조직하고 있었다. 그러나 그가 디야르바키르에 도착하자 코카서스에 러시아가 진출했다는 새로운 소식이 들렸다. 그래서 그는 전보로 디야르바키르에서 지시를 기다리라는 명령을 받았다. 다른 두 명의 장교는 중위였는데 반에서부터 그를 수행하고 있었고, 그들 역시 지시를 기다리고 있었다.

당시 디야르바키르에는 독일 장교들만 있었다. 발리는 그들에게 매우 친절했다. 그는 그들을 위해 우리가 포로로 잡혀간 집을 따로 준비해 놓았다. 쿠르드인과 체첸인들에게 납치된 수많은 어여쁜 아르메니아 소녀들이 이 집으로 왔다. 독일 장교들이 소녀들에게 싫증이 나면 도시 밖에 있는 난민 캠프로 보내 버리거나 튀르크인들에게 팔았다.

그 독일 대령은 내게 복종할 것을 요구했다. 나는 모든 힘을 다해 그와 싸웠다. 나는 그가 날 죽여도 좋다고 말했다. 그는 이것을 매우 즐겼다. 난 그의 죄수로 있으면서 내 삶에서 처음이자 마지막으로 미국에서 '위스키'로 불리는 것을 맛보았다. 쓰고 끔찍했다. 장교들은 이것을 반에서 가져왔다. 그들은 위스키를 많이 마셨고, 위스키는 장교들을 매우 난폭하게 만들었다. 어느 날 밤 그들은 음식을 먹으며 집에 있는 모든 소녀를 방으로 모아 테이블에 앉혀 이 끔찍한 위스키를 억지로 마시게 했다. 위스키가 우리를 약하게 하자 그들은 너무나 기뻐했다.

장교들은 수도원에서 나와 함께 납치된 소녀들을 하나씩 하나씩 내보내고 다시 그 자리를 새로운 소녀들로 채웠다. 난 장교가 다가오면 너무나 맹렬하게 싸웠기 때문에 남게 된 것 같다. 그 대령은 내가 맞서 싸우면 늘 손뼉을 치며 크게 웃었다.

내가 그곳으로 끌려가기 전부터 이 집에서 죄수로 있던 또 다른 소녀도 있었다. 그녀는 특히 하급 장교를 기쁘게 했다. 그녀가 장교들이 위스키를 많이 마시고 특별히 잔인해진 날 밤에 대해 말해 주었다. 장교들은 소녀들 가운데 몇 명을 불러내 옆길로 서도록 한 다음 소녀들의 가슴을 과녁 삼아서 권총을 쐈다. 나중에 나는 튀르키예 사람들이 반의 빌라옛Vilayet에서 사람들을 학살할 때 이런 일을 빈번하게 벌였다고 들었다.

장교들에게 디야르바키르를 떠나라는 마지막 명령이 내려졌다. 나는 그들이 하르풋으로 가야 할 거라고 이해했다. 그들은 바로 떠날 준비를 했고, 떠날 시간은 다음 날 아침으로 정해졌다. 그들은 집에 수많은 양탄자와 귀한 보석을 갖고 있었다. 이것들은 쿠르드인과 체첸인들이 아르메니아인들에게서 훔친 것을 사들인 것이다. 조심스럽게 포장해 상자에 담은 이 전리품들은 라셀-엘-아인Rasel-el-Ain에서 철로로 이동할 카라반caravan, 이동식 주택 또는 포장마차 한 대가 도착할 때까지 발리가 그들을 위해 보관할 것이다.

그들은 너무나 서두르는 나머지 우리에게 전혀 관심을 두지 않았다. 그들이 떠나자 하인들도 다 주인의 말 뒤에서 나귀를 타고 동행했다. 그래서 우리만 집에 남았다.

튀르키예 경찰에게 발각될지도 모른다는 위험이 없다면 우리는 독일 군인에게서 벗어난 것을 기뻐했을지도 모른다. 그렇지만 튀르키예 경찰이 우리를 발견할 것은 확실했다. 우리는 하인들이 우리 옷을 숨겨 놓은 어두운 방을 발견할 때까지 집을 뒤졌다. 이 방에는 그간 끌려온 모든 아르메니아 소녀들의 옷이 버려져 있었다. 우리는 저마다 몸을 덮을 것을 찾아냈다.

우리는 밤낮을 가리지 않고 발각될 거라는 공포 속에서 보냈다. 우리는 거리로 나가는 위험을 무릅쓰는 것이 두려웠고, 그곳에 머무는 것도 두려웠다. 도시에는 외국 선교사가 많이 있었지만, 우리는 결코 그곳까지 도달하지 못할 것이다.

장교들이 떠난 셋째 날, 튀르키예 경찰들이 왔다. 그들은 집에서 누군가를 발견할 수 있으리라 예상하지 못한 것 같았다. 그렇지만 독일인들이 짐을 싸다 남겨 두었을지도 모르는 것들을 찾으러 왔다.

우리는 경찰들이 마당의 문을 통과해 집으로 들어오는 것을 보았다. 우리가 숨을 수 있는 곳은 한 군데도 없었다. 그 집은 층층이 지어져 있었기 때문이다. 우리는 웅크리고 구석에 모여 앉아 붙잡히는 순간을 미루고 있었다. 경찰들은 마당에서 우리를 보았고 소리를 지르며 덮쳐 왔다.

어떤 장교가 있던 방을 지나 달리다 난 그가 남겨 둔 칼 한 자루를 발견했다. 난 이 칼을 움켜쥐고 옷 속에 숨겼다. 체메쉬-게드쯕에 있는 우리 집에서 끌려온 이래로 나는 무기라는 것을 처음 손에 쥐어 보았다.

덫에 걸린 다른 소녀들과 마찬가지로, 한 경찰이 나를 방구석으로 몰았다. 그는 내 팔을 붙잡았다. 그의 손에 끌려가는 나를 한 경찰 장교가 보았다. 그는 그 남자를 멈춰 세워 나를 낚아채고는 "너는 다른 애를 찾아."라고 명령했다. 그 장교는 나를 방으로 밀어 넣었다.

그러나 그가 나를 잡으려 할 때, 나는 칼을 쥐고 그에게 달려들었다. 난 하나님이 내 손을 인도하시는 것을 알고 있었다. 내가 그를 죽인 것이 확실하기 때문이다. 그는 내 발치로 고꾸라졌다.

집 안 곳곳에서 또 마당에서 경찰들은 소녀들에게 정신이 팔려 있었다. 나는 들키지 않고 거리로 나왔다. 모든 방향을 살펴보았다. 튀르키예 여자 한 명을 빼고는 아무도 없었다. 그녀는 길 건너편 집에서 나왔다. 난 곧장 잡혔다고 생각했고, 아직 옷 속에 감춰 둔 칼을 움켜잡았다.

그렇지만 그 튀르키예 여인은 친절했다. 그녀는 나를 불쌍하게 여겼다. 그녀는 문으로 들어서며 따라 들어오라고 손짓했다. 나는 두려웠지만 그녀를 믿었다. 그녀는 문을 닫고 나를 안아 주었다. 그녀는 나와 내 동족에게 너무나 미안해하면서 나를 돕겠다고 말했다. 그러나 나를 감히 집 안으로 데려가지 못했다. 그녀는 내가 마당에 밤까지 숨어 있다가 도시 밖 난민들이 있는 곳으로 빠져나갈 수 있을 거라 말했다.

낮에 그녀가 음식을 가져다주었다. 어두워지자 그녀는 나를 떠나게 하려고 내게 와서 입맞춤해 주었고 삼 리라를 주었다. 남편에게 잔소리를 들으면서 얻지 않은, 그녀가 모아 두었던 전부였다. 그녀는 "북문으로 가야 해. 남문 말고."라고 내게 말해 주었다.

"남문으로 이동한 난민은 모두 살해됐어. 북문 너머에 야영하는 사람들은 살아 있을 거야. 그렇지만 밤에는 이 난민들에게 합류하지 말아야 해. 그렇지 않으면 너도 학살당할지 몰라. 도시에서 일 킬로미터 넘게 떨어진 카라-자$^{Kara-jah}$ 언덕을 지나는 길 바위틈에 숨어 있어. 아르메니아 사람들이 이동할 때 만약 이 바위를 지나면, 그건 그들이 살도록 허락받았다는 뜻이야."

난 무척이나 조심스럽게 그늘로 숨어 다녔기 때문에, 아무런 제지 없이 북문에 도착했다. 경찰들이 문을 지키긴 했지만, 그들은 그리 주의를 기울이지 않았다. 나는 들판을 달려 친절한 튀르키예 부인이 내게 가르쳐 준 방향을 따라 드디어 바위들 사이에 다다랐다. 이 바위들에는 북쪽 도시의 가장자리를 두르는 낮은 언덕들을 통과하는 길이 표시되어 있었다. 디야르바키르에서 남쪽 사막으로 보내진 난민들은 이 길을 반드시 통과해야만 했다. 나는 밤새도록 바위틈에서 기다렸다.

아침이 되자 난 도시 근처 들판에서 두리번거리는 군인이나 쿠르드인, 그리고 체첸인에게 들키지 않는 길로 갈 방법을 생각했다. 이 길에서 동족이 지나갈 때까지 기다릴 수 있었다.

그러나 내가 바위틈의 좁은 길을 통과해 내가 작정한 길을 걷는 동안 경찰 명 몇이 길 뒤에서 나를 향해 오고 있는 것을 보았다. 난 그 누구도 만날 것이라고 예상하지 못했다. 난 자신을 진정시키기 전에 비명이 나왔다. 경찰들이 내 소리를 들었고, 나는 바위 사이의 안식처로 달렸다. 그리고는 칼을 꺼냈다. 다시 납치되기보다 자살하는 것이 나을지도 몰랐다. 그렇지만 난 하나님이 용납하시지 않을까 봐 두려웠다. 경찰들이 바위틈에서 나를 찾는 동안 난 무릎을 꿇고 하나님께 내가 무엇을 해야 할지 말해 달라고 기도했다. 만약 경찰들이 나를 발견하기 전에 내가 자살해서 하나님이 나를 책망하시면? "하나님, 내게 말씀해 주세요. 지금 당신께로 가야 할까요, 아니면 당신이 나를 부를 때까지 기다려야 할까요?" 나는 그에게 물었다.

하나님이 내 이야기를 들으셨다는 것을 알았고, 나는 그에게 대답했다. 뭔가가 내게 칼을 멀리 던져 버리라고 말했다. 그래서 난 그렇게 했다.

그것이 하나님의 뜻이었다는 것을 얼마 뒤에 알았다. 하나님은 나를 어머니의 품으로 인도해 주셨다. 튀르크인들이 어머니를 죽이기 전에 나는 다시 한 번 어머니와 함께 있도록 허락받았다.

11장

> "나랑 무슨 상관이야.
> 난 무척 재밌어!"

난 칼을 던져 버리고 일어섰다. 경찰들은 곧 나를 발견했다. 나는 무슨 일이 벌어지든 감수하기로 마음먹고 그들에게서 도망가지 않았다.

난 그들에게 내가 도시에서 나왔으며 내 동족과 합류하고 싶다고 말했다. 그들이 나를 해치지 않는다면 나도 아무 문제를 일으키지 않을 거라고 말했다. 난 선량한 튀르키예 부인이 준 삼 리라를 여전히 가지고 있었지만, 만약 그 돈을 경찰에게 준다면 그들은 나를 더 수색하고 죽일지도 모른다는 것을 알고 있었다. 그래서 나는 그들에게 나를 무리에 합류시켜 준다면 내 동족에게서 돈을 얻어 주겠다고 말했다.

"어쩌면 모두 죽었을 수도 있고, 어쩌면 다는 아닐 수도 있지. 우리는 모른다. 어쨌든 우리랑 가자. 우리에게 돈을 얻어 줘라. 그러면 너를 살려 줄 테니."

그들 가운데 한 명이 내게 말했다.

그들과 같이 잠깐을 걷고 나니 긴 난민 행렬이 우리 쪽으로 오는 것이 보였다. 그러자 그 튀르키예 경찰들은 멈춰 섰다. 그들이 이야기하는 것을 듣고서, 그들이 이 난민 무리를 지키는 경비들과 합류하기 위해서 조금 떨어진 마을에서 파견되었다는 것을 알게 되었다. 곧 난민 무리가 가까이 왔다. 경찰들은 내가 대열 앞쪽 근처에 꼭 머물러야 하며, 잠시 뒤에 와서 나를 수색할 것이라고 말했다. 그때 내가 돈을 가지고 있어야 하며 그렇지 않으면 나를 끌고 가 죽일 것이라고 했다. 몇 시간 뒤 그들이 왔고 난 삼 리라를 주어 약속을 지켰다. 그들은 나를 성폭행하지 않았다.

합류한 난민 무리는 에르제롬Erzeroum과 그 지역의 작은 도시에서 왔다. 무리 가운데 얼마 안 되는 아르메니아 남자들을 보자 내 가슴은 기쁨으로 벅차게 뛰었다. 그렇게 오랫동안 동족의 남자를 본 것은 이번이 처음이었다. 남편이나 아버지가 아직도 함께 있는 여자들을 생각하니 너무나 행복했다. 내가 경찰 손아귀에서 벗어나 무리로 넘어오자 나를 본 부인들은 팔을 벌려 나를 맞아 주었다. 그들은 내가 지난밤 자신들의 무리에서 납치당한 소녀인 줄 알았다. 난 디야르바키르에서 도망쳤다고 말했고 사람들은 기뻐해 주었다. 튀르크인에게 열여섯 살짜리 딸을 빼앗긴 한 부인이 내가 딸의 자리를 대신해 주면 좋겠다고 말해 나는 그 부인과 같이 행진했다. 여섯 살 난 다른 어린 딸이 아직 그 부인 곁에 있었다.

이 무리에는 이천 명이 넘는 이들이 있었다. 이들은 에르제룸과 인근 마을에서 강제 이주된 사만 가족들 가운데서 살아남은 전부였다. 에르제룸은 디야르바키르에서 북쪽으로 곧장 이백오십 킬로미터 떨어진 곳에 있다. 그곳의 아르메니아인들은 두 방향으로 디야르바키르로 보내졌다. 어떤 이들은 에르진잔과 말라티아의 길을 거쳐 왔다. 이들은 거의 오백 킬로미터를 걸었다. 다른 이들은 케치누스Khnuss와 빗리스Bitlis를 거쳐 사백 킬로미터를 걸었다. 이 두 무리의 생존자들은 거의 동시에 디야르바키르에 도착했는데, 빗리스를 거쳐 온 사람들이 여러 날 동안 길을 따라 있는 마을에 계속 억류당했기 때문이었다.

에르제룸에서 아르메니아인들의 유일한 친구는 미국 영사 대리인 로버트 스테이플턴Robert Stapleton, 선량한 바델레Badvelli였다. 스테이플턴 박사는 아르메니아 소녀들을 구해 에르제룸에 있는 자신의 집을 가득 채웠고, 튀르크인들이 소녀들을 내놓으라고 요구하자 문 위에 걸린 미국기를 보여주며 떠나라고 했다. 내가 합류했을 때 이 무리에는 딸들을 스테이플턴 박사의 보호 아래 두고 떠나온 어머니들이 많았다. 어머니들은 아직도 딸들이 안전한지 궁금해했다.

여러 달 뒤 나는 미국인 바델레가 러시아인들이 에르제룸으로 와서 이 소녀들을 러시아의 보호 아래 둘 때까지 모두를 안전하게 보호했다는 사실을 알게 되었다.

에르진잔을 통과한 무리에 거의 칠만 오천 명의 남자, 여자, 그리고 아이들이 있었다. 이들 가운데 오백 명만이 디야르바키르에 도착했다. 예쁘고 어린 소녀들은 쿠르드족이나 경찰에게 납치되어 튀르크인들에게 넘겨졌다. 열 살이 안 된 어린 여자아이들은 튼튼하지 않거나 예쁘지 않으면 살해되었다. 남은 여자아이들은 튀르키예 농부에게 팔리거나 콘스탄티노플로 보내져 부유한 튀르크인들의 하렘으로 팔려 나갔다. 납치당하지 않은 젊은 여자들 다수는 죽을 때까지 무섭게 폭행당했다. 병든 할머니와 여자들은 길가에 버려지거나 바로 살해되었다. 그래서 오백 명만 남았다.

다른 무리에서는 고작 만 오천 명만 살아남았고, 남자는 어림잡아 삼백 명 가량이 있었다. 이 무리는 오만 명을 헤아렸는데 대부분 에르제롬 인근의 작은 도시에서 끌려왔고, 에르제롬 출신의 교사와 은행가, 상인과 전문가를 비롯해 부유한 가족들도 많았다.

두 무리의 사람들이 디야르바키르 밖의 야영지에서 서로를 알아보고 매우 즐거워했다. 이들끼리 야영지를 옮기는 것이 허락되었다. 사람들 모두 돈과 귀중품을 빼앗겨서 도시 안에 머물 수 있는 뇌물을 발리에게 바칠 수 없었기 때문에 열하루를 도시 밖에서 야영했다.

우리가 디야르바키르 밖에서 야영하는 동안 밤마다 튀르크인들이 도시에서 나와 소녀들을 납치해 갔고, 군인들은 나와서 잠시 동안 소녀와 젊은 여자들을 빌려 갔다. 난민들은 하루걸러 일 인당 한 덩어리씩 발리가 보내온 빵밖에 먹을 것이 없었다. 가끔 도시 안에 있는 미국 선교사들이 튀르키예 물장수에게 뇌물을 주고 밀거래를 통해 겨우겨우 마련한 것들을 전해 주었다.

내가 바위에 숨어 있는 동안 사람들은 아침에 다시 이동하게 된다는 소식을 들었다. 이번에는 오르파Ourfa를 향해서다. 사람들은 튀르키예 장교에게 좀 더 머물게 해달라고 애원했다. 많은 사람들이 발이 부어 고생하고 있었기 때문인데, 열하루를 쉬는 동안 발은 더 아파 왔고 심지어는 터지기까지 했다. 그들은 발이 좀 괜찮아질 때까지 기다리는 것을 허락해 달라고 간청했지만 튀르크인들은 허용하지 않았다.

결국 사람들은 아침 일찍 출발했고, 난 이들과 함께 있었다. 내 앞에 오르파로 향하는 긴 행렬이 이어져 있었는데, 아라비아사막을 향해 삼백 킬로미터를 더 가야 했다. 만약 내가 길을 가는 도중에 다시 납치되는 거친 운명에 휘말리지 않는다면 말이다.

몇 주 전 부활절 아침 집에서 끌려온 이후 처음으로, 나는 오르파로 향하는 동족 무리에 합류했을 때야 비로소 알게 되었다. 디야르바키르에서 난민 야영지로 온 군인들은 말했다. 다마스쿠스 철로가 지나는 대도시 알레포에 도착한 난민 모두 그곳에서 유프라테스 남쪽의 데시-엘-조시Der-el-Zor 지역으로 이동할 것이며 이 지역에서 사막을 관통하는 군사 도로 건설에 투입될 계획이라고. 소수의 남자들만 살아서 그곳에 도착하기 때문에 튼튼한 여자들도 건설에 투입될 계획이었다.

그렇지만 늘 구조될 것이라는 희망이 있었다. 많은 아르메니아인들에게 미국 친구가 있었고, 고향을 떠나 멋진 미국으로 이주한 아들과 형제들이 있었다. 사람들은 죽기 전에 미국에서 도움이 오기를 매일 밤 기도했다. 심지어는 도움이 오고 있다는 소문도 돌았다. 미국의 선량한 사람들이 돈과 옷과 음식을 보내는 중이며 튀르크인들이 더 자비롭게 행동하도록 애쓰는 중이라는 것이었다. 이것은 살아남은 수천 명이 품은 희망이었다.

이 무리에 합류했을 때 사람들은 발이 부어 아주 천천히 움직일 수 있을 뿐이었다. 내가 발각된 바위에 도착하니 길은 너무 좁고 돌이 날카로워서 발이 부어터진 이들이 그 길을 지나는 것은 큰 고통이었다. 우리는 이 킬로미터 가까이 이 바위 골짜기를 따라 걸어야 했다. 그러고 나자 우리는 다시 들판으로 나왔다. 난 독일인들의 집에서 찾은 가

죽 바닥을 댄 샌들을 신고 있었는데, 이것을 함께 행진하자고 한 부인에게 주었다. 그 부인의 발에서 피가 흐르고 있었기 때문이다. 사람들은 그저 옷에서 찢어낸 넝마를 둘렀을 뿐, 그 누구도 신발이나 슬리퍼처럼 발을 감쌀 그 무엇도 신고 있지 않았다.

디야르바키르 밖에서 난민 몇몇은 몸에 둘둘 말아서 가져온 레이스를 주고 당나귀나 아라바araba, 소가 끄는 수레를 얻었다. 사람들은 오르파에 도착할 때까지 이 수레를 가져가도 좋다는 이야기를 들었다. 아라바에는 디야르바키르에서 가끔 있던 배급으로 받은 작은 빵들을 많이 숨겨 놓았는데, 이 빵들로 길에서 굶주리는 고통을 피하길 바라고 있었다. 그렇지만 바위에 도착하자 길이 너무 비좁아 아라바로 통과하는 데 큰 문제가 있었다.

반대편 튀르키예 마을에서 사람들 몇몇이 바윗길로 다가왔다. 그들은 난민들이 아라바를 끌며 곤란해하는 것을 보고 우리를 지키는 경찰에게 자신들이 나귀와 수레를 가질 수 없겠는지 물었다. 경찰은 자신들에게 돈을 내면 나귀와 수레를 가져갈 수 있다고 말했다.

그래서 튀르키예 마을 사람들은 경찰들에게 돈을 지불했고 우리에게 달려들어 동물과 수레를 끌고 갔다. 마을 사람들은 우리가 수레 안에 있는 얼마 되지 않는 소유물과 빵을 가져가는 것을 용납하지 않았다. 수레에 든 모든 것까지 경찰에게 샀다고 말하면서.

어떤 수레에는 아홉 살 난 쌍둥이 소녀가 타고 있었고, 이 쌍둥이의 어머니는 디야르바키르에서 죽었다. 숙모가 이 둘을 보호하고 있었다. 세 번이나 군인들에게 뇌물을 주어 아이들을 지켜냈고, 지금은 뇌물로 줄 그 어떤 것도 갖고 있지 않았다. 숙모는 쌍둥이를 살리고 고달픈 여정에서 보호할 방법이라고 생각해 쌍둥이를 아라바에 숨겨 놓았다. 그런데 수레를 산 마을 사람은 쌍둥이를 내리지 못하게 했다. 쌍둥이는 수레와 함께 가야 한다고 말했다.

숙모는 제정신을 잃고 크게 소리를 질렀다. 그녀는 마을 사람을 맨손으로 공격했다. 옆에 있던 어떤 아르메니아 남자와 많은 여자들이 혼자 있는 튀르크인에게 달려들었다. 경찰 셋이 달려왔지만 아르메니아 여자들과 남자는 결연했고 경찰은 마을 사람을 돕는 것이 겁이 났다. 경찰은 마을 사람에게 두 소녀를 돌려주게 했다.

이 무리에 대략 이천 명의 난민들이 있었지만, 헤아려 보니 경비는 열한 명뿐이었다. 디야르바키르의 튀르크인들은 가능한 한 많은 인력을 북쪽 군대로 보냈기 때문에 난민을 지킬 경비는 매우 제한되어 있었다. 경찰이 더 많았더라면 그 튀르키예 남자가 어린 쌍둥이 소녀를 훔쳐 가게 놔두었을 것이다.

다음 마을에서 경찰들은 행진하는 동안 자신들의 관례적인 권리를 즐기려면 더 많은 인력이 필요하다고 결정했다. 그들은 마을에서 우리를 멈추게 하더니 마을의 우두머리 격인 지방행정관과 긴 대화를 나눴다. 곧 이 행정관이 다가왔고 이제까지 내가 본 중에 가장 사악해 보이는 튀르크인 이삼십 명이 그 뒤를 따랐다. 남자들은 각자 총이 있었고, 경찰 권위를 표시하는 모로 된 빨간 완장을 팔에 차고 있었다. 길을 가는 동안 이들은 경찰 보충 경비로 우리 사이에 배치되었다.

둘째 날 행진하다 우리는 말을 탄 튀르키예 군인들을 만났다. 그들은 매우 편안해 보이는 지붕 달린 아라바를 탄 사람들을 호위하고 있었다. 이 아라바는 부유한 이들이 튀르키예 내륙을 여행할 때 쓰는 것이다. 이 아라바에는 튀르크인들의 부인인 하눔hanums 사십 명이 타고 있었는데, 남편들과 합류하기 위해 군인의 호위를 받으며 에르제롬으로 가는 중이었다. 이들의 남편들은 고위 군사 장교로 그곳의 거대한 군사 요새에서 군인들과 함께 있었다.

우리 무리가 다가가자 하눔의 아라바들이 멈춰 섰고 군인들은 경비들에게 우리를 세우라고 지시했다. 그때 몇몇 아라바에 여덟 살에서 열두 살 사이의 어린 아르메니아 소녀들이 타고 있는 것이 보였다. 모두 아주 귀엽고 온화해 보였는데, 한결같이 부유한 집안의 딸들 같았다. 그들 가운데 몇 명이 커튼 아래로 작은 손을 흔들었다. 그래서 우리는 이 아이들을 볼 수 있었다. 아라바마다 여섯에서 열 명의 아이들이 타고 있었고, 하눔이 탄 아라바들은 다른 아이들을 감추고 있었다.

이 어린 소녀들은 오르파와 알레포에서 왔다고 했다. 그들의 부모와 친척은 모두 살해되었고 그들은 하눔들에게 넘겨졌다. 소녀들 가운데 일부를 에르제룸에 있는 이슬람 학교로 보내려 했는데, 그래야 조금 더 나이가 들면 아이들을 팔 수 있었다. 다른 아이들은 하인으로 데리고 있거나 곧장 부유한 튀르크인 친구들에게 팔려고 했다.

하눔들은 아라바에서 내려와 우리를 지키는 경찰에게 우리 무리에 예쁜 소녀가 있는지 물었다. 경찰은 이들에게 어린 여자아이들을 잃어버리고 싶지 않았다. 경찰들은 이들이 돈을 내지 않고 아이들을 데려갈 것이라고 생각했다. 그래서 아무도 없다고 말했다. 어떤 하눔이 어머니에게 꼭 붙어 있는 한 소녀를 보고는 자기에게 데려오라고 강력히 말했다. 자세히 뜯어보니 소녀가 예쁘다는 것을 알았고, 군인 한 명에게 소녀를 수레에 태우라고 명령했다.

그 아이의 어머니는 절망적으로 소녀를 끌어안았다. 하눔이 곁에 있던 군인과 함께 작은 여자아이 손을 잡고 어머니를 떼어 내었다. 그러자 어머니는 이성을 잃고 하눔을 쳤다.

군인은 즉시 아이 어머니를 꼼짝 못하게 잡고 그 하눔에게 물었다.

"이 여자를 어떻게 할까요?"

그러자 하눔이 말했다.

"이 여자를 태울 기름이 좀 있나?"

군인이 대답했다.

"없습니다."

그러자 그 하눔은 손을 내밀었고, 군인은 권총을 그 여자에게 건넸다. 그 튀르키예 여자는 아이 어머니에게 다가서 총을 쐈다. 그런 후 여자아이의 손을 잡고 아라바로 끌었다. 그 소녀는 어머니에게 입을 맞추고 싶어 했지만 하눔은 아이를 거칠게 잡아당겼다.

우리 무리에는 학살이 시작되었을 때 디야르바키르로 도망친 반의 위대한 학자인 아부하야치안Abouhayatian 아가의 부인이 있었다. 그녀의 남편은 제브데트 베이의 친구였다. 군인들이 반에서 아르메니아인들에게 공격을 퍼붓자, 그녀의 남편이 제브데트 베이에게 가서 항의했다고 부인이 내게 말해 주었다. 그 베이의 대답은 이제 튀르키예 전역에서 유명해졌는데, "Ishhim yok. Keifim tchok!(나랑 무슨 상관이야. 난 무척 재밌어!)"라고 했다는 것이다. 그 뒤로 일반 군인들이 아르메니아인의 학살에 파견되면, 그들은 서로서로 이렇게 불렀다.

"Ishim yok. keifim tchok!"

내가 걸어 간 같은 길을 사십 만 명이 넘는 내 동족이 딛고 갔고 그들 가운데 어떤 이들은 그곳에 도착하기 위해서 천육백 킬로미터나 그 이상을 걸었다. 이들 가운데 고향에서 강제 이주당해 지금까지 살아남은 수백만 명 가운데 얼마 안 되는 생존자들은 빵과 음식이 없는 사막에서 목숨을 잃었다.

하나님은 내가 도망친 이 사막으로 돈과 음식을 가지고 어쩌면 아직 살아 있을지도 모르는 내 동족에게 곧 돌아가도록 허락하셨다.

밤이 되어 우리가 마을 근처에서 야영을 하자 경찰들은 마을의 경찰을 초대했고, 그들에게 밤을 보낼 젊은 여자들을 팔았다. 이 젊은 여자들의 어머니나 친척들은 감히 항의조차 하지 못했다. 그랬다가는 경찰들이 그들을 죽일 것이기 때문이었다. 때때로 몇몇 마을에는 더 높은 계층의 튀르크인들이 있었고, 그들은 어린 여자아이들을 골라서 샀다. 그들은 우리 경비들에게 돈을 내고 그들이 좋아하는 아이를 어머니 품에서 빼앗아 갔다. 이 아이들은 무슬림이 되도록 교육받고, 충분히 자라면 들판에서 일할 것이다. 뿐만 아니라 이 아이들 가운데 몇몇은 첩이 된다.

여행 초반에 아기가 셋 태어났다. 출산 전후에도 임산부들에게 길을 가다 쉬는 것은 용납되지 않았다. 이 임부들은 아기가 태어날 때까지 계속 제 발로 걷도록 강요당했다. 가끔씩 남자들이 임산부를 잠시라도 업으면 경찰들은 임산부를 내려놓게 했다. 경찰들은 여자들이 알라를 믿지 않는 생명을 세상에 가져오기 때문에 업어 줄 가치가 없다고 말했다.

언제나 이런 사건들은 경찰들을 무척이나 즐겁게 만들었다. 어떤 경찰이 막 아기가 태어나려는 것을 보고 동료를 불렀고, 그녀 가까이에서 걸으며 이 가엾은 여자를 최후의 순간까지 계속 걷게 만들었다. 그들은 산모 가까이에서 웃고 시시덕거렸다. 아기가 태어나자마자 어머니는 일어서서 제 발로 걸어야 했다. 산모가 걷지 못하면 경찰은 산모를 길 위에 버려두고 무리를 계속 이동시킬 것이다.

경찰은 태어난 아기를 대부분 죽였다. 그들은 나와 가까운 데서 태어난 처음의 두 아기를 어머니한테 뺏어가 공처럼 공중으로 던지고 잡았다. 이렇게 서너 번을 반복하더니 아기를 던져버렸다. 어머니들은 이런 꼴을 보면서도 계속 걷지 않을 수 없었다. 세 번째 아기는 죽임을 당하지 않았다. 아기는 우리가 막 야영을 시작한 저녁에 태어났다. 경찰들은 말을 간수하느라 바빠서 우리를 눈여겨보지 않았다. 이 아기는 귀여운 남자 아기였다. 아기 아빠는 죽었다. 아기 어머니는 무척 행복하면서도 슬펐다. 두 감정이 모두 솟아났다. 어머니가 아기를 품에 안았다. 하나님께 아기를 살려 달라 했지만 길이 없었다. 어머니가 음식을 못 먹었기 때문에 아기에게 젖을 물릴 수가 없었다. 이 작은 생명은 어머니의 품에서 굶어 죽었다.

마을이 있던 지역을 떠나자 우리는 물 때문에 고통을 겪었다. 경찰들은 큰 물주머니를 안장에 싣고 다녔지만 우리에게 물을 주지 않았다. 여러 날 동안 우리는 갈증을 풀어 줄 물 한 방울도 없이 계속해서 걸었다. 그러다가 우리는 샘이나 우물 주변에 튀르크인들이 모여 사는 곳에 이르렀다. 튀르키예 사람들은 물 한 바가지마다 값을 치르라고 요구하면서 우리를 우물 근처에 가지 못하게 했다. 남자들은 총과 막대기를 들고 우물을 지켜 서 있었다.

사람들 가운데 그 누구도 지불할 것을 남겨두지 못했다. 여자들은 용기를 내어 다가가서 우물을 지키는 남자들에게 무릎을 꿇고 귀중한 물 한 모금만 달라고 애걸했다. 가끔 튀르키예 사람들은 우리가 줄 것이 아무것도 없다는 확신이 서면 우물로 가게 해 주었다. 그러나 늘 그런 것은 아니었다. 어떤 마을에서 순례자로 지내던 하지라고 불리는 우두머리가 우리에게 양탄자나 돈을 낼 수 없다면 대신 튼튼한 남자 세 명을 그에게 내놓아야 한다고 주장했다. 이 세 남자들은 우물에서 물을 길어 들판이 젖을 때까지 일해야 한다는 것이다.

우리는 경비에게 호소했지만 그들은 우리 편이 아니었다. 그들은 튀르크인들 곁에 서서 물을 마시고 싶으면 기꺼이 대가를 지불해야 한다고 말했다. 이날 우리 가운데 삼십 명이 애타게 물을 찾다가 죽었다. 어떤 여자들은 혀가 너무나 부어올라 말을 할 수가 없었다. 사람들이 한 덩이가 되어 우물로 몰려들었다는 소문도 있었지만, 우리는 그런 행동이 큰 대가를 치르게 될 것을 알고 있었다. 우리를 지키는 경찰들이 총을 들고 근처에 서 있었는데 우리를 모함하며 학살을 자행할 수 있다.

이윽고 에르제롬에서 학교를 다니던 하르투네 예게리안Hartoune Yegarian이 스스로 희생하겠다고 말했다. 그는 자신을 내놓을 다른 남자 두 명이 더 있는지 물었다. 아내가 죽고 딸도 없는 두 남자가 즉시 그러겠다고 나섰다. 많은 여자들이 그들을 껴안았다. 하르투네는 나와 가까이 서 있었는데 나는 그를 불렀다. 그는 나를 보고 말했다.

"나 때문에 울지 마. 꼬마 아가씨. 아르메니아 사람들은 모두 동족을 위해 자신을 내놓는 것을 기뻐해야 해."

그는 내게 입 맞췄고, 난 그의 입맞춤을 하나님의 것으로 여겼다.

이 세 남자는 자신들이 머물러서 일하겠다고 말했고, 튀르크인들은 우리에게 물을 마시도록 했다. 우리는 모두 물을 마시고 물을 담아서 떠났다.

오르파까지 가는 길의 절반쯤에 있는 도시 세베렉Severeg에 도착했을 때는 나흘 동안이나 물 없이 지낸 상태였다. 세베렉의 한쪽에는 우물이 세 개 있었는데, 이 우물들은 인공 호수에 물을 공급하고 있었다. 우리가 도착했을 때 이 인공 호수는 물이 가득 차 있었다.

여자 몇몇은 너무나 바짝 목이 말라서 호수로 곧장 몸을 던졌다가 익사했다. 다른 이들은 호수에 다다를 때까지 기다릴 수가 없어서 우물로 뛰어들었다.

너무 많은 이들이 뛰어드는 바람에 우물이 사람들로 꽉 찰 지경이 되었고, 우리를 보려고 나온 튀르크인들은 사람들을 건져 내야 했다. 제정신을 유지하던 사람들은 끌려 나온 사람들 주변으로 몰려들어 그들의 젖은 옷으로 혀를 적셨다.

세베렉을 떠난 뒤 열병이 우리 무리를 덮쳤다. 매일 많은 이들이 길가에서 죽었다. 경찰은 우리한테서 떨어져 말을 탔고, 남자든 여자든 뒤처지면 총을 쐈다. 열병으로 고생하는 이들의 목구멍이 바짝 타들어가자 남자들은 우물이 있는 다음 주택가로 왔을 때 총을 든 튀르크인과 경찰에게 용기를 내어 몰려들었다.

그런 일이 있는 뒤로 경찰은 우리를 너무 핍박하는 것을 조심했지만, 우리는 디야르바키르를 떠난 지 이십삼일 만에 도착한 '악마의 협곡'이라고 불리는 쉐이탄 데레씨Sheitan Deressi에서 보복을 당했다.

우리 무리가 모두 협곡으로 들어서자 경찰들은 말을 놓아두고 위로 올라가 총을 쐈다. 우리는 덫에 걸려 돌아갈 수도 도망갈 수도 없었다. 경찰들은 먼저 남자들을 겨냥했다. 이른 아침부터 어두워질 때까지 그들은 협곡의 높은 곳 사방에서 계속 발사했고, 총 한 방 한 방에 남자들이 쓰러졌다. 저녁에는 전부 죽거나 치명적인 부상을 당했다.

밤이 되자 경찰들은 아래로 내려와 칼과 총검으로 여자들을 죽이기 시작했다. 그들은 나이 든 여자들을 먼저 골라냈고, 곧 이들은 모두 죽었다. 협곡 위로 달이 환하게 밝자 경찰들은 젊은 부인이나 과부가 된 여자를 골라내 불구로 만들며 즐거워했다. 그들은 여자들을 바로 죽이지 않고 손가락이나 손, 가슴 등을 잘라냈다. 어떤 경찰은 눈을 도려내기도 했다.

새벽이 오자 바위 뒤에 숨는 데 성공하거나 젊어서 튀르크인들에게 팔 수 있는 얼마 안 되는 이들만 살아남았다. 숫자를 헤아려 보니 나와 같이 디야르바키르를 떠난 이천 명 가운데 백육십 명만 살아 있었다. 대량 학살의 시기에 정확히 이 지점에서 삼십만 명이 넘는 아르메니아인이 살해당했다고 들었다.

이제 우리는 너무나 적은 수여서 경찰은 우리를 더 빨리 행진하도록 만들었다. 우리가 거의 모두 어렸기 때문에 경찰은 더욱 잔인하게 굴었다. 난 같이 가자고 했던 그 부인이 살아 있는 것을 발견하고 매우 기뻤다. 그녀는 밤새 숨어 있었고 어린 딸 역시 구해 냈다. 그러나 그녀를 만난 나의 기쁨은 곧 슬픔이 되었다. 어린 딸은 그날 열이 올랐다. 그다음 날 딸은 더 걸을 수가 없었다. 경찰은 부인의 딸이 열로 고생한다는 것을 알고 어머니에게 딸을 길가에 남겨두고 떠나라고 명령했다. 어머니는 딸을 바닥에 눕혔지만 아이가 팔을 붙잡고 울자 떠날 수가 없었다. 경찰 한 명이 어머니를 죽일 준비를 하고 총검을 세우며 다가왔고, 난 그 부인을 끌어당겨 위로했다. 우리가 어린 딸을 더 볼 수 없을 때까지 어머니는 한두 걸음을 뗄 때마다 뒤를 돌아보았다.

12장

재회와 그 이후, 그리고
쉐익 질란

매일 밤마다 경찰들은 우리를 끔찍하게 괴롭혔다. 우리 수가 적은 데다, 거의 다 어렸기 때문이다. 여러 날 동안 경찰들은 우리와 함께 길 위에 있었다. 그들은 야영하는 장소의 어둠 속에서 일상적으로 자행하는 여러 잔인한 행동에도, 또 소녀들을 욕보이는 일에도 싫증 나 있었다. 마을에서 채용되어 우리를 감시하던 튀르크인들이 특별히 폭력적이었다. 그들에게는 이것이 이슬람교가 증오하는 기독교인을 처벌할 수 있는 첫 기회였다.

오르파에 다다르자 우리는 마라시Marash의 산쟉Sandjak에서 온 사오백 명 쯤 되는 난민들과 합류했다. 이곳은 아마누스Amanus 북쪽 구역으로 제타Zeitoun, 알부스탄Albustan, 마라시Marash가 큰 도시였다. 이 무리의 사람들은 대부분 마라시에서 왔고 몇몇은 제타에서 왔다. 마라시의 산작 지역에서 아르메니아인을 제거하는 작업은 소아시아의 다른 지역보다 더 늦게 시작되었다. 하이다시Haidar 파샤가 강제 이주 명령을 발표하자 소수의 아르메니아 사람들이 무기를 갖춰 저항했다. 전쟁이 끝났을 때 그들이 반드시 집으로 돌아오도록 허용하지 않는다면 집을 떠나거나 경찰에게 복종하지 않겠다고 버텼다.

하이다시 파샤는 그 무렵 적은 수의 군인을 휘하에 두고 있었다. 그는 아르메니아인들을 추방하려는 계획을 수행하기 위해 알레포로 도움을 청했다. 독일 포병 장교인 샤펜Shappen 대령이 왔다. 그는 다른 독일 장교들과 함께 알레포에서 주둔하고 있었다. 그는 큰 경찰 무리를 조직해서 그들에게 기관총 사용법을 가르쳤다. 그 뒤 그들을 이끌고 다른 독일 장교들과 함께 아르메니아인들의 집을 급습했다. 그는 저항이 있던 다른 지역에서 집에 대고 기관총을 난사했다.

마라시와 그 근처 도시에서 거의 만 사천 명에 이르는 동족들이, 남자와 여자와 아이들이 이 대령의 명령에 따르는 경찰들의 감시를 받으며 추방당했다. 그 어떤 기독교인도 추방당하는 이유를 알지 못했다. 이 지역의 추방자들은 다른 지역에서 온 이들처럼 곧장 바그다드 쪽 사막으로 이동하지 않았다. 그 대신 이들은 한 번에 여러 날 동안, 심지어는 여러 주 동안 물도 음식도 없는 야영지에 억류되었기 때문에 오르파 인근에 도착하는 데 여러 주가 필요했다. 그들이 우리와 합류했을 때, 고향에서 쫓겨난 만 사천 명 가운데 겨우 삼사백 명만 생존해 있었다! 남자는 아무도 살아남지 못했고, 어머니와 딸과 여자 친척들만 남아 있었다.

샤펜 대령은 길에서 삼 주를 지낸 뒤 알레포로 되돌아갔다. 그는 열다섯 살 칠링그라인Tchilingarian 양을 데리고 갔다. 칠링그라인 양은 부모님이 그녀를 교육시키려고 보낸 독일의 사립학교에서 방금 돌아와 있던 참이었다. 그녀는 강제 이주가 시작될 때 마침 방학이어서 집에 와 있었다. 그녀는 아주 예뻤고, 이미 음악으로 상을 받았다고 그녀를 아는 사람이 말해 주었다. 그녀의 가족은 그녀가 가수가 되어 튀르키예 밖에서 우리 민족의 아름다운 발라드 음악을 기독교 세계에 알리게 할 작정이었다.

샤펜 대령은 길에서 보낸 첫날 밤 그녀를 알아보았고 자기 천막으로 데려갔다. 그는 한 경찰을 지명해 그녀를 데리고 돌아갈 때까지 특별히 경호하도록 했다.

그는 사라피안Mrs. Sarapian 부인도 데려갔다. 그녀는 스위스에서 교육받은, 저명한 아르메니아 물리학자 가운데 한 명인 미크란 사라피안 Mikran Sarafian 박사의 젊은 아내였다. 사라피안 부인은 스위스 사람으로, 박사가 스위스 학교를 다닐 때 사랑하게 되었다. 그녀는 그와 결혼하려고 이년 전에 마라시로 왔다. 샤펜 대령은 그녀도 자신의 천막으로 데려갔다. 행진을 시작한 직후에 그녀 남편이 반대하자 한 장교가 경찰에게 그를 쏘라고 명령했다.

샤펜 대령과 그의 동료들은 알레포로 되돌아가기로 결정하고 나귀를 찾으러 몇 킬로미터 안의 주변 마을을 수색하도록 경찰을 보냈다. 이를 위해 장교들은 여자아이들로 거래를 했다. 예쁜 아이는 나귀 한 마리, 평범한 아이라면 나귀 한 마리에 두 명을 바꿨다. 때로는 세 명의 아이가 나귀 한 마리에 거래되기도 했다. 그렇게 그들은 큰 무리의 나귀를 모았고, 이 나귀들은 아마도 군대에서 사용될 것이었다.

마라시에서 온 나머지 기독교인이 우리와 합류한 다음 어느 날, 오르파가 우리 눈에 들어왔다. 우리는 인공 호수 가까이에서 야영하라는 명령을 받았다. 이러한 호수는 무슬림 도시 밖에서 자주 볼 수 있었다. 경찰의 우두머리들은 난민의 도착을 알려주려고 말을 타고 마을로 들어갔다. 곧 길고 흰 코트를 입은 튀르크인들이 우리를 보러 도시에서 나왔다. 그들은 우리 무리가 거의 모두 어린 여자들이라는 것을 보았다. 아직도 어린 여자아이가 남아 있다는 소식이 오르파까지 퍼졌다. 순식간에 수많은 튀르크인들이 넷이나 다섯씩 무리를 지어 왔다.

그들은 경찰에게 젊거나 어린 여자를 데려가게 해 달라고 졸랐다. 그러나 경찰은 당시 기독교인 여자들에 매겨진 높은 시세를 쳐 주지 않는 한 그들의 요구를 들어주지 않겠다고 했다. 그들은 우리를 멀리 데려왔으니 돈을 받겠다고 했다. 경찰들이 우리를 살려 둔 유일한 이유는 '좋은 가격'을 받을 수 있기 때문이었다.

그곳에 온 튀르크인들이 비싼 값을 치르려 하지 않자 경찰들은 그들과 거래하지 않았다. 경찰들은 오르파에 예쁜 아르메니아 여자들을 거래할 좋은 시장이 있다고 말했고, 그곳에서 무테사리프의 허가를 얻어 서로 다른 값을 부르는 구매자를 잡는 것을 더 좋아했다. 튀르크인들은 실망해서 도시로 되돌아갔다.

그날 밤, 해가 지자마자 낮에 왔던 튀르크인들이 다시 와서 인공 호수를 막고 있는 수문을 열었다. 그러자 물이 급히 들판으로 흘러 우리 야영지를 덮쳤다. 우리는 가능한 한 재빠르게 안전한 곳으로 움직였는데, 이때 엄청난 혼란이 일어났다. 경찰조차도 어쩔 줄 몰라 허둥댔다. 이러한 혼란을 틈타 튀르크인들이 몰려들어 예쁜 여자아이들을 붙잡았다. 우리는 아이들을 구할 힘이 없었다. 그들은 육중한 막대기를 들고 있었고, 아이들을 구하려는 어머니와 친척들을 그 막대기로 내리쳤다. 마침내 우리는 물을 피해 다시 모였고, 경찰들은 허둥거림에서 벗어났는데, 튀르크인들은 여자아이들을 열다섯에서 스무 명 가량 납치했다.

호수의 물이 쏟아져 들었을 때 납치당한 아이들에게 닥친 운명이 무엇이었는지는 나중에야 알게 되었다. 하이다시 파샤는 그곳의 고대 가톨릭 아르메니아 수도원을 점령했고, 수도원을 '난민 어린이를 위한 공립 학교'로 전환했다. 내가 미국으로 왔기 때문에 외교관들이 아이를 납치하는 것에 대해 콘스탄티노플의 술탄에게 항의했고 술탄의 관리들은 이렇게 대답했다는 것을 알게 되었다. 정부는 선한 의도에서 아이들을 오르파를 비롯한 여러 도시에 있는 '공립 학교'로 편안히 데려오길 원했다고.

그렇지만 오르파에 있는 '공립 학교'의 실체는 이렇다. 즉, 하이다시 파샤는 거대한 석조 건물인 수도원을 차지하기 위해 베이의 명령 아래 군인들을 수도원으로 보냈다. 군인들은 수도원을 포위하고 수도자들에게 두 줄로 선 군인들 사이로 억지로 걷게 시켰다. 그중에는 특히 가톨릭 신도는 물론 개신교도에게도 무척이나 사랑받는 안토네Antone 신부님과 시레지얀Shiradjian 신부님이 있었다. 군인들은 신부님 뒤에서 수도원 문을 걸어 닫고 도시의 벽 밖에서 수도자들과 함께 행진했다. 그런 후 군인들은 멈춰 서서 이슬람 맹세를 하고 예수를 버릴 수도자들이 얼마나 있는지 물었다.

베이가 말을 마치자 안토네 신부님은 선한 성 토마스 아퀴나스의 옛 노랫말을 읊으며 목소리를 높였고, 모든 수도자가 이를 함께 노래

했다. 이들이 노래하는 동안 군인들은 수도자들이 모두 죽을 때까지 집중 사격했다. 마지막 수도자가 입술에 노랫말을 담은 채 쓰러져 죽었다.

그 뒤 하이다시 파샤는 수도원의 모든 유물과 종교적 상징을 제거했다. 이렇게 없어진 것들 가운데 우리 민족에게 너무나 소중한 것들이 있었다. 예를 들어, 십자가 형틀에서 예수님의 옆구리를 뚫은 긴 창 조각이 있었다. 이것을 비롯해 다른 소중한 것들이 어떻게 되었을까? 예수님과 관련되어 있고, 수도원에서 신부님들이 보관해 온 것들. 이것들은 다마스쿠스로 옮겨졌고 그곳에 있는 이슬람 사원에 놓여 무슬림의 조롱을 받게 할 계획이라고 들었다.

수도원을 '청소'하고 하이다시 파샤는 도시에서 잡혀 온 아르메니아인들 가운데서 최고 가문 출신의 소녀들을 수도원에 가뒀다. 일곱 살에서 열두 살 사이의 아르메니아 여자아이들을 붙잡아 가뒀고 이슬람교를 가르쳐 무슬림으로 자라게 했다. 그는 더 나이 많은 소녀들이 더 어린 소녀들에게 이슬람 신앙을 가르치도록 강요했다. 가장 끔찍하고 잔인한 처벌이었다. 그러고 나면 소아시아 전역의 부유한 튀르크인들이 이 수도원으로 와서 원하는 만큼 어린 여자아이들을 골라 하렘으로 팔 수 있었다. 소녀들은 그곳에서 자라서 복종적인 노예가 되었다.

도시 밖에서 경찰들의 알 수 없는 계획에 따른 처분을 기다리는 동안 도시 문을 열고 나와 우리 쪽으로 오고 있는 쿠르드의 기갑부대, 하미디예hamidieh의 무리가 보였다. 이들은 나귀와 아라바들을 몰고 있었는데, 이는 먼 여행을 앞두고 있다는 뜻이었다. 족히 기마병 연대 하나가 되었음이 틀림없다. 행진할 대열을 길게 만드는 동안 그들이 도시 밖 평원을 가득 메우고 있었기 때문이다.

그들이 백 미터 정도 안으로 다가서 우리를 지나가려 할 때, 기마병 대열 사이로 나귀와 조랑말을 탄 여자들과 아이들 작은 무리가 보였다. 난 이들이 아르메니아인이라는 것을 알아봤다. 이것은 보기 드문 광경이었다. 감시 대신 보호 아래 있는 아르메니아인들. 당시 내 호기심은 바닥나 있었다. 너무나 비일상적인 일들이 나를 둘러싸고 벌어졌다. 무엇이든 나에게 직접 걱정을 끼치지 않는 것에는 관심을 잃어버렸다. 그렇지만 이 이상한 행렬에는 내 관심을 사로잡는 뭔가가 있었다.

나는 바닥에서 일어나 군인들이 지나가는 것을 보려고 야영장 끄트머리로 갔다. 아르메니아 여자들이 더 가까이 다가왔다. 갑자기 나를 둘러싼 온 세상이 안개 속으로 사라지는 것 같았다. 난 말 사이로 달려들었다. 가장 큰 목소리로 고래고래 고함을 질렀다.

"어머니! 어머니! 어머니!"

어머니는 내 목소리를 들었다. 꼬마 호르반도, 마르디로스도, 그리고 사라도 내 목소리를 들었다.

내가 달려가자 어머니는 바닥으로 미끄러져 내려왔다. 난 어머니를 얼싸안으려 했고 그사이 동생들이 내게 매달렸다. 그러나 어머니는 내 팔을 잡고 동생들을 붙잡았다. 어머니는 두 눈을 감고 조용히, 고요히 있었다. 난 어머니에게 말 좀 해 보라고 소리를 질렀다. 끔찍한 두려움이 나를 엄습했다. 어머니가 미쳤을까? 어머니가 말을 못하게 되었을까? 이번에는 비통함에 빠져서 소리를 질렀다. 어머니는 눈을 떴다.

"딸아, 조금만 기다려 다오. 방금 하나님과 이야기를 하는 중이었어. 하나님이 기도를 들어주신 것에 감사하면서!"

어머니는 감미롭고 온화한 목소리로 말씀하셨다. 이 목소리 때문에 내 친구들은 어머니를 무척 사랑했다.

　난 호브난과 마르디로스, 그리고 사라에게 입을 맞추며 눈물을 흘리고, 다시 어머니 얼굴을 보았다. 꼬마 아르시아그. 여동생은 그곳에 없었다. 어머니는 내 눈에 어린 질문을 읽으셨다.

　"아르시아그는 세상을 떠났어. 어느 날 너무 힘이 빠져서 따라올 수가 없었어. 어떤 군인이 벼랑으로 던져 버렸단다!"

　하미디예의 한 장교가 와서 무슨 일이 벌어졌는지, 왜 어머니와 아이들이 내려와 기마병의 길을 막고 섰는지 보았다. 어머니는 장교에게 딸이 돌아왔다고 설명했다. 어머니는 나를 데리고 여행하고 싶다고 말했다. 그 장교는 친절했다. 그는 이를 허가하고 내가 탈 나귀를 보내주겠다고 약속했다.

　어머니와 함께 아르메니아 여자아이 네 명과 나이 든 부인이 몇 있었는데, 부인들의 얼굴에는 고난의 흔적이 역력했다. 우리가 나귀를 타고 함께 가게 되자 어머니는 모든 것을 설명해 주었다.

　여러 주 전에 내가 납치되어 체메시-게드짝의 무리에서 떨어져 나왔을 때, 군인들에게 잔인하게 부상을 당한 어머니는 길가에 쓰러져 있었다. 그러나 자식들 생각에 어머니는 다시 살아났다. 친구들이 어머니를 돌보았고 다음 날 무리가 이동할 때 친구들은 어머니가 다시 걸을 수 있을 때까지 들것에 어머니를 태워 주었다.

　어머니는 말라티아, 겔릭, 그리고 디야르바키르를 지나 마침내 오르파에 도착했다. 이 무렵 체메시-게드짝에서 온 난민 사천 명 가운데 단지 열여덟 명만이 살아남아 있었다.

　오르파에는 어머니의 사촌 이브라힘 마르디가니아Ibrahim Mardiganian가 살았다. 아저씨는 내가 태어나기 여러 해 전에 체메시-게드짝에서 오르파로 이주했다. 이브라힘 아저씨는 큰 무역회사를 세운 갑부로, 회사의 지점이 페르시아와 콘스탄티노플까지 진출해 있었다.

1895년의 압둘-하미드Abdul-Hamid 학살에서 이브라힘 아저씨는 오르파와 콘스탄티노플의 권력 있는 친구들에게 설득을 당해 무슬림이 되었고, 이로써 생명을 구했다. 그는 겉으로 무슬림인 척하며 높은 신뢰를 쌓았다. 고위 관직을 보상으로 받았고 무슬림 사이에서 좋은 평판을 얻고 있었다. 아저씨는 튀르키예 이름을 썼고 이브라힘 아가로 알려져 있다. 그렇지만 그는 여전히 남몰래 하나님께 기도를 드리는 기독교인이다.

오르파에 도착하자 어머니는 아저씨를 기억해 냈다. 어머니는 그가 자신을 더는 아르메니아인으로 보지 않는 튀르크인들 편에 서 있다는 것을 알고 있었다. 어머니는 무리를 지키는 군인 한 명에게 대가를 받을 것이라며 몰래 편지를 배달해 줄 것을 부탁했다. 그 군인은 편지를 이브라힘 아가의 집으로 가져갔다. 편지에서 어머니는 사촌에게 가족의 이름으로 도와달라고 간청하며 군인에게 심부름 값을 조금 주라고 부탁했다.

이브라힘 아가는 어머니의 편지를 받았다. 그는 어머니에게 도와주겠다는 전갈을 보냈다. 그는 곧장 하이다시 파샤에게 가서 어머니와 자식들을 데려오도록 어렵게 허가를 받았다. 그러고 나서 어머니에게 왔고 그의 집으로 데려갔다. 그의 집에서 어머니는 아르메니아 소녀 네 명을 보았다. 소녀들의 어머니들은 오르파에서 강제 추방당했지만, 도시를 떠나기 전 이브라힘 아가에게 딸들을 보호해 달라고 간청했다. 그들은 이렇게 해야 딸들을 살릴 수 있다고 믿었다. 비록 목숨이 달린 위험한 일이었지만, 그는 거절할 수가 없었다. 그는 이 소녀들을 이웃들로부터 숨겨야 했다. 나이 든 부인 몇몇 또한 그의 집 창고에 숨어 있었다. 그는 군인들이 보지 않는 틈에 나이 든 부인들을 거리에서 데려왔다.

한 달도 넘게 어머니와 동생들은 사촌의 집에서 안전하게 머물러 있었다. 그러던 어느 날 하이다시 파샤는 그에게 전갈을 보내 정부 청사로 오라고 했다. 그는 무거운 발걸음으로 돌아왔다. 하이다시 파샤는 친척들을 더 집에 머무르게 하면 안전하지 못할 거라고 말했다. 오르파에 있는 수많은 고위직 군사 장교 가운데 누군가가 아르메니아 난민들이 보호받고 있다는 것을 알게 된다면 모두 다 살해될 것이고, 파샤 자신과 이브라힘 아가 또한 고초를 겪게 될 것이라고 했다.

그렇지만 하이다시 파샤는 어머니와 자식들, 또 집에 있는 다른 난민들이 군인들과 함께 북쪽 고향으로 돌아가도록 알레포에 있는 튀르키예 장군에게 허가를 받으라고 제안했다. 튀르키예 군인들은 러시아에 대항하는 군사 작전에 나서기 위해 모시Moush로 이동 중이었다. 이를 위해 하이다시 파샤는 현금 천 리라, 그러니까 오천 달러가 필요하다고 했다. 또한 어머니와 다른 이들이 안전하게 집에 도착해서 관계 당국으로부터 남아 있으라는 허가를 받으면 천 리라를 더 주어야 한다고 했다. 파샤는 이 허가 또한 준비해 주기로 약속했다.

아저씨는 이 제안을 따를 수밖에 없었다. 여자아이 넷은 북쪽에 집과 친척이 없었음에도 꼭 가야만 했다. 그렇지 않으면 강제 이송되거나 튀르크인에게 붙잡힐 것이다. 어머니는 아이들을 체메시-게드짝에 있는 우리 집으로 데려가기로 했다. 그들이 살아서 정말 그곳에 도착하기만 한다면.

모시에 군단의 병력이 모여들고 있었다. 튀르키예는 코카서스를 통해 러시아가 처음 진격하기 전에 퇴각했고, 반의 발리 제브뎃 베이는 러시아의 측면을 급습하기 위해 이미 반에 도착한 그의 군대를 이곳에 결집시키고 있었다. 군인들은 모시에서 쫓겨난 아르메니아인들의 집을 모두 차지했다. 하미디예의 장교는 모시가 정리되는 동안 나머지 여정을 위해 우리가 도시 밖에서 머무는 것이 최상이라고 여겼다. 어머니는 모시에서 체메시-게드짝까지 확실히 호위받기 위해 하이다시 파샤가 준 서류에 의지하고 있었다. 이브라힘 아가는 하이다시 파샤가 우리의 안전을 보장하기 위해 모시의 관계 당국에 전보를 칠 것이라고 했다.

우리는 모시에서 몇 킬로미터 떨어진, 안톤 산자락에 자리한 쿠르메디아Kurmedian라는 마을에서 멈췄다. 마을에는 아르메니아인이 많았고 아르메니아 교회도 있었다. 지금은 모든 기독교인이 학살당했고, 그들이 살던 집은 무하지르mouhajirs가 차지하고 있었다. 무하지르는 발칸 반도에서 밀려난 다민족 출신의 무슬림 이민자다. 우리는 버려진 교회로 들어가서 떠날 준비가 끝날 때까지 기다릴 참이었다. 하미디예 장교들은 마을의 우두머리를 불러 우리가 보호받아야만 하고 음식을 제공 받아야 한다며 주의를 주었다. 우리한테 "튀르키예 정부가 특별히 선처를 베풀고 있다"고 했다. 마을 사람들은 우리를 친절하게 대했다. 마을 사람들에게는 '공직자'나 정부와 관련된 것이라면 무엇이든지 큰 공포였다.

며칠이 지나도 도시에서 아무런 소식도 듣지 못했다. 우리는 걱정이 되기 시작했다. 어머니는 체메시-게드짝에 있는 우리 집을 무척이나 보고 싶어 했다.

"너와 아이들만 없다면, 난 기꺼이 우리 집 문 앞에서 죽을 거야. 하나님이 우리 집을 다시 보게 해 주시기만 한다면 말이야!"

어머니가 말씀하셨다. 가여워라, 사랑하는 어머니!

우리는 어떤 조치들이 취해지고 있는지 알아보기 위해 우리끼리 도시로 갈 용기를 감히 내지 못했다. 그저 기다릴 수밖에 없었다.

그러던 어느 날 밤, 무슬림의 기도가 끝난 직후, 작은 마을의 거리가 갑자기 기마병으로 가득 찼다. 교회 밖에 있던 튀르키예 여자 몇몇이 말발굽을 피해 교회로 밀려 들어오며 외쳤다.

"쉐익 질란Sheik Zilan이에요. 튀르키예를 위해 싸우도록 산에서 쿠르드인 천명을 데려온 벨렉족Belek treib 쉐익 질란!"

쉐익 질란의 이름은 널리 알려져 있었다. 그의 기마병은 여러 해 동안 지역 외곽을 괴롭혀 왔다. 쉐익 질란은 빈번하게 그의 종족을 데리고 페르시아로, 전쟁이 일어나기 전에는 심지어 러시아의 코카서스까지 급습을 감행했다. 그리고는 여자들을 납치해 유럽의 튀르키예 비밀 노예 시장에서 팔았다.

이 종족은 모시로 가는 중이었다. 어두워진 다음 도시로 들어갈 수 없다는 것을 알기 때문에 그날 밤 쿠르메디아에서 야영을 하기로 결정했다. 쉐익 무리의 몇몇은 아르메니아 교회 건물을 보았다. 그리고 쉐익과 그를 따르는 부족 우두머리들의 말을 메어 둘 마구간으로 쓰려고 마음먹었다. 어머니와 우리가 구석에 쭈그리고 앉아 있는데, 그들은 문을 부쉈다. 우리는 숨을 수가 없었다. 그 쿠르드인들이 우리를 보자 신호를 보냈다. 곧 교회가 이 거친 종족으로 꽉 찼다.

어머니는 하이다시 파샤에게서 받은 서류를 보여 주었다. 이것은 쿠르드인들에게 잠시나마 경외감을 불러일으켰다. 우두머리가 와서 그 서류를 자세히 읽고 말했다.

"아르메니아 부인 한 명과 그의 하인, 또 세 명의 아이가 있는데, 파샤가 이들에게 면제와 안전한 인도를 약속했군. 파샤의 이런 말이 쉐익 질란의 의지와 맞닿아 있는 것은 아니지만, 우리는 이 약속을 허가할 것이다. 그러나 파샤의 글에는 아르메니아 여자아이 다섯 명에 대해 아무런 언급도 없군. 아이로 보기에는 나이가 많고, 하인으로 부르기에 너무 어려. 이 여자들은 우리가 데려가겠다. 파샤가 주제넘게 나서지 않는다면."

그들은 나도 어머니의 딸이라는 사실을 믿지 않았다. 그들은 나와 이브라힘 집에서 데려온 소녀 네 명을 끌고 갔고, 동시에 어머니에게 교회의 대피소를 떠나 근처 마당에서 야영하라고 했다. 그들은 우리를 끌고 나와 자신들의 주요 야영지가 있는 곳으로 데려갔다.

그들은 고삐를 묶는 줄로 우리의 손을 등 뒤로 묶고 우리 팔을 서로서로 돌려서 묶였다. 곧 쉐익이 우리를 보러 왔다. 그는 우리 얼굴을 들여다보고는 매우 만족스러워하는 것 같았다. 그는 우리가 이해할 수 없는, 그렇지만 분명 우리의 안전과 관련된 지시를 몇 가지 내리더니 가 버렸다. 우리는 땅바닥에 앉아서 밤을 지새웠다. 몸을 눕힐 수 없는 자세로 묶여 있었기 때문이다. 쿠르드인들은 우리 주위를 맴돌며 우리를 호기심 가득한 눈길로 바라보았고, 가끔 한 명씩 우리를 차서 자신을 향해 얼굴을 돌리도록 했다. 그렇지만 그들은 우리를 성폭행하지는 않았다.

13장

바르타베드 노인과
양치기의 휘파람

아침 일찍 우리는 쉐익 질란을 따르는 족장 무리 뒤에 바짝 붙어 말에 묶인 채 도시로 끌려갔다. 도시에서 말을 탄 남자 네 명이 우리가 묶여 있는 말을 도시의 저지대로 끌고 갔다. 이곳에서 우리는 잔인해 보이는 쿠르드인의 감독 아래로 내몰렸다. 이 사람이 악명 높은 모시의 노예 상인 베르칸 아가라는 사실을 곧 알게 되었다.

아르메니아 소녀 일만 명은 모두 우아하고 세련된 기독교 가정의 딸이었다. 대학생이거나 젊은 학교 선생이었고, 부유하거나 가난한 이들의 딸이기도 했다. 내가 이 악명 높은 노예 상인의 포로가 되었다는 사실을 깨달았을 때 나를 엄습한 공포감을 그들도 똑같이 경험했을 것이다. 여러 해 동안 그의 노예 시장은 자신의 집에서 뻔뻔스러울 만큼 무탈하게 돌아가고 있었다. 그렇지만 그는 아르메니아 소녀들을 공급받을 때만큼 이윤이 남는 거래를 즐겨 본 적이 한 번도 없었다.

베르칸은 우리를 나귀 안장에 밤새 묶어 두었다. 아침이 되자 그의 문지기 하말이 동물들에게 먹이를 주러 왔다. 이 일을 마치자 그는 우리더러 따라오라고 명령했다.

베르칸은 남자 전용실에서 우리를 기다리고 있었다. 그를 보자 온몸이 덜덜 떨렸다. 그는 나이가 아주 많고 말라비틀어진 데다 잔인해 보였다. 어린 하녀가 그의 시중을 들었다. 그는 구식 복장을 하고 바닥에 앉았다. 이 남자 전용실은 황량한 데다 제대로 관리되지 않았다. 어디나 더러웠다. 베르칸은 꽃무늬 의복을 입고 있었다. 한때는 값비싼 직물이었겠지만 닳아서 해어져 있었다. 그렇지만 절망에 빠진 아르메니아인들이 그에게 가져다준 수익 때문에 그는 틀림없이 큰 부자였다.

우리는 그 앞에서 무릎을 꿇고 조아렸다. 그러자 우리는 이슬람 기도 시간의 자세로 몸을 구부리게 되었다. 우리는 그가 우리의 호소를 들어주기를 간절히 바랐다. 너무나 고통스러운 나머지, 난 이 노인을 설득해 어머니에게 되돌아갈 수 있을 거라 확신했다. 그러나 베르칸은 한마디도 하지 않았다. 그의 시선이 우리 위에서 오갔다. 그의 시선이 느껴졌다. 그는 하말에게 신호를 주어 우리를 그의 발치로 불렀다. 한 명씩 한 명씩. 그 머슴의 주인은 우리 키나 체격을 보고 우리가 매력적인지 판단할지도 모른다. 그리고 나서 그는 다른 신호를 주었고 우리는 뜰 안쪽을 가로질러 돌로 된 통로를 지나 많은 아르메니아 소녀들이 모여 있는 큰 방으로 끌려갔다. 아르메니아 소녀들 사이에 체르케스인과 러시아인이 군데군데 섞여 있었다.

곧 하말이 무화과와 빵을 가지고 방으로 왔다. 난 둘 다 먹을 수가 없었다. 오르파에서 어머니와 함께 있던 네 소녀도 마찬가지였다. 다른 이들도 거의 먹지 못했다. 모두가 베르칸의 손아귀로 들어온 지 얼마 안 되었고 너무나 풀이 죽어 있었다. 하인이 뒤늦게 온 우리가 음식을 먹지 않는 것을 보고 말했다. "좋아. 목욕하는 데 시간을 버리지 않을 거야." 그러고서 그는 우리더러 마당의 우물물로 밤새 나귀 안장과 모래에서 묻은 것들을 가능한 한 깨끗이 지우라고 명령했다.

우리가 몸을 씻는 동안 하인 두 명이 뜰로 와서 거들었다. 그들은 우리를 길게 줄지어 세웠다. 우리가 도착했을 때 그 집에 있던 소녀들은 우리를 하말이 휘두르는 채찍에서 피하게 해 주었고, 남자들은 우리가 할 일을 지시했다.

우리는 집 뒤편의 큰 방으로 이동했다. 구석 양탄자 위에 쿠션 더미만 있을 뿐 가구도 없이 황량한 방이었다. 우리는 방 아무 데나 앉아도 됐지만, 쿠션이 있는 곳은 안 됐다. 오래지 않아 베르칸 아가가 와서 쿠션 위에 앉았다.

아침 내내 구매자들이 왔다. 저마다 베르칸에게 말을 했고, 문지기는 손뼉을 쳐서 우리를 손님 주변에 빙 둘러 세웠다. 시장에서는 높은 가격을 요구하는 일이 아주 많았다.

이튿날 오후 늦게 베르칸 아가가 몸을 깊게 숙여 경의를 표하는 손님이 방으로 들어왔다. 그는 하인이었지만, 그가 입은 옷에서 그가 부유한 사람의 하인이라는 것을 알 수 있었다. 그 하인은 셋을 뽑았다. 나도 그 셋 중의 하나였다. 우리가 곁에 서 있는 동안 그는 베르칸과 흥정을 했다. 마침내 그 숫자에 합의를 보았다. 나는 일 메지데 medjidieh, 그러니까 단돈 85센트에 팔렸다!

밖에는 아라바가 있었다. 다른 두 소녀와 나는 이 아라바를 타고 도시 밖으로 이동했다. 우리가 도착한 곳은 당시 러시아에 맞선 튀르키예 군의 사령관인 반의 발리 제브뎃 베이Vali Djevdet Bey가 차지한 도시 외곽의 시골 저택이었다.

우리는 즉각 하렘으로 이동했다. 수많은 젊은 아르메니아 여자들이 있었다. 저녁이 되기 전에 하인 우두머리인 칼파Kalfa가 와서 우리가 무슬림이 되겠는지 한 명씩 차례로 물었다. 그 칼파는 무슬림이 되는 사람만이 권력자 제브뎃 베이의 보호와 감독 속에 남아 있을 수 있으며, 이슬람 신앙을 기꺼이 수용하는 사람만이 그의 보호라는 영예를 얻게 될 것이라고 강조했다.

그는 잔인해 보였고, 그의 행동에서 드러나듯이 튀르크인 중에서도 가장 부도덕한 사람이었다. 그렇지만 제브뎃 베이가 바라는 대로 압둘 하미드가 공표해서 아직까지 유효한 페트바fetva의 규정을 우리에게 적용하는 것이 분명했다. 이것은 아르메니아 소녀나 다른 기독교인 소녀가 무슬림이 되지 않더라도 이들을 노예로 만드는 것을 금지하는 시늉을 내고 있었다.

만약 내가 이슬람 신앙을 거부한다면 칼파가 나를 어떻게 할지 알 수 없었다. 그 대가로 죽음을 당하거나 즉각 '공공의 집'으로 팔려가는 것이 두려웠지만, 오랫동안 하나님께 충직했기에 예수님을 부정할 수 없었다. 난 하나님께 내가 무엇을 해야 할지 물었다. 그리고 디야르바키르의 바위 앞에서 칼을 쓰려고 했을 때처럼 그렇게 분명하고 직접적인 대답을 들었다. 루펜 신부님이 보이는 것 같았다. 그가 "항상 하나님을 믿고 하나님께 복종해라."라고 말했을 때처럼 난 어깨 위에 얹은 그의 손을 느낄 수 있었다. 나는 칼파에게 예수 그리스도를 저버릴 수 없다고 말했다.

　나와 같이 제브넷 베이의 집으로 끌려온 소녀 한 명 역시 비록 목숨을 구할 수 있더라도 자신의 종교를 포기하지 않겠다고 했다. 세 번째 소녀는 극심한 고통을 겪었다. 그녀의 가슴과 영혼이 무너져 내렸다. 그녀는 포기했다. 하인 우두머리는 그녀를 다른 방으로 데려갔다. 배교를 거부한 우리 둘이 불려 나가 별도의 아라바로 옮겨졌다. 그 소녀가 어떻게 되었는지 알지 못한다. 나는 모시에서 가장 부유한 사람 가운데 하나인 아흐메드 베이의 집으로 이동했다. 난 제브넷 베이가 보낸 선물이었다.

　아흐메드 베이의 집 마당으로 들어섰을 때 나를 덮친 그 우울감을 잊을 수가 없다. 강제 이주가 시작된 이래, 두 번이나 튀르크인의 집에 포로로 있었고 그들의 처분 아래 목숨이 맡겨졌다. 그렇지만 이제 내 미래는 그 어느 때보다 더 어둡게 다가왔다. 아마도 아흐메드의 집이 마치 감옥이라도 되는 것처럼 도시 밖 들판에 있었기 때문이었을 것이다. 그리고 하렘에는 스물네 명의 다른 소녀들도 있었는데, 모두가 고통스러운 기억이 있었다. 심지어 몇몇은 내가 겪었던 것보다 더 끔찍했다.

　아흐메드 베이는 나이가 아주 많지만 스물 네 명의 소녀들 가운데 몇몇을 희생시켰다. 다른 소녀들은 두 아들에게 나눠줬다. 아흐메드는 내가 이제껏 본 그 누구보다 광적인 튀르크인의 전형인 것 같았다. 그의 관심은 젊은 여자들 자체에 있는 것처럼 보이지 않았다. 그는 자신의 아들이 아이를 갖기를 원했다. 아르메니아족의 피와 튀르크인의 피가 섞인 아이, 그리고 가계의 혈통을 영속하며 향상시킬 아이를 원했다.

　다음 날 아흐메드 베이가 나를 불렀다. 난 하렘의 담당자에게 옷을 달라고 요구했지만 그는 내게 그 어떤 것도 줄 수 없을 뿐 아니라 하렘의 다른 소녀들이 주는 의복을 받아서도 안 된다고 했다. "아흐메드의 지시 없이는 안 돼."가 내 호소에 대한 칼파의 대답이었다.

아흐메드 베이는 내게 부드러운 어조로 말했다.

"너는 내가 아끼는 여자들 가운데 한 명이 될 수 있어. 너는 존경하는 제브뎃 베이가 보냈으니까."

이렇게 부드럽게 말하는 것이 때리는 것보다 더 극심한 고통을 안겨 준다. 그가 신호를 주자 한 노예 소녀가 사랑받는 튀르키예 소녀들이 입는 고급스러운 드레스를 가지고 나타났다.

"이런 것들과 많은 장신구, 또 상냥함과 애정 또한 네 것이 될 거야. 네가 순종하고 존경을 표시한다면 말이지. 우선 네가 경배하도록 가르침을 받아 온 예수를 버리고 알라와 그의 선지자 무함마드의 용서를 받아라."

아흐메드가 말했다.

나는 그에게 내가 고통을 받아 약해졌다고 말했다. 그러나 난 하나님을 마음에 모시도록 어머니에게 배웠고 하나님을 버리지 않을 것이라고 말했다. 이에 아흐메드는 격분했다. 그의 상냥함은 사라져 버렸다. 그는 분노로 온몸을 떨었다. 그는 나와 내 동족을 호되게 나무라더니 내 종교를 모욕하는 말들을 쏟아 냈다. 그의 말을 듣고 수치심에 울부짖었지만 그는 조금의 인정도 보이지 않았다. 나는 그에게 어머니에게 돌아가게 해 달라고 빌었고 오르파의 하이다시 파샤가 어머니에게 준 서류에 대해 말했다. 그러나 그는 들으려 하지 않았다.

아흐메드는 그 어린 노예를 보내 아들을 불러오게 했다. 아들은 거의 명령이 떨어지자마자 들어왔다. 아흐메드는 아들을 나짐Nazim이라고 불렀다.

"이 애는 제브뎃 베이가 내게 보내셨다. 난 이 애를 너를 위해 정해 놓았어. 단정하고 젊잖아. 그런데 이 아이의 정신을 꺾어야 한다. 이 애를 어떻게 하면 좋을지 결정하게 하려고 너를 불렀다."

아흐메드의 아들이 내게 말을 걸었지만, 난 대꾸하지 않았다. 그러자 그는 내 손을 잡고 나를 자기 앞으로 끌어당기더니 얼굴을 들어 올려 내 눈을 들여다보았다.

"아버지, 제게 맡겨 주세요. 제가 우리 집에서 잘 지내도록 설득해 보겠습니다."

나짐이 말했다.

어린 노예 소녀는 나를 다른 방으로 인도했다. 다이반이 하나 있었고, 뜰이 내다보이는 작은 방이었다. 난 몸을 가리게 옷을 두고 가라고 그 노예 소녀에게 부탁했지만, 그 소녀는 허가 없이 그런 일을 할 수 없었다. 소녀가 나가자 나짐이 남자 전용실에서 나와 정원을 가로질러 곧장 내게로 왔다.

나짐은 그의 아버지와 똑같은 상냥함을 보였다. 그리고 그것이 같은 방식으로 내게 고통을 주었다. 그는 나를 자신의 '신부'로 만들어 줄지도 모르는 무함마드를 받아들이라고 요구했다. 만약 내가 거부하면 고통은 매우 견디기 힘들겠지만, 동의하면 호화로운 것들을 많이 갖게 될 것이라고 했다.

난 도망칠 수 없다는 것을 알고 있었다. 내 생각은 어머니에게 가 있었다. 난 나짐에게 어머니가 난민으로 지낸다면 방랑자로 죽을 수밖에 없는 불행한 운명에 처했으며, '신부'가 되는 것에 대해 말할 수 없다고 했다. 그가 만약 어머니를 구해 준다면, 그래서 내게 데려다 준다면 난 어머니에게 내 생명과 안전을 위해서 종교를 바꾸는 것이 최상인지 물을 것이며, 만약 어머니가 그것이 옳다고 하고 또 그녀가 내 곁에서 편히 지내게 된다면 나와 어머니의 육체가 살아가도록 내 영혼을 죽게 할 것이라고 대답했다.

그러자 그는 이렇게 말하고 성큼성큼 가버렸다.

"넌 흥정이 노예의 권리가 아니라는 것을 배우게 될 거다."

몇 시간이 지났고, 난 기다림 속에서 다이반에 웅크리고 있었다. 발자국 소리가 날 때마다 다시 불려 갈까 봐 두려움에 떨었다. 오로지 고문당하는 그런 것만 예상할 수 있었다. 마침내 아흐메드 베이의 충복인 한 경찰이 나를 부르러 왔다. 그는 나를 거칠게 들어 올려 마당을 가로질러 집 앞의 길로 끌고 갔다. 정원을 둘러싼 벽에서 좁은 길이 나 있었는데, 그곳에 다른 경찰 무리가 있었다.

그들 사이에서 난 어머니와 내 남동생과 여동생, 그리고 어머니와 동행하던 다른 이들을 보았다. 어린 호브난과 마르디로스, 어린 사라였다. 나는 가족들에게 돌려 보내달라고 나짐에게 호소했다.

난 식구들을 향해 당장 달려가려고 몸부림쳤다. 그러나 옆에 있던 경찰이 나를 붙잡았다. 어머니는 손을 하늘로 치켜들고 무릎을 꿇고 있었다. 사라가 두 팔을 벌리고 내게 달려왔다.

"오로라! 오로라! 우리를 죽이지 마세요!"

사라가 울부짖었다. 그 경찰은 무거운 채찍을 공중으로 높게 들어 채찍을 사라의 머리를 향해 내리갈겼다. 사라의 작은 몸뚱이가 길 밖으로 멀리 날아갔다. 사라는 다시는 움직이지 못했다. 그의 채찍질로 사라의 머리가 으스러졌음이 틀림없었다.

어머니가 보았다. 호브난과 마르디로스도 보았다. 어머니는 바닥으로 고꾸라져 움직이지 않았다. 경찰이 어머니를 일으켜 세워 채찍으로 때렸다.

"어머니를 내버려 둬요. 남동생들도 내버려 둬요! 당신이 원하는 대로 다 할게요. 난 알라에게 속해 있어요. 난 그에게 감사할 뿐이에요. 식구들을 그대로 내버려 둔다면요!"

난 그에게 울부짖었다.

"이것은 나짐 베이의 희망 사항이다."

그 경찰이 말했다. 난 그 말을 이해하지 못했고 그에게 매달려 빌었다. 난 어머니를 만지려 했지만 경찰은 나를 걷어찼다. 그러다가 그들이 왜 기다리고 있는지 갑자기 알게 되었다. 나짐 베이가 집에서 나왔다. 내가 그를 보고 그의 발치로 기어가서 자비를 베풀어 달라고 빌었다.

"난 튀르키예 사람이 될 거예요. 난 알라에게 기도할 거예요. 난 복종할 거예요. 어머니를 꼭 구하기 위해서요."

난 그에게 울부짖었다.

"그거 좋군. 그렇지만 넌 무슬림뿐 아니라 무슬림의 딸도 되어야해. 그게 더 낫지. 저 나이 든 여자는 뭐라고 하나?"

나짐이 말했다.

경찰이 어머니를 다시 밀쳤다. 그는 채찍을 들어 올렸고, 어머니에게 소리쳤다.

"빨리! 신앙을 고백해!"

"어머니, 제발요. 하나님이 어머니를 용서하실 거예요. 하늘에 계신 아버지도 이해하실 거예요!"

나는 울면서 어머니에게 소리쳤다.

어머니는 큰 소리로 말하기에 너무 힘이 없었지만 어머니의 입술이 달싹거리고 있었다.

"성 그레고리의 신이여, 그 뜻이 이루어지이다!"

경찰의 무거운 채찍이 내리꽂혔다. 어머니는 바닥으로 고꾸라졌다. 난 어머니에게 가려고 몸부림쳤지만 경찰들이 나를 붙잡았다. 난 저항했지만 그들은 나를 꽉 붙잡았다.

나는 경찰의 우두머리 앞에 무릎을 꿇었다. 채찍이 다시 또다시 내리꽂혔다. 마르디로스가 비명을 질렀고 여리고 작은 손으로 어머니를 구하려 했다. 다른 경찰이 팔로 마르디로스를 붙잡아 채찍 손잡이로 단번에 때려 죽였다. 경찰들이 마르디로스의 시신을 거의 내 발치에 닿게 던졌다.

호브난은 어머니를 채찍질하는 경찰의 팔을 감쌌지만, 그의 힘은 너무나 미약했다. 경찰은 어머니의 몸이 축 늘어질 때까지 호브난을 알아채지도 못했다. 난 어머니가 죽은 것을 알았다. 그리고 나서 그는 칼로 어린 호브난을 찔렀다.

아주 잠시 동안이었다. 이 분? 어쩌면 삼 분? 나는 경찰한테 붙잡힌 채로 그곳에 서 있었다. 그렇게 짧은 시간에 이 세상에서 내게 속한 모든 것이 사라졌다. 어머니, 마르디로스, 호브난, 그리고 사라. 식구들의 시신이 내 발치에 있었다. 어머니와 호브난은 나를 쳐다보면서 눈을 뜬 채로 죽어 있었다!

내 눈에는 지금도 식구들이 보인다. 매일 낮 매일 밤. 매 시간마다 항상. 내가 나를 둘러싼 새 세상을 쳐다볼 때마다. 난 눈앞에 어른대는 형체를 지워버리기 위해 몇 시간씩 눈을 감고 있어야만 한다.

난 나짐 베이가 경찰들에게 명령을 내렸다고 들었다. 그들 중 몇이 내 사랑하는 식구들의 시신을 들어서 치웠다. 어디로 치웠는지 모른다. 다른 경찰은 나를 땅바닥에서 들어 올려 다이반이 있던 방으로 데려왔다. 노예 소녀를 제외하고 이틀 밤낮으로 아무도 내 곁에 오지 않았다. 그 시간 내내 울었다. 난 흐르는 눈물을 참을 수가 없었다. 눈이 망가진 때가 그때다. 내가 지금도 안경 없이는 잘 볼 수 없는 이유다.

셋째 날 나짐은 그의 아버지와 함께 왔다. 아흐메드는 여전히 잔인하게 상냥한 말투로 이야기했다.

"지난 것은 지난 것이지, 나의 어린 아가씨. 이제 네 생각을 미래로 돌릴 때야. 나짐이 너를 원해. 너는 영예를 안았구나. 나짐이 네 고집을 벌줬고, 이제 너를 용서했을 것이며, 너를 더 아낄 거다. 그렇게 되어야만 했어. 네 동족은 갔다. 네게 잘못된 충고를 할 사람은 그 누구도 없어. 넌 이제 알라의 은혜를 받게 될 것이고 진정으로 공평하고 의로운 상태로 들어서게 될 거다."

"죽고 싶어요. 날 죽여요! 난 절대 당신 아들이나 당신 알라의 말을 듣지 않을 거예요"

내가 말했다.

그들은 나를 별채의 지하 감방으로 데려갔다. 그 방에는 마당이 내다보이는 철창이 딱 하나 있었다. 다이반이나 쿠션도 없었고, 오로지 바닥이 벽에 둘러싸여 있었다. 창문은 높이 있었다. 난 하늘밖에 볼 수 없었다. 짓밟힌 아르메니아에서 수많은 비극으로 뒤덮인 하늘이었다.

날이 가고 밤이 가고 시간이 흘렀다. 매일 알라의 사람들이 빵과 산딸기류 열매, 우유를 가져다주었다. 그리고 매일 이슬람 교장인 호자 hodja가 와서 내가 이슬람을 받아들일 준비가 되었는지 물었다. 그러나 하나님은 내가 매일 그에게 말할 용기를 모을 수 있도록 나를 더 가까이 두셨다.

그러던 어느 날 밤, 너무 여러 날이 지나 날짜를 헤아리지 못하고 있을 때, 하나님은 지하 감방 창문으로 나타나셨다. 난 마당에서 일어난 소동 때문에 잠에서 깼다. 다른 날은 마당이 무척이나 고요했다. 곧 무슨 일이 일어나고 있는지 알게 되었다. 누군가 양 떼를 대문 안으로 몰고 있었다. 아흐메드의 양 떼가 언덕의 풀밭에서 들어오고 있었는데, 아마도 군사적인 상황 때문에 양을 몰고 마당 안으로 들어오는 모양이었다.

마당의 문이 닫히는 소리가 들렸다. 그러자 흥분한 양들의 쉴 새 없는 울음소리 너머로 휘파람을 부는 소리가 들렸다. 양치기가 양들을 진정시키려는 소리다. 난 펄쩍 뛰었다. 내 가슴은 터질 듯이 쿵쾅거렸다. 양치기가 휘파람을 반복해서 부는 소리를 숨도 쉬지 못하고 들었다. 그러자 확신이 생겼다. 이 휘파람 소리는 날카롭고 새된 소리였다. 아버지가 항상 그의 양치기들에게 가르쳐준, 아버지가 어렸을 때 아버지의 아버지에게 배운 소리. 아버지는 마무렛-울-아지즈 Mamuret-ul-Aziz의 넓은 목초지에 있는 할아버지의 양 떼를 몰며 그 방법을 배웠다. 아주 어렸을 때 우리 양치기들은 내가 그들을 따라하려고 애쓸 때마다 나를 보고 웃곤 했다. 어느 날 내가 소리내기에 성공하자 갑자기 우리 양들이 풀밭에서 방향을 틀어 나를 향해 왔다. 그때 난 아주 행복한 소녀였다.

그 어떤 양치기도 이러한 소리를 알지 못할 것이다. 난 확신했다. 아흐메드의 양들은 지치고 날카로운 상태였다. 누군지 모를 양치기는 양들 사이에서 점점 더 부드럽게 같은 휘파람을 반복해서 불고 있었다. 난 창가로 다가서서 철창을 친 창문으로 얼굴을 들어 올렸고 그 휘파람 소리를 반복해 냈다. 양들도 뭔가 이상한 느낌을 받은 것 같았다. 양들이 갑자기 조용해졌다. 난 다시 휘파람을 불었고, 이번에는 더 용기를 내었다. 양치기는 곧장 대답을 했다. 난 이것을 하나님이 베푸신 기적의 표시로 받아들였다.

　난 할 수 있는 한 높이 뛰어올라 창턱을 손으로 잡고 얼굴이 창문 위로 보일 때까지 상체를 끌어 올렸다. 이런 방식으로 난 잠깐씩 마당을 볼 수 있었다. 그러나 한 번에 몇 초 이상 나를 지탱할 만큼 힘이 세지 못했다.

　난 달빛으로 양치기를 잠깐이나마 볼 수 있길 바라면서 계속해서 시도해 보았다. 몸을 창틀로 끌어 올릴 때마다 난 다시 휘파람을 불었다. 여러 번 시도한 끝에 그의 관심을 창가로 끄는 데 성공했다. 양치기는 창문 뒤쪽에서 그에게 신호를 보내는 포로가 있다는 것을 이해했다. 그는 창문 바로 아래에서 재빠르게 휘파람을 세 번 연속 불어 자신이 알아챘다는 것을 내가 이해하게 만들었다.

　난 그를 감히 부르지 못했다. 난 옷에서 천을 찢어 큰 조각을 냈다. 난 이 천을 공처럼 말아서 창밖으로 던졌다. 그는 이 공을 보았고 부드럽게 휘파람을 불어서 대답했다. 찢어진 옷이 내가 갇힌 표시라는 것을, 그러므로 그가 나를 구해주기를 바란다는 것을 알아채기 바랐다. 난 아르메니아 양치기가 살아남아 있으리라고는 믿을 수가 없었지만, 그런 것 같았다.

　아침에 양들이 밖으로 나갈 때 양치기는 내 창문 아래서 다시 휘파람을 불었고, 나는 그가 내 관심을 끌려고 하는 것을 알았다. 난 가능한 한 아주 부드럽게 대답했다. 하루 종일 새로운 희망으로 용기가 솟아났다. 왜 그런지 설명할 수는 없었지만 난 곧 구조될 것이라고 확신했다.

밤이 되어도 잠들 수 없었다. 양들이 일찍 돌아왔고 양치기는 휘파람을 불었다. 한 시간 뒤에 난 그 소리를 다시 들었다. 양치기는 여전히 마당에 있었다. 창을 둘러친 쇠막대가 덜컹거리는 소리를 들었을 때는 틀림없이 자정 무렵이었다. 창을 보았다. 그곳에는 달빛에 비친, 내가 아는 얼굴이 있었다. 바로 부활절 아침에 나쁜 계시를 가지고 우리 집으로 왔던 바르타베드Vartabed 노인의 얼굴이었다. 그 계시는 현실이 되었다. 하나님은 그를 내게 보내셨고 그 친근한 휘파람 소리를 알아듣게 하셨다!

바르타베드 노인이 속삭였다.

"여기 마무렛-울-아지즈Mamuret-ul-Aziz에서 온 이가 누구요?"

"오로라예요. 체메쉬-게드짝의 마르디가니아의 딸이에요. 아저씨는 늙은 바르타베드잖아요. 저 오로라예요. 아저씨가 그렇게 예뻐하시던."

바르타베드 노인은 애써 말했지만 목소리가 떨려서 그가 하는 말을 알아들을 수 없었다. 난 그에게 어떻게 아흐메드의 포로가 되어 이곳에 왔는지, 왜 지하 감옥에 있는지 될 수 있는 대로 재빠르게 말했다. 내가 아저씨에게 우리 동족이 어떻게 죽었는지 말할 때 그의 주름진 눈에 눈물이 가득했다. 난 아저씨가 어떻게 목숨을 건졌는지 물었다. 그가 말했다.

"늙은 바르타베드는 죽일 가치가 별로 없었지. 아흐메드의 양들이 나한테만 복종하도록 가르쳤기 때문에 난 중요하게 됐어. 내가 기도 시간마다 알라에게 무릎을 꿇었더니 내가 아르메니아 사람이라는 것을 잊어버렸어. 그래서 목숨도 늘어났지."

그는 내게 조금만 더 버티라고 말했다. 나를 구할 길을 찾겠다면서.

14장

안드라닉 장군의
전갈

바르타베드 노인이 다시 오기까지 이틀 밤이 지났다. 하지만 그는 매일 밤 신호를 보냈고 난 응답했다. 세 번째 밤, 그의 얼굴이 다시 창틀 속으로 들어왔다. 그는 속삭였다.

"준비해라, 꼬마 아가씨. 너를 곧 들어 올릴 거야."

그는 창문을 둘러친 철제 창살을 벌릴 강철 막대기를 가져왔다. 창살은 아주 오래되었다. 아마 수백 년 전이나 그보다 더 전, 아흐메드 베이의 저택 지하 감옥에 감금한 죄수들이 탈출하지 못하게 하려고 썼을 것이다. 나는 무릎을 꿇고 기도했고, 바르타베드가 다시 속삭일 때까지 무릎을 꿇은 상태였다.

"올라와라, 꼬마 아가씨. 늙은 바르타베드의 손을 잡아라. 너를 끌어 올릴 거다."

철제 창살들은 옆으로 휘어져 있었다. 양치기가 안쪽으로 몸을 구부려 아래로 손을 내밀었다. 난 그의 손을 잡았고, 그는 내가 철제 창살을 붙잡고 위로 올라올 수 있도록 나를 끌어당겼다. 순식간에 난 양치기가 딛고 서려고 가져온 나무토막을 밟고 다시 땅바닥으로 뛰어내렸다. 양들이 주변에서 쉬고 있었는데, 내가 양 떼 사이로 뛰어내리자 양들은 뒤섞이며 매매 울었다. 그렇지만 바르타베드 노인이 휘파람을 불자 다시 조용해졌다.

"서둘러 가지 않으면 안 돼. 문은 잠겨 있지 않아. 내가 말해 주는 곳까지 멀리 가야 한다. 아침이 오기 전에 사라지는 거야."

그는 마당을 가로질러 나를 재촉하면서 말했다.

우리가 문밖으로 나오자 바르타베드 노인은 그의 코트로 나를 감싸 주었다. 날씨가 추웠기 때문이다. 그리고 나서 우리는 평야를 가로질러 마을에서 멀리 있는 낮은 언덕을 향해 나아갔다.

나이 든 바르타베드는 별로 말을 하지 않았다. 그는 너무 늙어서 힘을 모아야 했다. 그는 동이 트기 전에 내가 멀리 가지 못할까 봐 두려워했다. 언덕에 다다르자 양치기는 내게 길을 보여 주고 그 길을 따라 친절한 쿠르드 가족의 오두막까지 혼자서 계속 가라고 말했다.

"그럼 할아버지는요? 나랑 같이 가지 않을 거예요? 아흐메드 베이가 할아버지를 의심하지 않겠어요?"

내가 말했다.

"나는 너무 늙어서 사막에서 살 수가 없어. 그리고 그러면 누가 내 양을 돌보겠니?"

노인이 대답했다.

가엾은, 사랑하는 바르타베드 할아버지! 아흐메드 베이는 아침에 그를 죽였다.

난 여러 시간 동안 그가 일러준 길을 따라 쿠르드인의 오두막에 이를 때까지 달렸다. 오두막에 사는 이들은 쿠르드인 양치기로 바르타베드 노인을 매우 존경하고 있었다. 할아버지는 나를 전에 있던 마무렛-울-아지즈의 옛 주인 딸이라고 말해 놓았다. 그들은 나를 기다리고 있었고, 매우 친절했다.

난 바르타베드가 양 떼에게 돌아간 것을 생각하자, 또 아흐메드 베이의 처분에 내맡겨진 것을 생각하자 울음이 터져 나왔다. 쿠르드 양치기의 아내와 딸들도 무척이나 가슴 아파했다. 그 쿠르드 양치기는 아흐메드의 집 앞에 있는 평원 쪽으로 내려가서 바르타베드 노인이 여전히 그의 양 떼를 돌보고 있는지 알아보려 했다. 그날 밤 그는 큰 슬픔에 잠겨 되돌아왔다. 그는 바르타베드 노인의 운명에 대해 들었다. 아흐메드 베이는 양치기를 제외한 그 누구도 나를 도울 수가 없다고 확신했다. 그는 바르타베드 노인을 그의 앞에 불러 세웠고, 양치기는 사실대로 고백했다. 다른 길이 없었기 때문이다. 아흐메드 베이는 그의 경찰을 불렀다. 바르타베드 노인은 그의 양 떼가 이동할 목초지로 끌려갔다. 총소리가 났고, 그는 옛 주인의 어린 딸에게 베푼 친절을 대가로 그의 목숨을 내놓았다.

쿠르드의 양치기는 나에게 많은 주의를 주었다. 아흐메드 베이는 경찰을 풀어 평야와 언덕을 뒤졌다. 아마도 경찰이 곧 오두막까지 올 것이다.

그들은 나를 내보내지 않았지만, 난 가야 한다는 사실을 알고 있었다. 그 오두막은 아흐메드의 집과 가까이 있었고, 경찰들이 예기치 않게 들이닥칠 수도 있었다. 그래서 그 식구들은 내게 그들이 가지고 있는 가장 좋은 모로 된 양말과 큰 빵 덩어리 하나, 물을 떠 나를 수 있는 단지, 그리고 밤에 몸을 감쌀 담요를 주었다.

나는 언덕으로 나왔다. 이 언덕 너머는 데르심Dersim 지역이었다. 풀과 모래로 된, 여기저기 언덕과 낮은 산이 있는 고원지대다. 어떤 방향이든 몇 킬로미터 안에 데르심 쿠르드인들을 제외하고 누구도 살지 않았다. 이들 중 몇몇은 작은 촌락을 이뤄 살고 있었고, 또 몇몇은 무리지어 이동하면서 살고 있었다. 데르심의 양쪽 끝에 있는 도시에 튀르크인들이 살고 있었다. 한때는 아르메니아인들 역시 도시에서 살았지만, 지금 아르메니아인들은 모두 가고 오로지 튀르크인들만 남아 있었다.

데르심 사막과 황무지의 주민들은 우리가 추방된 남쪽 지역에 사는 쿠르드인들처럼 악랄하지는 않았다. 남쪽의 쿠르드인들은 유목민으로 가혹하고 잔인하다. 데르심 쿠르드인들은 대부분 농부이며 튀르키예의 지배자들에 대항해 반란을 일으키곤 한다. 그들도 광신적인 무슬림이고 이제껏 기독교인을 '불신자들'로 대해 왔듯이 인종적인 증오심을 가지고 있다. 그렇다고 남쪽의 족속처럼 모두가 인간을 살해하려는 충동을 지닌 것은 아니었다. 이 때문에 나는 목숨을 건졌다.

난 데르심에서 일 년 넘게 포로나 방랑자로 지냈다. 바르타베드 노인의 운명에 관한 소식을 접하고 친구들을 떠난 후 여러 날 동안 낮에는 숨어 있었고 밤에는 길을 떠났다. 걷고 또 걷고 항상 걸었다. 어디서나, 그리고 지금 여기에서도 아직도. 내 앞으로 마을이 불쑥 나타나면 다른 길로 방향을 틀었다. 정처 없이 드넓은 평원을 가로질러 터벅 터벅 언덕을 지나고 사막을 건너서.

빵이 곧 떨어졌고 물을 얻기가 너무 어려웠다. 우물이나 샘물이 있는 곳은 어디나 쿠르드인 마을이 가까이 있었기 때문이다. 한 우물 근처에서 나는 온종일 숨어서 기다렸다. 들키지 않고 바싹 마른 목을 축이기 위해 살짝 다가갈 틈을 기다리고 있었다. 낮에는 기회가 없었고, 밤이 오면 용기를 내서 우물로 살금살금 다가갔다. 마을에서 개들이 달려 나와 나를 보고 짖었다. 마을 사람들이 개들을 자극한 것이 무엇인지 보러 왔는데, 난 너무 지쳐서 달아날 수가 없었다. 그들은 나를 거주지로 끌고 가 밤새 굴 안에 가뒀다. 아침이 되자 그 마을의 우두머리는 나를 노예로 삼고 그의 가족들이 내리는 지시에 복종하라고 명령했다.

그들은 남자가 하는 일을 시켰다. 난 가축을 돌보았고 물을 져 날랐고 들판에서 일했다. 내가 충분히 일하지 않았으면 쿠르드인들은 나를 길고 두꺼운 막대기로 때리고 음식을 주지 않았다. 내가 충분히 일해서 그들을 기쁘게 하면 여자들이 나에게 빵 한 조각을 던져 주곤 했다. 밤이면 나는 오두막 밖 바닥에서 잤다. 누더기를 걸치고 찢어진 담요를 몸에 둘러 추위를 막아 보았지만 단 한 번도 따뜻하지 않았다.

여러 주가 지나고 난 너무 약해져서 더 일을 할 수 없었다. 들판으로 나갔지만 쓰러져 일어나지 못하자 한 쿠르드인은 나를 걷어찼다. 그들은 나에게 빵 반 덩어리를 주고 떠나라고 말했다. 난 조금 가다가 이틀을 쉬었다. 막대기로 만든 쟁기를 아침부터 밤까지 끌지 않는 것이 너무나 좋았다. 난 곧 힘을 되찾았다. 그리고 나서 다시 걷기 시작했다.

에르제룸을 지나면 아르메니아인의 친구인 러시아인들이 있다는 사실을 알고 있었다. 난 에르제룸이라고 생각되는 방향을 향해 얼굴을 돌리려고 계속 애를 썼다. 에르제룸은 데르심을 지나 백육십 킬로미터 넘게 가야 하는 곳이다. 난 음식이나 물을 구걸하지 않고 걸을 수 있을 때까지 마을로 가까이 가지 않았다. 그러다 포기하고 다시 노예로 일하곤 했다. 매번 쿠르드인들은 내 힘이 바닥날 때까지 나를 데리고 있었다. 그러고 나서 그들은 내게 빵 반 덩어리를 주고 떠나게 했다.

날씨가 매섭게 추워졌지만 내게는 옷이 없었다. 쿠르드인들은 그들이 짠 옷 가운데 어떤 것도 나눠주지 않았다. 언덕에 쌓인 눈은 마실 물이 되었다. 하지만 여러 주 동안, 심지어 여러 달 동안 내가 먹은 것은 키 작은 나무 껍질이나 겨울에 자라는 잡초, 눈 아래서 찾은 죽은 풀잎이 다였다.

데르심의 서쪽 가장자리에 이르렀을 때 눈이 녹아 내렸다. 난 시간의 궤도에서 완전히 벗어나 있었기 때문에 몇 월인지 분간하지 못했다. 그러나 눈이 녹고 있었기 때문에 봄이 오는 것은 분명했다. 난 튀르키예 도시들의 근방에 있었다. 가끔씩 흰색 외투를 입고 들판 너머로 걷고 있는 튀르크인들이 보였다. 양 떼가 보였고, 내가 도시 근처에 있다는 다른 표시들도 보였다. 그러나 이 도시와 주민들에게서 거리를 두어야 한다는 사실을 난 명심하고 있었다.

어느 날 내가 숨어 있는 언덕 쪽에서 나귀와 수레, 그리고 아라바를 탄 사람들의 엄청난 행렬이 보였다. 이 행렬은 남쪽으로 향하는 것 같았다. 계속 뻗어 나가는 이 대열이 내 시야를 꽉 채웠다. 여러 시간 동안 이 대열이 들판을 가로질러 길을 휘감았다. 난 이것이 무엇을 뜻하는지 궁금했다. 땅을 기다시피 해서 조심조심 언덕 아래로 내려가 가능한 한 대열 가까이 다가갔다. 난 이들이 튀르크인이며 가재도구를 챙기는 것을 보았다. 그리고 이들이 술렁임 속에서 너무나 불행한 모습을 하고 있는 것도 보았다.

튀르키예 가족들이 지나가는 행렬을 하루 종일 지켜보았다. 날이 어두워지자 나는 그들이 떠나온 곳으로 가 보기로 마음먹었다. 도시의 집을 버리고 머나먼 남쪽으로 튀르크인들을 떠나보낸 것이 무엇인지 모르지만, 어쩌면 그것은 아르메니아 소녀에게 나쁘지 않을 수도 있었다.

난 이미 유프라테스강의 가장 긴 지류인 카라강을 건넜다. 튀르크인들이 낮 동안 지나간 길을 따라서 빵 조각과 과일이 들어 있는 병, 그리고 다른 음식 자투리들이 있었다. 난 걷는 데 힘을 줄 음식을 충분히 모았다.

우리 일요 성경 학교의 신부님의 가르침과 교재에 따르면 그날 밤 내가 가로지른 들판은 한때 에덴동산이 있던 곳이었다. 카라강은 네 개의 강 가운데 하나였다. 근처에는 다른 세 개의 강, 성경의 아캄피스Acampis, 초록Chorok, 아라스Aras가 있었다. 힘을 다해 서둘러 지나친 바위들 사이를 이브도 혼자서 거닐었을 것이다. 좀 쉬려고 자리에 앉으니 이브가 생각났고, 마치 이브가 한참 위 어디선가 나를 굽어보는 것 같았다. 들판과 비탈에 꽃이 만발하던 이브의 정원이 생겨난 이래로 예수의 가르침을 처음으로 받아들이고 지나간 모든 세기 동안 예수의 이름으로 고통당한 위대한 민족의 마지막 세대 가운데 하나인 나.

그다음 날 튀르키예 난민 행렬이 더 길게 이어졌다. 이들은 거대한 혼란 속에서 뒤늦게 서두르는 것 같았다. 난민 사이에서 튀르키예 군인이 보였고, 경찰도 많았다. 멀리 저 너머로 도시의 뾰족탑이 보였다.

그곳은 분명히 에르제룸이었다. 난 마을 근처로 와서 집집마다 주민들이 술렁대며 몰려나오는 것을 보았다.

낮에는 돌아다니기가 무서웠다. 마을 가운데 단 한 곳도 가까이 갈 수가 없었다. 심지어는 물을 구걸하러 갈 수조차 없었다. 설사 포로로 잡히지 않더라도 옷이 없어 수치를 당할 것이다. 난 밤에 도시로 더 가까이 살금살금 다가갔다. 아침이 되자 난 고원의 가장자리에 서 있었고, 그곳은 수직으로 깎여 평야로 잘려 있었다. 난 여전히 길을 따라 가는 난민들의 시선에서 나를 숨겨 줄 바위에 바짝 붙어서 도시를 내려다볼 수 있었다.

황급하게 밀려드는 거대한 인파를 보았다. 군인 행렬이 합류했다 빠져나갔다. 난민들은 도시에서 흘러나와 주변의 모든 마을에서 나온 다른 사람들과 뒤섞였다. 멀리서 총을 쏘는 소리가 들렸다. 발포 소리가 점점 더 가까워졌다. 때때로 대포가 발사되어 주변의 땅까지 흔들렸다. 도시의 폭발을 목격했다. 대포 소리가 들릴 때면 어김없이 집들이 무너져 내렸다. 멀리 도시를 가로질러 갑자기 먼지구름이 피어올랐다. 그들은 더 가까이 와 있었다. 군인들은 주민들에 이어 가장 가까이 있는 도시의 성문으로 빠져나왔다.

오후 늦게 발포가 끝났다. 도시 저편의 먼지구름이 내려앉았다. 갑자기 먼지구름 사이에서 기마병 부대가 나타났다. 그들은 말을 타고 곧장 먼 성문을 향해 나아갔다. 튀르키예 군인 행렬과 이 기마병 부대는 도시를 둘러싼 성벽에서 마주쳤다. 충돌이 있었다. 튀르키예 군인들이 후퇴했다. 기마병들이 뒤쫓아 갔다. 소총이 발사되었다. 기마병의 다른 부대는 동쪽에서 말을 타고 내려와 성문을 지나 도시로 들어갔다.

러시아가 왔다!

한 시간이 지나자 도시가 거의 조용해졌다. 나는 멀리서 거대한 군부대가 천천히 움직이는 것을 보았다. 코사크 기병대Cossacks 뒤에 러시아 군대가 오고 있었다. 도시 안에 남아 있던 튀르크인들은 항복했다.

나는 밤이 되자 바위에서 내려와 마을로 갔다. 새벽이 되기 전에 사람들이 던져 버린 옷을, 아니 숄 한 장이라도 찾아내 몸을 덮고 싶었다. 집을 떠나지 않을 만큼 용감한 튀르키예 주민도 코사크 기병대에 대한 공포로 집 안에 머물러 있었다. 가끔 경찰이 물건을 훔치는 것을 제외하면 변두리의 거리는 텅 비어 있었다. 경찰들은 나만큼이나 겁을 먹은 것 같았다.

나는 이번이나 다음번에 러시아인들이 차지한 집들 근처로 다가갈 수 있기를 간절히 바라면서 좁은 길 구석에서 벽을 껴안으며 방향을 틀었다. 이때 갑자기 아름다운 광경이 눈에 들어왔다. 미국기였다. 탐조등 빛이 미국기를 비치고 있었다.

깃발이 날리는 집의 창문마다 밝은 빛이 비치고 있었다. 난 그곳에 안전한 피난처가 있다는 것을 알았다. 그렇지만 동이 튼 다음에도 가까이 다가갈 용기는 없었다. 난 출입구 근처 마당에서 움직이고 있는 남자들의 형체를 보았다. 난 숨어 있는 곳에서 뛰쳐나와 키가 크고 친절해 보이는 사람의 발치에 엎드렸다. 이 사람은 대문에서 방금 나와 러시아 장교와 이야기하며 서 있었다. 난 키가 큰 사람이 상체를 굽혀 손을 내 머리 위에 얹는 것을 느꼈다. 갑자기 희뿌연 새벽을 뚫고 해가 내 위로 비치는 것 같았다. 그리고 난 잠에 빠져 들었다.

내가 다시 눈을 떴을 때 사람들은 이미 여러 날이 지났다고 말해 주었다. 난 따뜻한 침대에 누워 있었고, 내 주위에는 온통 친절한 사람들만 있었다. 그들이 이상한 말로 내게 말하자, 나는 문가에서 나를 들어 올린 키 큰 사람을 찾으려고 애썼다. 통역자가 왔고, 잠시 뒤에 그 키 큰 사람이 들어와 부드럽게 웃었다. 난 모든 것이 잘되었다는 것을 알게 되었다.

사람들이 이분은 유명한 의료 선교사인 매캘럼 박사F.W. MacCallum라고 일러 주었다. 자신이 베푼 친절함으로 튀르키예 전역에서 우리 민족에게 잘 알려진 분이었다. 전쟁이 일어나자 그는 콘스탄티노플에서 떠나라는 명령을 받았지만, 우리 민족을 돕기 위해 러시아인들과 같이 에르제룸으로 왔다. 이 집은 한때 미국 해외 선교센터가 되었다. 선교사들은 떠나도록 명령을 받았지만 러시아인과 같이 되돌아왔다.

이제는 뉴욕에 사는 매캘럼 박사님은 내가 미국에 도착한 뒤 찾은 첫 번째 좋은 친구다. 그는 러시아인들이 코카서스에서 튀르키예로 진군할 당시 노예였던 아르메니아 소녀 수천 명을 구조했다. '아르메니아와 시리아 구조를 위한 미국 위원회'가 제공한 돈으로 그는 튀르키예 억류자들로부터 이런 소녀들을 한 명당 1달러를 주고 샀다. 러시아가 포로로 잡힌 기독교도 소녀들을 발견하면 곧 풀어준다는 것을 아는 튀르키예의 억류자들은 이 가격에 소녀들을 기꺼이 팔았다.

우리 민족의 영웅이자 아르메니아의 위대한 지도자인 안드라닉 장군은 나를 만나러 왔다. 안드라닉 장군은 여러 해 동안 모든 아르메니아인의 용기가 살아 숨 쉬도록 해 주었다. 그는 아르메니아인에게 자유를 약속했고, 우리 민족의 정신을 유지하기 위해 자신의 생명을 끊임없이 위험에 빠뜨렸다. 튀르크인들은 그에게 현상금을 내걸었고, 그는 튀르키예 제국 전역에서 추격당했지만 항상 도망쳤다. 그는 러시아에 사는 아르메니아인으로 구성된 아르메니아 정부를 이끌며 튀르키예에 저항했고 러시아 군대의 선봉에 섰다.

안드라닉 장군에게 사랑하는 동족이 어떻게 살해되었는지 보았던 것을 이야기하자, 그는 매우 가슴 아파했다. 그는 나를 위로하고 용기를 북돋으며 나를 "꼬마 아가씨"라고 불렀다. 난 그가 나를 그렇게 부른 것이 온 세상 부를 다 갖는 것보다 더 좋았다.

아르메니아 말을 하는 러시아 장교가 나와 이야기를 하러 왔다. 모든 것을 이야기하자 그는 자리를 떴고 한 시간 뒤에 다시 돌아왔다. 이번에는 매우 기품 있는 외모의 한 장교와 함께 왔다. 아주 키가 크고 친절한 얼굴의 장교였다. 그가 아주 높은 지위임이 틀림없다고 생각했다. 그가 들어올 때 집안이 술렁거리는 것을 느꼈기 때문이다. 그 통역 장교는 내가 처음에 그에게 설명한 많은 것들을 반복해서 이야기했다. 그러고 나자 기품 있는 외모의 장교가 내게 말했다. 처음에는 러시아어로, 다음에는 내가 이해하는 프랑스어로 말했다.

"정말 불행한 일을 많이 겪었구나. 그렇지만 너를 구할 수 있도록 제때 도착해서 참 다행이다. 우리가 너를 돌보고 모든 러시아인이 네 친구가 될 거야."

그가 떠나자 사람들은 그가 누구인지 말해 주었다. 그는 코카서스에서 군대를 통솔하는 듀크Duke 총사령관이었다. 처음에 나를 방문했던 장교는 듀크의 수석 보좌관인 트로킨 장군이었다.

건강을 되찾아 튼튼해지자 안드라닉 장군은 내가 튀르크인들의 손아귀에서 발견된 아르메니아 어린이 수백 명과 언덕과 산에 숨었다 러시아인들의 보호를 요청하러 숨어든 아르메니아 난민들을 돕도록 허락했다. 나는 또한 하렘에서 구출해 온 소녀들이 편히 지내도록 도왔다.

안드라닉 장군이 러시아인들의 진격에 따라 함께 이동하게 되자 총사령관 듀크는 내가 안전하게 사리 카미시Sari Kamish까지 경호를 받도록 명령을 내렸다. 그곳은 철로가 시작되는 곳인데, 나는 이곳에서 러시아 코카서스의 수도인 티플리스Tiflis, 현재 조지아의 수도 트빌리시의 전 이름로 가야 한다고 했다. 안드라닉 장군은 내게 작별 인사를 하며 말했다.

"듀크는 네가 미국으로 갈 수 있도록 필요한 서류들을 모두 보증해서 준비해 놓았어. 우리 가엾은 아르메니아인들은 미국에 친구들이 많아. 네가 사랑받는 그 땅에 도착하면 미국의 국민들에게 아르메니아가 짓밟히고 찢겨서 피 흘리고 있지만, 다시 일어설 것이라고 말해 다오. 만약 미국이 우리를 돕는다면 말이야. 기아를 해결할 음식과 전쟁이 끝나면 사람들이 집으로 돌아갈 때 쓸 돈을 보내라."

내가 경호를 받으며 사리 카미시로 출발하자 안드라닉 장군은 손가락에서 아름다운 반지를 뺐다. 그는 이 반지가 장군의 아버지와 할아버지의 것이었다며 이제 내 손가락에 끼우라고 말했다. 이 반지는 지금 내가 끼고 있다. 조국이 내게 남긴 유일한 것이다.

듀크의 군인들은 나를 사리 카미시에서 티플리스로 보냈다. 그곳에서 '아르메니아와 시리아 구조를 위한 미국 위원회'의 대표단이 나를 맞아 주었고, 듀크가 상트페테르부르크Petrograd, 페트로그라드, 레닌그라드로 불리다가, 1991년 상트페테르부르크로 이름을 고쳤다.에서 스웨덴을 거쳐 미국으로 갈 수 있는 여권과 나를 데려가기에 충분한 기금을 마련해 주었다.

그렇지만 내가 상트페테르부르크에 도착했을 때 도시의 모든 사정이 좋지 않았다. 러시아의 황제가 제거되었고, 케렌스키Kerensty 각료들로 구성된 정부는 대중을 통제하지 못했다. 거리에서 폭동이 시작되었고, 듀크와 티플리스의 미국 대표단이 보낸 관계자들은 제거되거나 처형당했다.

나는 또다시 친구가 없게 되었고 거처도 없게 되었다. 엄청난 액수의 돈이 있었지만 어떤 음식도 사는 것이 불가능했다. 오십 루블로 고작 빵 한 덩이를 살 수 있었다. 나는 배가 너무 고파서 거리에서 친절해 보이는 사람들을 멈춰 세워 음식을 얻도록 도와줄 수 있는지 물었지만, 그들은 나를 슬프게 바라보곤 했고 내 손에 지폐를 가득 쥐어 주었다. 그들은 지폐를 줄 수 있다고 말했다. 음식이 아니었다. 모두가 엄청난 돈이 있는 것 같았지만 먹을 것은 무척이나 드물었다.

아무도 나를 안으로 들이지 못했다. 난 아르메니아 교회를 발견했다. 텅 비고 버려진 채로 있었다. 상트페테르부르크에서 살던 모든 아르메니아인들은 놀라서 도망갔다. 그들은 고국에서 겪은 경험 때문에 역경이 닥치고 있음을 일찌감치 감지했고 바로 사라져 버렸다. 난 거리로 나가는 것이 두려워서 여러 날 동안 버려진 교회에 있었다. 거리에서 수많은 살인과 강탈이 벌어졌다. 오직 이른 아침에, 거리가 조용하면 위험을 무릅쓰고 음식을 찾아 나섰다.

마침내 미국인 한 명이 교회를 지나가는 것이 보였다. 나는 뛰쳐나가서 프랑스어로 도와 달라고 간청했다. 난 그에게 여권을 보여 주었고 그는 나를 드로쉬키droschky, 러시아에서 사용되는 낮은 4륜 개방형 마차에 태워 미국 대사관으로 데려다주었다. 그곳에서는 모두가 친절하게 대해 주었다. 여권을 바꿔서 난 그다음 날 크리스티아니아Christiania로 출발했다.

내가 탄 기차는 승객 모두에게 여권을 보여 달라고 요구하는 군인들 때문에 여러 번 섰다. 한 번 서면 군인들은 기차에서 사람들을 몇 명 데려갔지만, 내 여권은 유효해서 계속 여행을 할 수 있었다. 상트페테르부르크에서 멀리 가면 갈수록 마을은 점점 더 조용해졌다. 기차는 모든 문제를 뒤로하고 평화롭고 행복한 나라에서처럼 속력을 높였다.

마침내 우리는 크리스티아니아에 도착했고 난 그곳에서 친절한 친구들을 찾았다. 그들은 내게 진정으로 만족스러운 최고의 음식을 베풀어 주었고 나는 여러 날 동안 먹고 또 먹었다. 더불어 그들은 나를 친절하게 대하고 편안하게 집에 머물도록 해 주었다. 미국에서 오는 소식을 기다리는 동안 나는 쉬면서 어느 정도 힘을 되찾았다.

더 많은 기금이 크리스티아니아에 있는 내게로 도착했고, 난 곧 자유의 길로 향하는 할리팍스Halkfax행 원양 여객선에 올랐다. 난 할리팍스에서 곧장 뉴욕으로 왔다. 자유의 여신상이 가리키는 대로 우리는 항구로 들어섰다. 너무 기뻤다. 내가, 나 자신이 마침내 안전해졌기 때문만은 아니었다. 마침내 신음하는 우리 민족을 도와달라는 메시지를 전할 수 있는 나라에 도착했기 때문이었다.

이곳에서 나는 좋은 친구들을 찾았다. 전에 내가 행복했던 만큼 나를 행복하게 만들어 준 친절한 미국인들. 그리고 무엇보다 이 친구들은 한 불행한 소녀에게만 친절한 것이 아니었다. 그들은 내가 남겨 놓고 온 이들, 아직 살아서 모래사막에 버려진 이들에게 도움을 주었다. 그들은 내가 여기에서, 나의 책에서 안드라닉 장군이 내게 한 말을 하게 해 주었다.

"아르메니아는 친구들을 믿고 있어."

〈짓밟힌 아르메니아〉 영화 포스터(1919년)

THE AMERICAN COMMITTEE
FOR ARMENIAN AND SYRIAN RELIEF

ANNOUNCES
"RAVISHED ARMENIA"
THE STORY OF AURORA MARDIGANIAN

The Christian Girl Who Survived the Great Massacres will be presented by the Committee in connection with its national appeal for funds with which to rescue and save the lives of the Armenian Refugees who now are crying for bread, medicine and help, from the wastes of the deserts in Asia Minor. It will be shown simultaneously in many cities.

It is the verdict of many noted experts in the production of the most spectacular and absorbing motion pictures that

"RAVISHED ARMENIA"
THE STORY OF THE GIRL WHO SURVIVED

is the greatest motion picture achievement in theme, human interest, seriousness of purpose and thrilling development of dramatic conception ever attempted.

Those who are privileged to see it will also help
SAVE A LIFE

〈짓밟힌 아르메니아〉의 영화 상영회와 모금 활동에 참여해 달라고 호소하는 '아르메니아와 시리아 구조를 위한 미국 위원회'의 홍보물

《아메리칸 위클리American weekly》에 실린 〈짓밟힌 아르메니아〉의 광고 포스터(1919년 1월 12일)

오스만 제국의 콘스탄티노플에서 학살당하는 아르메니아인들
(《리틀 파리지앵Le Petit Parisien》, 1896년 9월 13일자, 프랑스)

오스만 제국의 아르메니아인 학살을 다룬 그림
(《캐리커처La Carricature》, 1903년 6월 6일자, 프랑스)

오로라 마르디가니아(1929년)

남편, 아들과 함께 찍은 오로라 마르디가니아의 가족 사진

오로라 마르디가니아가 묻힌 장소

아르메니아 대학살 연표

1878년

러시아-오스만 제국 전쟁(1877~1878)에서 오스만 제국의 패배. 발칸 지역, 카프카스 지역에 러시아의 영향력 확대. 오스만 제국의 통치자들은 아르메니아인 섬멸을 이야기하기 시작.

1891년

오스만 제국, 쿠르드인들로 구성된 기병대 '하미디예'를 창설하고 이들을 부추겨 아르메니아인 학살에 동원함.

1894~1896년

약 30만 명의 아르메니아인들이 학살을 당함. 또한 10만 명에 가까운 이들이 이슬람교로 강제 개종됨.

1908년

오스만 제국에서 '청년터키당'(연합과 진보 위원회)이 주도하는 술탄(황제) 타도 운동이 일어남. 1908년 7월 청년터키당에 의해 술탄 압둘 하미드 2세가 왕위를 빼앗기고 1909년에 폐위됨.

1909년

청년터키당의 혁명이 일어난 지 일 년밖에 안 된 시점에서 아르메니아인들에 대한 학살이 다시 벌어짐. 아르메니아인이 3만 명 넘게 학살당함.

1910년

독일, 카프카스 지역에 대한 러시아의 영향력 약화를 위해 아르메니아에서 아르메니아인 강제 이주와 무슬림 정착을 주장함. 청년터키당이 이러한 관점을 공유함.

1911년

'연합과 진보 위원회' 회의에서 다른 민족들의 튀르크화에 대해 논의함. 지역 통치자들에게 아르메니아인 대학살을 준비하라는 지침을 내림.

1914년

1차 세계대전 시작. 터키 또한 전쟁에 참여했고, 서부 아르메니아인들 또한 터키의 군인이 됨.
청년터키당 '3명의 실행위원회' 설립해 아르메니아인 대학살 계획 마련. 당시 청년터키당 지휘관의 한 명인 나짐은 비밀 회의에서 이렇게 말함. "아르메니아 민족은 근본까지 소멸시켜야 한다. 단 한 명의 아르메니아인도 남지 않을 때까지. 그들의 이름조차 잊히게 해야 한다. 전쟁이 일어나는 이 유용한 시기를 놓치면 안 된다."

1915년

아르메니아 대학살 시작. 군대 내 아르메니아 장교들 체포. 아르메니아인 병사가 무장 해제되어 살해당함. 이어 아르메니아 지식 계층이 체포되고 살해됨. 아르메니아의 병력과 지식인부터 말살하고, 이후 아르메니아인 강제 이주와 대학살이 벌어짐.

1918년

1차 세계대전이 끝나고, 터키가 패배함. 아르메니아가 독립 국가 선언함.

1920년

전쟁선포 없이 터키가 아르메니아를 침략해 아르메니아-터키 전쟁이 벌어짐. 이에 소련(소비에트 연방)이 개입하고, 아르메니아 정부는 소련에 합병하기로 함.

1923년

터키, 아르메니아인이 터키 영토에 들어오는 것을 금지하는 법률 제정.

1939년

2차 세계대전이 일어나기 1주일 전 독일의 히틀러는 폴란드 민족 섬멸을 명령하며 이렇게 말함. "지금 누가 아르메니아 대학살을 기억하는가?"

짓밟힌 아르메니아
대학살에서 살아남은 오로라의 이야기

발행	2023년 3월 8일 1쇄
지은이	오로라 마르디가니아(Aurora Mardiganian), 헨리 게이츠(Henri Gates)
옮긴이	이명아
편집	서상일
디자인	디자인 <비읍>
펴낸이	명연파
펴낸곳	평화를품은집 제노사이드역사자료관
등록	2021년 11월 5일 제2021-000169호
주소	경기도 파주시 파평산로 389번길 42-19
전화	010-4353-9381
ISBN	979-11-982084-0-8 03910

이 책은 저작권법에 따라 보호받는 저작물이므로 무단전재와 무단복제를 금합니다.
이 책 내용의 전부 또는 일부를 재사용하려면 반드시 출판사의 동의를 얻어야 합니다.